리더의 단 한 마디

리더의 단 한 마디

> **What Can I Do For You?**

이 혁 지음

이음과펼침

(머리말)

좋은 리더가 되고 싶었다. 리더가 되기 전부터 그 생각은 늘 머릿속에 있었다. 막연한 욕심이 아니라, 준비되지 않은 리더가 되고 싶지 않았기 때문이다. 하지만 '좋은 리더'란 도대체 어떤 사람인가? 실무를 잘하는 사람일까, 사람을 잘 챙기는 사람일까, 아니면 모두를 설득하는 말솜씨를 가진 사람일까.

그래서 묻기 시작했다. '좋은 리더란 무엇인가?' 그리고 그 질문에 답을 찾고 싶어, 이 책을 쓰기 시작했다.

늘 내가 있는 자리에서 최선을 다하려 했다. 환경안전 업무를 시작했을 때도, 갑자기 소방안전관리자가 되었을 때도, 인사 업무를 맡게 되었을 때도, 새로운 환경에서 채용담당자가 되었을 때도 나의 기본 전략은 같았다. '견뎌야 한다. 뿌리를 깊게 내려야 한다.'

실력을 입증하고, 결과를 내고, 자리를 만들면 된다고 생각했다.

그런데 어느 순간부터, 깊이 뿌리를 내리는 것만으로는 설명되지 않는 일이 생겼다. 분명 열심히 했고, 어느 정도는 자리를 잡은 것 같았지만, 어딘가 어울리지 않는 듯한 느낌. 그때부터 질문을 바꾸기 시작했다. '내가 뿌리내린 곳은 어디인가?', '나는 이 자리에 필요한 사람인가?'

그 질문은 잡초를 떠올리게 했다. 어떤 잡초는 정돈된 잔디밭에 있다는 이유만으로 뽑히고, 같은 잡초라도 예쁘게 피어 있으면 오히려 사람들의 관심을 받는다. 어떤 존재는 그 자리에 있는 것만으로도 풍경을 해치고, 또 어떤 존재는 그 자리에 있음으로써 풍경을 완성한다. 뿌리가 깊든 얕든 중요하지 않다. 결국 생존을 결정짓는 것은 두 가지다.

'얼마나 깊이 뿌리를 내렸는가?' 그리고 '어디에 뿌리를 내렸는가?'
당신은 지금 어디에, 얼마나 뿌리를 내리고 있는가?

리더십도 마찬가지다. 어떤 사람은 깊이 있는 리더십을 가졌지만 조직과 잘 화합하지 못하고, 어떤 사람은 조금 부족해도 사람들과 잘 어우러진다. 결국 리더란, 단지 우수한 사람이 아니라, 필요한 자리에 뿌리를 내리는 사람이어야 한다. 내가 그 자리에 필요한 리더인지 묻고, 동시에 그 자리에 있는 사람들을 먼저 들여다볼 수 있어야 한다.

그 질문을 따라가던 중, 문득 한 팀장님이 떠올랐다. 어느 날 그분은 내게 이렇게 물었다.

"내가 무엇을 도와줄까요?(What Can I Do For You?)"

그 짧은 한마디는 내가 지금까지 들은 질문 중 가장 리더의 본질을 꿰뚫는 말이었다. 미처 느끼지 못했던 환대와 신뢰의 감정을 일깨웠고, 내가 구성원으로서 어떤 기대를 받고 있는지를 생각하게 만들었다. 그것은 단순한 친절이 아니라, 나라는 사람을 조금 더 깊이 들여다보려는 마음이 느껴지는 말이었다. 그 질문을 들은 순간 생각했다. '나는 저런 질문을 누군가에게 해본 적이 있었을까?' 그때 깨달았다. 리더십은 표현이 아니라 태도라는 것을.

이 책은 내 작은 깨달음의 실마리를 따라가는 서툰 여정에서 비롯되었다. 뿌리의 깊이만을 자랑하는 리더가 아니라, 뿌리내린 자리를 돌아볼 줄 아는 리더가 되기 위한 연습. 실력만으로 버티는 사람이 아니라, 존재의 의미를 함께 고민할 수 있는 사람으로 살고 싶다는 다짐. 오늘도 스스로에게 묻는다.

"내가 무엇을 도와줄까요?(What Can I Do For You?)"

목차

머리말

WHAT
리더란 무엇인가?

1. 우리는 언제 리더가 되는가?　　　　　　　　　　　　13
2. 리더십의 출발　　　　　　　　　　　　　　　　　　28
3. 임명은 관리자를 만들고 구성원이 리더를 만든다　　　54
4. 리더의 포지션　　　　　　　　　　　　　　　　　　63
5. 리더의 길　　　　　　　　　　　　　　　　　　　　74

CAN
질문하는 리더의 지양점과 지향점

1. 런닝머신을 켜놓고 가만히 서 있기　　　　　　　　　79
2. 제발 안 된다고 하지만 마시고 대안을 말씀해 주세요　90
3. 당신은 등대다　　　　　　　　　　　　　　　　　 105
4. 최복동(최고의 복지는 동료다)　　　　　　　　　　 122
5. 리더의 지양점과 지향점　　　　　　　　　　　　　 130

I

질문하는 리더가 될 나에 관하여

1. 나는 내가 좋은 리더인 줄 알았다	**135**
2. 다 안다는 착각	**150**
3. 영원은 순간의 연속이다	**160**
4. 빈수레가 요란하다	**167**
5. '나' 공부	**174**

DO

질문하는 리더의 행동 전략

1. 기변지교	**179**
2. 이 정도면 괜찮아	**190**
3. 질문을 바꿔보자	**199**
4. 성장을 멈추지 않는 리더	**210**
5. 행동하는 리더	**221**

FOR
리더로서 무엇을 위해, 무엇을 향해

1. 왜 일하는가?	225
2. '다음은 무엇인가요?'	234
3. 우리에게 가치를 부여하는 건 성공이 아니라 고난이다	245
4. 혼자 가면 빨리 가고, 함께 하면 멀리 간다	252
5. 기업 가치의 9할은 리더가 결정한다	264
6. For 4(나, 너, 팀, 조직)	277

YOU
당신과 함께하는 사람들

1. 먼저 한 배에 태워라	281
2. 우리는 사회에서 만난 거래 관계임을 잊지 말자	289
3. 피드백 : 성장을 위한 유일한 방법	297
4. 표현의 힘	306
5. 나와 너가 아닌 우리	316

마치며

미주

참고문헌

WHAT
리더란 무엇인가?

팀장님은 회식 때마다 카드만 주고 가셨다.

이게 리더다.

뒤늦게 깨달았다.
리더는 꼭 앞자리나 옆자리에
앉아야만 하는 게 아니라,
뒷자리에서 팀이 잘 흘러가게
돕는 사람일지도 모른다.

리더란 무엇인가?
내가 그 질문을 던지는 순간부터
나는 이미 리더의 길 위에 선 것이다.

1 우리는 언제 리더가 되는가?

> 가장 깊은 두려움은 무능하다는 것이 아니라,
> 내가 측정할 수 없을 정도로 뛰어나다는 것이다.
>
> - 마리안 윌리엄스 -

우리는 태어나기 전부터 세상과 연결된다. 어머니 뱃속에 있는 순간부터 어머니가 먹는 영양분, 보고 들어서 생기는 심경의 변화는 나에게 지대한 영향을 미친다. 어머니의 뱃속에서 나와 세상에 나오는 순간 의사의 볼기짝으로 울음을 터트리며 태어난 우리는 삶의 첫발부터 타인과 연결된 채로 세상을 맞이한다.

 사람이 여럿 있으면 항상 그중에 리더가 생긴다. 공자는 '三人行 必有我師焉(삼인행 필유아사언)'이라고 말했다. '사람이 세 명이 있다면 그 중 반드시 내 스승이 있다.'라고 말하며, '선한 사람이 있으면 선함을 보고 따르고, 선하지 않음이 있으면 그것을 보고 나를 고치면 된다.'라고 덧붙였다.

우리는 태어나는 순간부터 타인과 연결되고 그 연결로 인해 일생을 리더와 함께하게 된다. 그렇다면 리더란 무엇이며 우리는 언제 리더가 될까?

가슴 뛰는 이름 '리더'

> 리더는 사람들이 그의 존재를 거의 인식하지 못하지만,
> 모든 일을 마치고 성취되었을 때,
> 사람들이 '우리가 해냈어!'라 말할 때 그의 존재가 최고가 된다.
>
> - 라오 츠 -

회사생활 하면서 놀란 것은 많은 사람들이 죽어도 팀장을 하기 싫다고 말할 때이다. 그런데 막상 팀장이 되면 좋아하는 모습을 보인다. 생각해 보면 어릴 때 반장선거 할 때도 그랬던 것 같다. '나는 반장에 관심 없어. 나 추천해도 반장 안 할 거야.'라고 말하던 친구도 막상 추천하면 앞에서 자기를 뽑아달라고 말했다.

사람들은 직책에 대한 부담감 때문에 하기 싫다고 하면서도 타인에게 영향을 주는 것을 좋아한다. 조금만 우위에 있으면 '다 너를 생각해서 하는 말이야' 같은 말들을 망설임 없이 하는 것을 보면 확실히 사람들은 관계에 영향을 주는데 관심이 많다는 점을 깨닫는다. 영

향을 주는 과정에서 자신의 의도대로 전달되지 않으면 실망하고 상처받는 경우도 많다. 이러한 경험들을 생각해 보면 인간은 관계 지향적인 특성이 있는 존재라는 점을 알 수 있다.

그래서 사람들은 리더가 되면 무언가 굉장한 영향을 주려고 하는 경향이 있다. 자신이 뭔가 영향을 주지 않으면 큰일이 나는 병에 걸린 것처럼 어떻게든 자신의 영향력을 행사하기 위해 자신만의 전술을 사용한다.

하지만 이는 착각이다. 지금도 내 주변에 리더가 되기 싫다고 말하는 선배들이 많다. 그 선배들은 이미 내게 리더로서의 영향력을 미치고 있다. 선배들의 의도와 상관없이 내게 영향을 주고 있고, 그 영향으로 많은 행동과 마음에 변화가 생겨난다. 의도하지 않았으나 영향을 받고 있으니 그분들은 리더라고 할 만하다. 아직 직책을 부여받지 않았지만 이미 리더의 역할을 하고 있다.

어떤 개념을 이해하려면 그 개념에 대한 정의를 정확하게 내려야 한다. 리더란 무엇인가.

리더란 전체를 이끌어 가는 위치에 있는 사람, 리드하는 사람이다. 'Lead'란 안내하다, 연결되다, 이어지다, 선두를 달리다, 지휘하다, 먼저 시작하다, 본(本)보기, 주인공의 뜻이 있다. 사람과 사람을 연결하고 서로 통하게 하는 사람, 목표를 향해 선두를 달리고 지휘해서 누구보다 먼저 시작하는 사람, 그렇게 모두에게 근본이 되는 사람, 앞장서서 인도하는 선도자이며, 목적을 이루기 위해 단체를 통솔

하고 지휘하는 사람이 바로 리더다.

리더는 전체를 이끌어 가는 사람이다. 한 명을 이끈다고 해서 리더라 부르지 않는다. 가족 전체의 의견을 조율하며 나아가는 사람이 가장이고, 조직 전체의 의견을 조율해서 목표를 달성하는 사람이 리더다.

팀장, 조직장, 선장과 같이 어떤 구성원을 대표하는 인물을 호칭할 때 장(長)을 붙인다. 이 '장(長)'이라는 한자에는 크다, 우수하다, 양육하다, 전진하다, 축적하다, 어른이라는 뜻이 있다. 장(長)이라는 글자를 통해 리더란 무엇인지 알아보자.

첫째, 리더는 커야 한다. 많은 부분에서 크기가 클 필요가 있다. 행동이나 활동력 그리고 마음 씀씀이가 커야 한다고 본다. 어떤 일이든 감당해 내고 누구든 포용할 수 있는 마음이 필요하다.

둘째, 리더는 우수해야 한다. 조직은 목표를 효율적으로 달성해야 한다. 당연히 여러 조직들이 있기에 그들과의 경쟁은 피할 수 없다. 한 가지 목표를 향해 여러 조직이 달려갈 때, 그 경주에서 우승해야 좋은 리더이다. 여럿 가운데에 누구보다도 훌륭하게 앞서 있어야 한다.

셋째, 리더는 양육해야 한다. 부모가 자녀를 양육하듯 리더도 구성원을 보살펴 성장시켜야 한다. 올바른 양육은 옳고 그름을 가릴 수 있는 판단력을 길러주고, 전체성을 찾을 수 있는 시야를 제시하며, 풍파에도 흔들리지 않는 단단함을 갖도록 이끈다. 아버지의 단호함과 어머니의 따뜻함이 함께 병행되는 리더여야 한다.

넷째, 리더는 나아가야 한다. 리더는 성장과 발전을 멈추지 않아야 한다. 앞날, 미래를 향해 앞서가고 사전에 다가오는 위기를 예측하고 준비하는 사람이어야 한다. 앞서서 나아가야 리더다. 전진(前進)할 때의 진(進)이라는 글자는 새가 앞으로 가는 모습이다. 새가 하늘을 날아다닐 때 뒤로 날아가는 모습을 본 적 있는가? 새는 절대 뒤로 날지 않는다. 목표를 향해 앞으로만 간다. 리더에게는 물러섬이 없다.

다섯째, 리더는 축적해야 한다. 리더에 오르기까지 많은 정보의 축적이 있다. 무언가를 아는 사람만이 리더가 된다. 아는 것 없이, 축적된 지식이나 정보, 지혜 없이 무작정 리더에 오르면 매사 좌충우돌하며 파열음만 난다. 잘 모아 쌓아야 한다. 봄에 씨뿌리고 경작하여 가을에 수확하고, 수확한 작물을 창고에 모아두지 않으면 매서운 겨울을 버틸 수 없다. 이러한 위기상황을 대비해서 준비하는 태도가 필요하다. 준비하는 사람이 리더다.

여섯째, 리더는 어른이어야 한다. 나이만 들었다고 어른이 되는 것이 아니라 자기 일에 책임을 지는 사람이 어른이다. 리더에게는 책임감이 필요하다. '어른아이'라는 말이 있다. 외형은 성장했지만 내면은 여전히 어린아이처럼 어려운 일을 회피하며 책임을 지지 않는다면 어른이라 말하기 어렵다.

리더가 무엇인지 정의 내리지 않으면 어떤 리더가 되어야 하는지에 대한 답을 내릴 수 없다. '어떤 리더가 되고 싶은가?', '어떤 리더가 좋은 리더인가?'라는 질문을 하기 전에 '리더란 무엇인가?'에 대해 스스로 정의할 수 있어야 위 질문들에 대한 명확한 답을 찾아 나갈 수 있다고 본다.

나는 언제부터 리더였는가?

당신의 행동이 다른 사람들에게 더 많은 꿈을 꾸고

더 많은 것을 배우고 더 많은 것을 배우도록

고무시키는 유산을 만들면, 당신은 훌륭한 리더입니다.

- 돌리 파튼 -

회사에서 아무런 지식과 노하우가 없던 신입사원 시절과 달리 전문성과 노하우, 여유가 생기면 자의든, 타의든 어떤 역할을 맡게 된다. 처음 리더가 되는 순간엔 나쁘지 않은 기분일 수 있지만, 수많은 문제에 당면하게 되면 리더라는 직책을 떨쳐내고 싶다는 부담을 느끼게 된다.

어떻게 해야 좋은 리더이고, 무엇을 하지 않아야 실패하지 않은 리더인지, 어떻게 해야 하는지 등 이런 고민들을 매일 해야 하는 자리에 있는 것이 리더다. 리더는 끝없는 고뇌와 책임감을 이겨내고 이를 해결하고자 발버둥 치는 사람이다.

주어진 일만 하고 시키는 대로 하는 구성원일 때와는 달리 조직의 '장'은 조직을 관리하며 더 많고 중요한 일을 하게 된다. 성과 관리, 구성원의 인사관리, 회사의 방향성 이해, 조직 내 갈등 관리 등 구성원이었을 때는 생각할 필요조차 없던 일들을 챙겨야 한다. 그런데 정말 우리는 리더라는 직책을 임명받은 순간이 처음으로 리더가 된 경험일까?

　　태어나기 전 엄마의 배를 힘차게 발로 찼을 때 이미 축구선수의 운명을 점지 받아버렸다. 태어나 처음 의사에게 엉덩이를 맞아 크게 울 때 이미 장군이었다. 처음 엄마, 아빠라고 말했을 때 우리 집의 희망은 '나'였다. (놀랍게도 첫째가 아니다.) 첫 걸음마를 내딛는 순간 우리 가족은 내가 최고라고 했다. 유치원에 들어가 학예회에서 나무1을 맡았을 때에도 너무 자랑스럽고 멋진 아들이었고, 초등학교 운동회 달리기 계주에서 넘어져서 꼴등 했어도 세상에서 제일 멋진 꼴등이었다. 이때부터 우리 집의 리더는 나였다.

　　초등학교 3학년 때 체험학습에 가서 나무 이름을 많이 알고 있을 때 선망의 대상이었고, 초등학교 5학년 때 수학 시험에서 유일하게 100점을 맞았을 때 친구들이 수학을 알려달라고 했다. 중고등학교를 지나며 키가 많이 커져 농구를 할 때 키가 큰 내가 주장이었고, 대학에 진학해 학년이 올라가면서 점차 후배들이 내게 진로에 대한 고민상담과 과제를 물어오곤 했다.

　　군대에서 첫 후임을 받았을 때, 분대장을 달았을 때 밑에 사람들이 생겨나기 시작했다. 자라면서 친하게 지낸 친구들이 경제, 연애, 직업, 가족관계, 인생에 관해 상담을 부탁했고 사회에서 만난 많은 사람들이 일적으로 묻는 경우가 많아졌다. 나는 그때마다 분명히 리더였다.

　나 외의 사람이 있다면 그곳에는 언제나 리더가 존재한다. 언제 어느 순간에 누가 리더인지만 달라졌을 뿐이다. 앞에서 정의한 것처럼 리더는 이끄는 사람이다. 사람마다 잘하는 것이 다르다. 인간은 저마다 고유의 천재성을 갖고 있고, 모든 사람들이 살면서 많은 순간에 리더로 존재하고 있다. 다만, 스스로 리더라고 인식하지 못할 뿐이다.
　리더십에 관해 배우는 것보다 중요한 것은 우리가 언제부터 리더였는지에 대해 인식하는 것이다. 인식한 경험들을 살려서 나만의 리더십을 커스터마이즈(Customize: 주인이 원하는 대로 만든다)해야 한다. 우리는 자신의 경험을 포함해 주변에서 일어나는 일들을 보면서 많은 간접 경험을 해왔다. 우리 주위에 있는 개개인이 살아있는 리더십 교재 그 자체라고 생각한다.

　리더는 태어나는 것이 아니라 만들어진다. '자리가 사람을 만든다.'는 말을 리더십 강의에서 많이 듣는다. 이 말의 기저에는 리더의 능력은 경험을 통해 형성되고, 그 위치에 다다르면 해낼 수 있는 잠재능력을 갖고 있다는 말이 존재한다. 그리고 이러한 잠재력은 우리가 기억하지 못하는 유아기 때부터 심어지고 시간이 흐르며 길러진다.
　우리는 언제부터 리더였는가? 태어나 성장하며 관계 맺는 모든 순간 우리는 리더였고, 리더가 아니었더라도 리더를 준비하는 과정이었다. 누구나 언제든 리더가 될 수 있는 준비를 하고 있다.

리더'Ship'

> 당신이 리더가 되기 전 성공은
> 자신을 성장시키는 것에 관한 것이다.
> 리더가 된 후 성공은 다른 사람을 성장시키는 것에 관한 것이다.
>
> - 잭 웰치 -

초등학교 때 1년 정도 검도를 배운 적이 있다. 처음 검도를 배우기 시작했을 때 매일 도장에 가면 종 베기, 횡 베기를 100개씩 시켰다. 기본이 중요하다는 이유였다. 각 100개를 채우기 위해 대충 휘두를 때마다 사부님께서는 '내가 원하는 곳에 내 칼이 갈 수 있게 연습하는 시간이다. 검로(劍路)를 생각하면서 해야지!'라고 말하며 죽도로 어깨를 때렸다.

지금 생각해 보면 원하는 베기에 필요한 근육도 키우고, 내 의도대로 칼 끝이 향할 수 있도록 하는 통제 훈련이었던 것 같다. 문제는 어린 나에게 그렇게 베는 연습을 하면 뭐가 어떻게 베이는지 자세한 설명이 없었던 탓에 목적이 없이 휘두르기만 했던 것이다. 목검이 아니라 야구 배트를 다루는 연습이라고 해야 할까?

리더십은 베기와 유사하다. 내 시선, 어깨, 손목, 허리, 발목이 하나의 목표를 향해 나가는 것이 리더십이다. 그래서 평상시에 내가 의도한 방향으로 칼을 뻗을 수 있도록 수백, 수천 번의 지루한 기본기

훈련을 해야 한다. 기본기가 부족한 사람은 칼로 가죽에 흠집조차 내기 어렵다. 하지만, 수년간 반복 훈련을 거친 사람은 두꺼운 대나무도 한 번에 벨 수 있다.

반면 이미 회전력을 받아 출수한 손은 다시 되돌리기 어렵다. 즉 내가 의도하여 설계한 궤적은 회전력을 받는 순간부터는 내 의지와 별개로 관성을 받는다. 그 관성보다 더 큰 힘으로 반대되는 힘을 막지 않는 이상 칼은 이미 설계한 궤적을 따라 이동한다.

아이러니하게도 이미 받은 회전력은 내가 준 힘의 몇 배를 상회한다. 따라서 내 칼끝이 올바르게 뻗을 수 있도록, 출수한 손을 되돌릴 이유가 없도록 신중한 베기가 필요하다.

신중한 베기를 위해선 4가지 기본기가 필요하다. 마음속에 4가지 기본기를 잘 새겨놓고, 그 기본기를 잘할 수 있는 방법을 고민하면서 단련하다 보면, 자연스럽게 행동에서 드러나게 된다. 움직임이 쌓이면 감각이 생기고, 감각이 쌓이면 판단이 빨라진다. 결국 리더십은 탁월한 결정이 아니라, 수많은 기본기의 축적에서 비롯된다. 이 리더십의 4가지 기본기를 알아보자.

첫째, 'Relationship'이다. 올바른 관계 맺음이 필요하다. 이 세상에서 일어나는 대부분의 일은 사람과 사람 사이에서 일어난다. 관계를 제대로 맺지 못하면 시작조차 할 수 없다. 리더가 존재하는 이유는 조직이 존재하기 때문이다. 조직이 없는데 굳이 리더가 필요할까. 어떻게 관계 맺을 것인가를 우선 고민해야 한다.

둘째, 'Membership'이다. 사람을 만나 인사를 하면 식사 약속을 잡는 것처럼 관계를 맺었으면 함께해야 한다. 회원, 구성원, 일원이라고 느끼도록 만들어야 한다. 동상이몽이면 한 방향으로 나아갈 수 없다. 우리는 한 팀이라는 것을 자각시켜야 한다.

셋째, 'Ownership'이다. 리더는 주인의식이 있어야 한다. 이는 회사에 대한 주인의식이 아니라 자기자신에 대한 주인의식이다. 나의 삶에 대한 주인의식을 가지고 스스로를 계속 성장시키고 더 나은 존재가 되려고 하는 마음가짐을 잃어서는 안 된다.

『더 나은 결정을 위한 하루 10분 논리 연습』에서는 '프로'에 대한 정의가 나온다. 프로란 스스로를 위해 끊임없이 능력을 키우고, 스스로 책임을 지고, 자기 능력으로 가치를 창조할 수 있는 사람이다. 능력을 키우는 이유는 자신이 책임지는 범위를 넓히고, 새로운 가치를 만들어내기 위함이다.

내가 가진 간판의 힘에 의존하지 말고, 그런 간판 없이도 어디서든 성장하고, 가능성 넘치는 사람이 되는 것을 목표로 삼아야 한다. 나의 오너십을 깨달았다면 구성원들에게도 스스로의 인생에 주인이 될 수 있도록 오너십을 심어주는 것까지가 리더의 기본기다.

넷째, 'Showmanship'이다. 소비자들에게 흥미를 느낄 수 있도록 상품을 소개하는 사람을 쇼맨이라고 부른다. 리더는 구성원들이 흥미를 느끼도록 소개해야 한다. 무대의 조명을 한껏 받고 종횡무진하며 극을 이끌어 관객을 극에 한껏 빠지도록 하는 것이 쇼맨의 역할이다.

이 4가지 기본기가 갖추어졌을 때 우리의 리더십이 빛난다. 기억하자. 리더십은 하루아침에 만들어지는 것이 아니라 무수히 많은 연습을 통해 자연스럽게 몸에 배는 것이다.

어떤 사람이 리더가 되어야 하는가?

리더는 일이 잘못되었을 때 핑계를 찾지 않는다.
해결책을 찾는다.

- 헨리 포드 -

드라마 『오징어 게임2』에서 나오는 성기훈의 모습을 통해 우리는 어떤 사람이 리더가 되어야 하는지를 배울 수 있다. 드라마이기에 개연성은 부족하지만 주인공 성기훈은 입체적인 인물로 나온다.

부자들의 유희를 위해 서로 죽고 죽이는 데스게임에서 우승자 출신이었던 성기훈은 불합리한 게임을 없애기 위해 다시 그 게임에 참여한다. 다시 참여한 게임 안에서 사람들을 최대한 살리기 위해서 노력하고, 그 안에서 조직을 꾸려 운영세력에 저항하는 모습을 보여준다. 물론 그 과정에서 함께 했던 많은 사람들이 죽지만 그럼에도 불구하고 투지를 잃지 않으며 『오징어 게임2』가 끝난다.

드라마를 본 사람들은 알겠지만 극 중에서 성기훈은 부족한 점이 많은 사람이다. 심지어 성과도 좋지 못했다. 그럼에도 불구하고 우리가 이루어야 하는 리더상으로 왜 성기훈을 뽑았을까. 바로 성기훈의 3가지 포인트 때문이다.

어떤 사람을 리더로 세워야 하는가? 어떤 사람이 리더가 되어야 하는가? 다른 말로 리더라면 어떤 사람이어야 하는가? 이 3가지 필수 요건에 대해 이야기해 보겠다.

첫째, 문제의식이 있어야 한다. 무언가 잘 진행되는 상황 속에서 문제가 없는지를 고민해야 한다. 문제가 발견되고 인식됐다면, 그 문제를 반드시 해결하려는 의지를 가져야 한다. 이것이 문제의식이다. 단순히 사람들이 하는 일에 사사건건 지적하는 것을 문제의식이라 하지 않는다. 합리적으로 생각했을 때 문제가 있는 부분을 찾아내고, 그 문제를 해결하기 위해 고민하는 사람, 그 사람이 리더가 되어야 한다.

둘째, 감당력이다. 리더는 한 가지만 잘해서는 안 된다. 많은 영역에 대해서 섬세한 터칭을 할 수 있어야 하고, 업무에 대한 이해, 일에 대한 성과, 구성원들에 대한 코칭, 문제해결능력 같은 여러 부분에서 역할을 수행해야 한다. 여러 부분에서 역할을 수행할 때 감당력이 부족한 사람은 포기해버린다. 조금만 부하가 걸리거나 처음 접하는 문제가 생겼을 때 이를 어떻게 해결할지 방법을 찾지 않고 주저앉아 버린다. '나는 못 하겠어.'라며 다른 사람에게 책임을 미루거나 의사결정을 지연시키는 경우가 많다.

감당력이 좋은 사람을 알아보는 방법은 간단하다. 지금 하고 있는 것보다 더 많은 일을 줘보면 된다. 그럴 때 끝까지 해결하려 고민하고, 문제를 해결하는 중에 어려운 부분이 있으면, 도움을 요청하여 끝까지 방법을 찾는 사람들. 이런 사람들이 감당력이 좋은 사람이 아닐까 생각해 본다.

　주의해야 할 것은 말로만 '네네 해보겠습니다.'라고 하는 사람이다. 실제로 성과가 났는지, 일의 완성도를 평상시에 그 사람이 내는 것과 비교하는 등의 확인을 해야 한다. 만약 본인의 감당력이 부족하다고 생각한다면 지금보다 많은 일을 해보는 것을 권장한다. 더 많은 부분을 처리할 수 있을 때 우리의 감당력이 더 성장한다.

　셋째, 책임감 있는 사람이다. 많은 사람들이 책임감 있는 것이 엉덩이를 오래 붙이고 있는 것이라 생각한다. 책임감의 여부는 결과에서 나온다. 얼마나 오랫동안 이 일을 붙들고 해결하는가가 아니라, 일의 결과가 얼마나 완성도 있고 훌륭한지를 보고, 그 사람의 책임감을 판단해야 한다.

　수맥을 찾기로 해서 다 같이 땅을 파는데, 누구보다 열심히 땅을 파지만 매번 수맥이 아닌 곳에 땅을 파는 사람은 책임감이 없는 사람이다. 당장 땅을 파기보다 삽을 내려놓고 장시간 고민하고 있는 사람이 다른 사람이 봤을 때 노는 것처럼 보여도 팔 때마다 수맥이 나올 확률이 높다.

　감당력과 책임감은 서로 떼려야 뗄 수 없는 관계다. 감당력이 뛰어난 사람은 대개 책임감도 강하다. 하지만 책임감이 강하다고 해서 반드시 감당력까지 좋은 것은 아니다. 어떤 사람을 리더로 세우고자 하는지에 대한 고민이 든다면, 지금 하고 있는 일보다 조금 도전적인 과제를 시켜보고, 그 일의 과정과 결과를 모두 지켜보라. 내가 이미 리더라면 일의 완결성을 갖추면서 더 많은 일들에 도전해 봐야 한다.

조금 더 도전적인 목표를 세우고 시도해 봐야 한다. 그 과정에서 문제를 발견하여 해결책을 찾아내고, 무엇이 옳은 결정인지 판단하고, 그 일을 잘 마무리 지을 수 있게 잘 끝맺다 보면 문제의식, 감당력, 책임감이 성장한다.

앞에서 이야기했던 『오징어 게임2』의 성기훈은 사람의 목숨을 가지고 게임을 하는 사람들에 대한 문제의식과 거액의 상금을 받은 것으로 사람들을 모으고, 그 사람들과 하나의 목표를 향해 나아가는 감당력과, 문제를 해결하려고 희생하는 등의 여러 가지 판단을 하고, 그에 따른 책임을 지는 사람이다.

문제의식, 감당력, 책임감 있는 사람들이 리더가 되어야 한다. 일을 아무리 잘하더라도 열등감이 있거나 책임감이 없거나 문제의식이 없는 사람들은 리더가 되어서는 안 된다.

2 리더십의 출발

> 修身齊家治國平天下(수신제가치국평천하)
>
> 몸과 마음을 닦아 수양하고, 집안을 가지런하게 하고,
>
> 나라를 다스려, 천하를 평화롭게 한다.
>
> - 『대학』-

리더십은 앞에서 이끄는 단순한 것이라고 설명했다. 이 단순한 일을 잘하기 위해선 가장 먼저 무엇을 해야 할까? 사서삼경 중 하나인 『대학』에 그 힌트가 들어있다.

수신(修身)이란 몸과 마음을 닦아 수양하는 일이다. 먼저 자기 자신을 갈고 닦아야 한다. 내가 잘 안되는데 내 집이 어떻게 정리되고 내 조직이 어떻게 다스려지겠는가. 리더십의 출발은 바로 이 수신(修身)이다. 내 몸을 수양한다. 몸과 마음을 갈고닦아 인격을 높이고, 앎을 확장해야 한다. 몸건강, 마음건강을 챙길 수 있어야 리더가 된다.

수신의 다음단계가 제가(齊家)다. 집안을 잘 다스리고 가지런하게 만들어 바로잡는다. 가지런하다는 말은 층이 나지 않는다는 뜻이다. 층이 나지 않는다는 것은 곧 너와 내가 따로 분리되지 않고 같은 층에서 함께 살아간다는 말이다. 원활한 소통이 되는 상태이다. 집에서 새는 바가지 밖에서 샌다. 집에서 불가능한 소통이 밖에서 될 리가 없다.

　집 안에서 원활하게 소통한다면 내가 속한 조직이 제대로 다스려진다. 치국(治國)의 단계다. 어지러운 일이 있어도 바로잡고, 잘 보살펴 관리하고 통제한다. 조직이 제대로 다스려질 때 비로소 세상이 평화로워지는 평천하(平天下)가 이루어진다.

　『대학』에서는 세상을 호령하려면 자신이 거느리는 조직을 다스려야 하고, 자신의 조직을 다스리려면, 집안에서 잘 소통해야 하고, 집안에서 잘 소통하려면 스스로를 갈고닦아야 한다고 말한다. 리더십의 출발은 자신을 이끌면서 시작된다. 스스로를 통제할 줄 알아야 더 넓은 범위를 통제할 수 있다.

　'통제'의 사전적인 의미는 '일정한 방침이나 목적에 따라 행위를 제한하거나 제약한다'는 뜻이다. 기준이나 방향을 갖고 기준과 방향에 맞는 행동을 하기 위해 필요 없는 행위를 제한하고 제약하는 과정이 통제이다.

　우리가 목표하는 일은 치국(治國)이다. 천하의 단위는 거대하기에 천하의 평화까지 바라기는 어렵다. 예수님도 '웃어라 온 세상이 너와 함께 웃을 것이다.'라고 말씀하신 이유는 치국(治國)이 되면 저절로 평천하까지 이어지기 때문이다. 이어지는 말로 '울어라 너 혼자만 울 것이다.'라는 말은 결국 수신(修身)으로 몸과 마음관리를 제대로 하지 못했기에 감정기복이 생겼고, 집안을 제대로 다스리지도, 나아가 조직에서도 관리를 못해서 혼자 울게 된다는 뜻이다.

그래서 평천하의 전 단계인 치국(治國)을 통해 조직을 제대로 다스려야 한다. 그를 위해 집에서 제대로 행동하고, 나아가 자기 관리가 필요하다.

커스터마이징 리더십

> 無可 無不可(무가 무불가)
>
> 옳은 것도 없고 그른 것도 없다.
>
> - 『논어』 -

리더십 교육을 들으러 가면 어떻게 해야 정답이고, 어떻게 하는 것이 옳은지에 대해 열정적으로 설명한다. 설명을 듣다 보면 마음속에서 엄청난 불안이 하나 피어난다.

'나는 침착하고 차분한 성격이 아닌데, 강사님은 침착하고 차분함을 유지해야 한다고 하네. 어떻게 하지?'

다양한 질문을 해 보았지만, 리더십 방법론에 대한 명확한 답을 강사도 제시하지 못했다. 이는 강사가 모르기 때문이 아니라 모든 사람이 처한 상황과 구성원들의 특징과 사업의 특수성이 다르기 때문이다. 나아가 이런 상황이나 특성들을 아우를 수 있는 광범위한 진리가 쉽게 도출되지 않고, 각각의 케이스별로 답변하기 어렵기 때문이다.

사람이나 상황 등 다양한 요소에 따라 답이 달라진다. 모든 문제에는 그에 적중하는 답이 존재할 뿐이다. 모든 곳에 항상 적용되는 진리 같은 방법은 존재하지 않는다. 리더란 무엇인지에 대한 정의를 내릴 수는 있으나, 어떤 리더십이 언제 어디에서 필요한지는 상황에 따라 다르다.

중국 노나라의 유하혜는 감옥을 지키는 옥관이었는데 세 번이나 파면되었다. 사람들이 세 번이나 파면을 당했으면서 왜 다른 곳으로 가지 않는가를 묻자 '정직한 마음으로 벼슬을 하며 임금을 모셨는데도 파면을 당했습니다. 어디를 가더라도 세 번 쫓겨나지 않겠습니까.'라고 말했다. 어차피 다른 나라에서 벼슬길에 올라도 파면되는 것은 마찬가지라는 말이다. 자신의 정의를 버리고 다른 나라 군주를 섬기지 않겠다는 유하혜의 마음 자세다.

동시대의 학자였던 공자도 '유하혜는 뜻을 굽히지 않아 다른 사람에게 치욕을 당했지만 그가 한 말은 법도에 맞았다. 행동 또한 생각처럼 바르게 실행했다'고 그의 뜻을 지지했다. 그러면서 공자는 '나는 유하혜와 달라서 그래야 한다는 것도 없고 꼭 그래서는 안 된다는 것도 없다.'고 말했다.

유하혜의 올곧음을 인정하나, 더 중요한 점은 옳은 것도 없고, 옳지 않을 것도 없다는 말이다. 벼슬을 해야 한다면 나아가 벼슬하고, 벼슬할 수 없으면 물러난다. 공자가 말씀하신 '無可 無不可(무가 무불가)'와 같이 정해진 답이 있는 것이 아니라 그 어떤 것도 정답이 아니고 나의 상황에 맞게 변화하고 발전시켜 나가야 하는 것이 리더십의 특징이다.

대개 리더십이라고 하면 전통적으로는 특성이론, 행동이론, 상황이론 등이 있고, 현대에는 카리스마, 변혁적, 서번트, 임파워먼트, 진정성 리더십 등의 이론들이 존재한다. 이렇게 보면, 마치 시대의 흐름에 따라 새로운 리더십 스타일이 생겨난 것처럼 오해하기 쉬우나 사실 그렇지 않다.

리더십은 인류가 집단 생활을 시작할 때부터 있었고, 고대부터 오늘날까지 전 인류, 전 시대에 걸쳐 모든 리더십 스타일이 동시에 존재해왔다. 단지 상황에 맞는 이름을 그럴싸하게 지어 놓은 것뿐이다. 리더십에 관련된 책이 헤아릴 수 없이 많고, 그 안에 담긴 내용이 모두 다른 이유는 자신의 상황과 처지, 성향이 각기 다르기 때문이다.

공자의 가르침 방식은 因材施教(인재시교)로 정리된다. 자질에 따라 서로 다르게 가르친다는 말이다. 이를 알 수 있는 일화가 있다. 공자가 같은 질문을 던진 두 명의 제자에게 한 대답이다.

공자의 제자인 자로가 '들으면 즉시 실행해야 합니까?'라고 묻자 공자는 '아버지와 형이 계신데, 어찌 들으면 곧바로 실행하려고 하느냐.'라고 답했다. 다른 제자인 염유가 다시 여쭈었다. '들으면 즉시 실행해야 합니까?' 공자께서는 '들으면 곧 실행하라.'라고 답하셨다.

질문은 같으나 대답은 다르다. 자로는 남의 일도 자기가 다 해내려 하고, 성격이 급한 특성이 있어서 자중하라는 가르침이었고, 염유는 물러남이 있기에 나아가도록 한 것이다. 사람의 성격에 따라 다른 답이 주어지듯 리더십도 마찬가지다.

사람이 100명 있으면 100가지 색깔이 있고, 리더가 100명 있으면 100가지의 리더십이 나온다. 정해진 답을 찾기보다 자신만의 리더십으로 커스터마이징하는 과정이 필요하다.

50년 동안 리더십을 연구한 학자들이 있었지만 누구도 이상적인 리더의 특징을 발견하지 못했다. 이 말은 그만큼 리더십을 정의하기 어렵다는 말이기도 하지만, 한편으로는 다행이라는 의미이기도 하다. 공식처럼 된 리더십이 있다면 모든 사람들이 그 스타일로 시도하려 했을 것이다. 이는 자신의 모습이 아닌 다른 이의 모습 속에 스스로를 가둔 꼴이 된다.

핵심은 각자에게 맞는 리더십 방법을 찾는 일이다. 이를 찾으려면 어떤 리더십이 있는지를 살피는 것도 중요하지만, 상황에 따라 스타일은 달라질 수 있음을 인지해야 한다.

리더십의 10가지 다른 이름

> 독서는 완성된 사람을 만들고, 담론은 준비된 사람을 만들고,
> 글쓰기는 정확한 사람을 만든다.
> 저급한 동물과 인간을 구별하는 커다란 차이점은 언어다.
>
> - 프랜시스 베이컨 -

'리더'라는 단어와 같거나 유사한 발음을 내는 단어에 대해 알아보자. 언어 유희일 수도 있지만 자신의 취향에 맞는 리더가 무엇인지 고르는 재미가 있을 것이다. 처음엔 한두 개 정도 조합하지만, 점차 늘려가다 보면 자신만의 리더십을 완성하는 데 도움이 되리라 생각한다.

| 첫 번째, Cheer Leader(치어리더)

스포츠 경기에서 화려한 안무로 분위기를 띄우고 팀을 응원해 주는 것이 치어리더의 역할이다. 팀이 패배하고 있을 때조차 팀을 응원하고, 사람들을 독려하며, 분위기를 전환시키곤 한다. 리더는 팀이 부진할 때 더욱 팀원을 독려하고 다독이는 치어리더가 되어야 한다. 늘 웃을 수 없고, 매일 성과를 낼 수는 없겠지만 그 속에서 조직을 응원하는 치어리더의 자세로 조직의 긍정적인 분위기를 유지해야 한다.

칭찬은 고래도 춤추게 한다. 적절한 칭찬과 인정은 구성원에게 힘

과 동력이 된다. 리더의 한마디는 구성원들에게 큰 영향을 미친다. 잘못했을 때는 따끔한 질책이 필요하지만 조직 전체를 응원하고, 구성원의 응원을 이끌어 내는 'Cheer Leader'의 역할이 반드시 병행되어야 한다.

두 번째, Reader(리더)

세계 최고 투자자 워런 버핏은 평상시에 '나를 신문 중독자로 불러 달라.'며, 2012년 자신 소유의 신문사 발행인과 편집장에게 장문의 편지로 '내가 신문의 미래를 낙관하는 것은 신문만 한 정보의 보고가 없기 때문이다.'라고 썼다고 한다. 세계적인 기업가, 투자자도 정보를 얻기 위해 매일 신문을 본다.

우리가 많이 알고 있는 성공한 리더들의 대부분이 다독가이자 애독가다. 그렇게 된 이유는 성공의 비결이 읽는 행위 자체에서 비롯되기 때문이다. 글을 읽는 행위를 통해 세상을 읽을 수 있는 통찰력을 얻을 수 있다.

'읽다'의 사전적 정의는 다음과 같다. '글을 보고 거기에 담긴 뜻을 헤아려 알다.' 글을 읽는다는 것은 저자가 말하고자 하는 바를 이해하는 행위다. 사람을 읽는다는 말은 사람의 표정이나 행동을 보고 내면에 있는 동기나 마음을 알아차린다는 말이다. 상황을 읽는다는 말은 어떤 사태가 가진 특징을 이해한다는 말이다.

즉, '읽기'라는 행위를 통해 우리는 세상을 좀 더 이해하고 헤아릴 수 있게 된다. 글을 읽으며 저자의 마음을 유추하다 보면 통찰력이 성장하게 되고, 점차 통찰력이 늘어나 타인을 이해하는 일이 쉬워진다.

│ 세 번째, Leather(레더)

가죽(Leather)은 동물의 몸을 감싸는 껍질이다. 가죽은 체온 유지와 외부 손상으로부터의 보호막 등 다양한 역할을 한다. 척박한 환경 속에서 동물들은 자신의 가죽을 통해 다른 짐승의 공격에도 큰 상처를 입지 않고 자신을 보호하며 살아갈 수 있다.

리더는 조직의 가죽 역할을 해야 한다. 위험한 세상으로부터 우리 조직을 안전하게 보호할 수 있는 울타리 역할을 해야 하며, 수시로 변하는 외부 상황에 대응해 체온 조절하듯 유기적으로 대응하는 역할을 해야 한다. 조직이 너무 더워지면 땀을 흘려 식히고, 외부가 너무 추우면 땀구멍을 조여 온기를 잃지 않도록 말이다.

리더는 조직의 온도를 조절하는 감각기관 역할을 해야 한다. 환경에 맞춰 온도를 즉각적으로 변하는 일은 어렵다. 그래도 가죽이 한순간에 만들어지지 않듯, 리더십도 순간의 판단이 아닌 지속적인 감각 훈련과 경험의 축적으로 완성된다.

좋은 리더는 끊임없이 구성원과의 '촉감'을 유지한다. 구성원들을 잘 살펴 작은 변화도 감지한다. 그 촉감은 단단한 원칙과 유연한 사고가 함께할 때 가장 잘 발휘된다. 리더는 단지 앞장서 나아가는 사람이 아니라 필요할 때는 벽이 되어주고, 때로는 체온을 조절하는 피부가 되어주는 사람이다. 그럴 때 조직은 상처를 두려워하지 않고, 오히려 그것을 딛고 앞으로 나아갈 수 있다.

| 네 번째, Ladder(래더)

리더는 사다리(Ladder)와 같이 일정한 간격에 안전하고 튼튼한 미래를 그릴 줄 알아야 한다. 구성원을 키가 닿지 않는 높은 곳에 안전하게 데려다 줄 수 있어야 하며, 그 과정에서 구성원 스스로 난간에 직접 오르게 할 수 있어야 한다. 아무것도 모르는 구성원을 조직의 분위기에 맞게 단계적으로 이끌어가야 한다. 이런 단계적 성장에 대한 의식이 없는 사람은 바쁘고 귀찮다는 핑계로 사다리가 아닌 벽이 된다.

또한 리더는 사다리로 아래와 위를 연결하는 소통의 창구가 되어야 한다. 리더는 위에서 내려오는 메시지(Top down)를 올바르게 해석하고 구성원들에게 전달해 위와 아래가 같은 방향이 되도록 이끌어야 한다. 게다가, 아래에서 올라오는 이야기(Bottom up)도 위로 올릴 줄 알아야 한다.

아래에서 나오는 이야기들이 온전하게 올라갈 수 있도록 위에서 이해할 수 있게 설명하는 것도 필요한 역량이다. 친구들과 하던 고요 속의 외침(귀마개를 하고 입 모양만 보고 정답을 유추하는 게임) 중에 한 사람이라도 집중하지 못해 정답을 왜곡한 순간 참새는 코끼리가 되어 전달된다.

리더가 소통의 사다리 역할을 하지 못하면, 의사결정의 방향은 왜곡되고, 구성원들은 서로 다른 지도를 들고 길을 걷게 된다. 리더는 단순한 전달자가 아니라 '의미를 다루는 통역사'가 되어야 한다.

말의 표면을 넘어서 의도와 맥락을 파악하고, 현장의 목소리를 경영의 언어로 바꾸는 능력이 요구된다. 이때 중요한 것은 '왜곡 없는 전달'이 아니라 '의도에 충실한 번역'이다. 단어 하나하나를 그대로 옮기는 것이 능사가 아니라, 말이 놓인 배경, 감정, 필요를 읽어내어 양방향 모두가 이해 가능한 언어로 재구성하는 것, 그것이 리더십의 소통 역량이다.

결국 리더는 사다리처럼 위와 아래를 연결하지만, 동시에 진동을 흡수하는 완충재의 역할도 한다. 위의 압력이 너무 크면 조직이 무너지지 않도록 완충하고, 아래의 불만이 쌓이면 위로 전달될 수 있도록 그 흐름을 조율한다.

리더가 사라지면 조직은 단절되고, 리더가 왜곡되면 조직은 분열된다. 그래서 리더는 단단하되 유연해야 하고, 정확하되 따뜻해야 한다. 리더로서 사다리 역할은 단지 연결이 아니라, 함께 소통하는 것이기 때문이다.

| 다섯 번째, Ridder(리더)

리더는 제거하는 사람(Ridder)이어야 한다. 사람들은 성장하기 위해서 무엇을 더 할 것인가에 대해 고민한다. 하지만, 성장은 불필요

한 것을 덜어내면서 시작된다. 행복하려면 어떻게 해야 할까. 무엇이 우리를 불행하게 만드는지를 고민해야 한다. 하지 않아야 하는 것부터 찾는 것이 우선되어야 한다.

구성원들과 함께 성장하기 위해선 다음과 같은 것들을 없애야 한다. 불필요한 회의, 일의 비효율, 조직 내 갈등, 다른 사람에 대한 선입견, 잘하지 못할까를 염려하고 두려워하는 마음 등. 리더가 판단하기에 올바른 조직 운영에 저해되는 것들은 과감히 제거해야 한다. 그렇게 됐을 때 신선한 아이디어가 넘치는 회의, 늘어나는 업무효율, 피어나는 동료의식, 상대를 그대로 바라보는 존중, 무엇이든 해낼 수 있다는 용기 등을 채워나갈 수 있게 된다.

또한, 리더는 정보 획득 범위와 깊이가 구성원보다 훨씬 넓고 깊어야 한다. 리더들은 자신에게 주어지는 정보의 홍수 속에서 불필요한 정보를 제거하고 필요한 정보를 듣는 사람의 수준에 맞춰 필요한 정보를 전달하는 역량이 필요하다. 요약과 핵심파악을 하는 가장 좋은 방법은 불필요한 것들을 제거하는 것이다.

│ 여섯 번째, Rider(라이더)

함께 한다는 건 버스 한 대를 함께 타고 간다는 말과 같다. 리더는 그 버스를 운전하는 '라이더', 즉 버스 기사다. 기사는 방향과 속도를 결정한다. 기사는 조직이 어디로 갈지, 어떤 속도로 갈지 고민하고 구성원들을 목적지에 올바르게 인도하는 것이 주어진 역할이다. 버스 기사는 승객의 안전이 최우선이다. 승객들의 안전을 위해 노력하는 자신의 노력을 알아주지 않더라도 버스 기사는 그저 주어진 역할을 다해야 한다.

고속 버스 여행의 묘미는 휴게소에 있다. 버스 기사는 쉬어 갈 때를 알아야 한다. 함께 가는 장거리 여행은 기사도 승객도 피곤하기 마련이다. 휴게소에 들러 재충전하고 출발할 수 있도록 적절한 타이밍에 적절한 시간의 휴식도 제공해야 한다. 무한정 엑셀만 밟고 목적지로 향한다면 버스 안에서 어떤 대참사가 있을지 알 수 없다.

엔진이 과열되고, 승객은 지치고, 결국 목적지에 도달하더라도 버스는 망가지고 사람은 탈진한다. 유능한 리더는 '속도'뿐 아니라 '리듬'을 본다. 빠르게 가는 것도 중요하지만, 함께 도착하는 것이 더 중요하기 때문이다.

때로는 속도를 늦춰야 조직이 흔들리지 않고, 때로는 잠시 멈춰야 더 멀리 나아갈 수 있다. 훌륭한 라이더는 주행 중에도 늘 백미러를 본다. 구성원들이 다 탔는지, 혹은 뒤처진 사람은 없는지, 멀미로 괴로워하는 사람은 없는지, 목적지를 잊은 사람은 없는지를 살핀다.

버스는 정해진 노선을 달리는 듯 보이지만, 실제로는 수많은 변수와 마주한다. 막히는 도로, 갑작스러운 날씨 변화, 바람 빠진 타이어처럼 비즈니스도 언제나 예측 불가능한 장애물과 마주친다. 이때 리더는 단순히 핸들을 쥐고 있는 사람이 아니라, 어떤 상황에도 방향을 잃지 않고 사람들을 안심시키는 존재가 되어야 한다. 결국, 리더십은 목적지와 함께 여정의 질을 책임지는 일이다.

일곱 번째, Riddle(리들)

리더는 수수께끼(riddle)여야 한다. 공자는 『논어』의 「자로」편 25장에서 이렇게 말했다. '군자는 섬기기는 쉽고 기쁘게 하기는 어려우니, 기쁘게 하기를 도(道)로써 하지 않으면 기뻐하지 않고, 사람을 부림에 있어서는 그릇에 맞게 한다. 소인은 섬기기는 어렵고 기쁘게 하기는 쉬우니, 기쁘게 하기를 비록 도(道)로써 하지 않더라도 기뻐하고, 사람을 부림에 있어서는 완비하기를 요구한다.'

자신의 기분보다 일이 옳게 흘러갈 수 있도록 장려하는 리더의 모습에 대해 묘사했다. 리더는 구성원을 잘 읽어내야 하지만, 리더는 구성원에게 쉽게 읽히지 않아야 한다. 리더의 행동 하나하나가 구성원들에게 영향력을 주기 때문이다. 구성원들은 리더가 좋아하는 것을 좋아하고, 리더가 싫어하는 것을 싫어한다. 당연히 리더의 성향과 특성에 의해 조직이 달라지게 된다.

문제는 그렇게 성향과 속마음을 읽힌 리더를 대하는 구성원들의 태도다. 앞에서만 리더의 마음에 들게 행동하고 속이는 말로 기쁘게 한다. 그런 구성원들을 만들지 않도록, 가치 판단의 기준이 리더의 기분이 되지 않도록 늘 수수께끼 같은 사람이 되어야 한다.

│ 여덟 번째, LIDAR(라이다)

자율주행차량이 곧 현실로 다가올 만큼 기술이 혁신을 거듭하고 있다. 자율주행차량의 핵심이 바로 자동차의 눈이 되는 라이다(LIDAR)다. 라이다는 레이저를 통해 주변을 측정하여 정밀하게 그려내는 장치다. 자율주행차량은 라이다가 없으면 출발 자체가 불가능하다. 이처럼 리더는 라이다와 같이 전체를 측정해 정밀하게 그려내는 역량이 필요하다.

이 역량을 관(觀)이라는 글자를 통해 설명해 보자. 관(觀)은 황새(雚)와 보다(見)라는 글자가 합쳐진 글자다. 황새가 하늘 위에서 날면서 보듯 전체성을 갖고 본다는 뜻이다. 사물을 볼 때 전체성이 없다면 한 가지 면만 편중되어 보게 된다. 눈앞에 보이는 것만 본다면 코끼리에 대해 어떤 사람은 펄럭거리는 귀만 보고 부채라 말하고, 어떤 사람은 긴 코만 보고 밧줄이라고 말하며, 어떤 사람은 굵은 다리만 보고 기둥이라 말하게 된다.

다양한 면을 연결하여 이해하는 큰 그림을 보는 역량이 필요하다. 이 일이 왜 필요한지 내 입장에서만 생각하는 것이 아니라 전체의 입장에서 생각해 볼 수 있어야 한다.

│ 아홉 번째, Zero Reader(제로리더)

'Zero Reader'란 '항공기가 정해진 경로를 따라 비행할 수 있도록 조종사에게 지시하는 장치'다. 내비게이션에서 기존 경로에서 이탈하면 '경로에서 이탈하여 재검색합니다.'라는 경고를 보내는 것처럼 항공기에서 경로이탈을 경고하는 장치가 '제로리더'다.

 리더는 제로리더의 역할을 해야 한다. 구성원이 목적지를 향할 때 경로이탈을 경고하고 잘못 들어선 길에서 올바른 길로 안내할 수 있어야 한다. 목적지를 향하는 길이 오직 한 가지만 있는 것은 아니다. 다른 길로 갈 수도 있다. 다만 그 길이 안전한 길인지, 전쟁터를 경유하는 길인지는 확인해야 한다.

 모로 가도 서울만 가면 된다지만 안전한 비행이 될 수 있도록, 반드시 목적지에 도달할 수 있도록 보이지 않는 하늘길 위에 도로를 깔아 줄 수 있어야 한다. 추상적인 개념들도 상상할 수 있도록 설명하는 역량이 필요하다. 조직의 환경과 주변의 방향과도 맞아야 하기에 리더는 늘 구성원의 핸들이 제대로 된 방향으로 가고 있는지도 신경 써야 한다.

| 열 번째, Needer(니더)

 리더는 필요한 사람(Needer)이어야 한다. 구성원이 모르는 것이 있을 때 물어볼 수 있는 사람이어야 하고, 문제가 생겼을 때 털어놓을 수 있는 사람이어야 하며, 신뢰하고 의지할 수 있는 존재여야 한다. 이 관점에서 가장 필요한 역량은 문제해결능력이다.

 신뢰에 대한 오해 중에 신뢰는 인격을 바탕으로 쌓인다고 생각하는 경우가 많다. 미안하지만 실력이 먼저다. 다른 사람을 믿으려면 그 사람의 행동에 믿음이 가야 한다. 말만으로는 문제를 해결할 수 없다. 따라서 필요한 사람이 되기 위해 실력을 먼저 갈고닦아야 한다.

만약 내 실력이 충분한데 사람들이 신뢰하지 않는다면 두 가지 중 하나일 것이다. 실력이 어중간하거나, 실력은 좋은데 말에 일관성이 없거나.

세계적인 리더들이 매일 운동을 하는 이유

스스로를 자제하는 것은 사람의 의무라고 생각한다.

- 로이스 맥마스터 부욜 -

스스로를 어떻게 통제할 수 있을까? 성공한 리더는 모두 자기 관리에 매진한다. 세계적인 리더들은 자기 관리 수단으로 운동을 꼽는다. 그것도 규칙적인 운동이다. 건강 때문에 운동을 하라는 것이 아니다. 만약 건강 때문에 자기 관리 하라고 설명하려 했다면, 자기 관리라고 표현하지 않고 건강 관리라고 설명했을 것이다. '규칙적인 운동'을 강조한 이유는 바로 자신에 대한 통제성을 갖기 위해서다.

앞에서 설명한 검도를 예로 들자면 검도란 내가 뻗는 칼이 원하는 방향으로 갈 수 있도록 근육을 갖추는 일이다. 이처럼 규칙적인 운동을 통해 내가 의도한 대로 나를 이끄는 방법을 배우는 것이 주목적이다.

규칙적인 운동은 신체적인 통제성을 뛰어넘어 바쁘고, 하기 싫고, 피곤한 내 마음의 근육을 키우는 행위이기도 하다. 규칙적인 운동을 하려면 시간을 따로 내야 하고, 그 시간에 온전히 운동에 집중할 수 있는 환경을 갖추기 위해 건강 관리도 해야 한다. 운동을 억지로 하려고 나쁜 컨디션에도 뜀걸음을 계속해서 병이 난다면 안 하는 것만 못하다. 자기 관리를 해야지 자기학대를 해서는 안 된다.

과학자들도 몸을 움직이는 일을 장려한다. 『운동화 신은 뇌』라는 책도 있듯이 우리의 뇌는 운동을 하면 할수록 자극이 되어 건강해진다. 신체를 움직일 때 혈액순환이 빨라지고 뇌가 자극되어 빠르게 돌아간다. '조깅처럼 장시간의 운동을 하면 뇌는 자아성찰 기능이 활성화되는 디폴트모드에서 휴식을 취하고 외부환경에 파장을 맞춘다.'[1] 쉽게 말해 운동을 하면 자아성찰이 가능해진다.

달리기를 하려면 낮이나 밤에 하는 것이 좋다. 낮에는 따뜻한 시간대이기 때문에 부상의 위험이 적고 밤에는 반사 신경이 좋아진다. 하루를 정리하기 위해 달리기를 해도 좋다. 거리를 정해놓지 말고 시간을 정해놓고 달리는 것이 효과적이다. 마음을 정리하기 위해 혼자 달리는 것이 좋다. 조깅은 스스로를 돌아보게 만들고 건강을 증진시킨다.

성공한 리더들은 자기 관리가 철저하다. 건강을 위해 운동을 결코 소홀히 하지 않는다. 이들에게서 배울 점은 꾸준함이다. 아무리 바빠도 틈을 내어 운동을 한다. 해야 할 일에 변명하지 않고 해내는 힘 또한 자기 관리의 일종이다.

세계적인 리더들이 말한 운동도 같은 원리다. 스스로 할 수 있다는 작은 성공을 부여할 수 있다면 아침에 침대 정돈을 하는 것이든, 규칙적인 운동하는 것이든 상관없다. 내가 하고자 마음먹은 대로 할 수 있다면 그것보다 재미있는 인생이 있을까?

스스로에게 할 수 있다는 용기를 불어넣어 줄 작은 성공을 만들어라. 스스로를 통제할 수 있는 자신만의 루틴을 만들어라. 언제든지 내가 원하는 대로 내 몸이 실천할 수 있는 장전상태를 만드는 것이다.

리더의 즐거움

> 행복의 비밀은 내가 좋아하는 일을 하는데 있는 것이 아니라 내가 하는 일을 좋아하는데 있다.
>
> - 제임스 메튜베리(피터팬 작가) -

직장인들 사이에 유행하는 밈이 있다. "안락한 삶을 위해 안(No) '락'(樂)하게 산다." 왜 이런 말이 나올까? 노후의 행복한 삶을 위해 현재의 벌어들이는 수입을 통제하기 때문일 수도, 미래의 성공을 위해 지금의 즐거움을 통제하기 때문일 수도 있다. 하지만, 지금 이 순간 행복하지 않길 원하는 사람은 어디에도 없을 것이다. 그런데도 왜

'No 樂'이라는 행복하지 않게 살아야만 하는 걸까?

    그 이유는 잘못된 통제 관념에서 시작되었다고 생각한다. 제임스 메튜베리의 명언이나, 『죽은 시인의 사회』에 나왔던 '지금 이 순간에 충실하라'는 카르페디엠이라는 말의 의미를 생각해 봐야 한다. 지금 내가 하고 있는 일들을 사랑하고 충실하게 보내는 것. 그 안에서 보람과 배움을 얻는 과정이 '락(樂)'하게 사는 것 아닐까?

    『논어』를 한 번도 본 적 없더라도 이 말은 들어봤을 것이다.

學而時習之不亦說乎(학이시습지불역열호)
배우고 그것을 제때에 익히면 즐겁지 아니한가?

    나도 학창시절에 공부를 정말 진심으로 온 마음 다해 필사적으로 하기 싫어하는 학생이었다. 배우는 것이 재미없고, 익히는 것을 귀찮아했다. 그런데 어느 순간부터 어떤 경험에도 배움이 있고 익힐 때마다 스스로 성장하는 느낌이 들기 시작했다. 의식해서 공부한다는 느낌이 아니라 어떤 경험을 해도 공부가 되는 의식을 갖게 됐다. 그런 의식이 자연스럽게 생각나도록 한 나의 경험을 공유한다.

    티핑 포인트란 갑자기 대중의 관심이 폭발하고, 광고나 마케팅이 큰 효과를 내며 주문이 급증하는 순간을 말한다. 터닝 포인트는 방향이 완전히 바뀌는 시점을 뜻하지만, 티핑 포인트는 보이지 않던 변화가 쌓이다가 한순간에 눈에 띄게 나타나는 순간을 말한다.

    내 인생의 티핑 포인트는 군대에서의 경험들이다. 진정성 있고,

주체성을 갖고 살고 싶다고 막연하게 생각해 온 내가 구체적으로 어떻게 행동하며 살아야 할지를 정리하게 해 준 시간이 바로 군 생활이었다.

보통 사람들은 상병이 되어 군생활의 절반 정도 지났을 때 분대장에 임명되지만, 일병을 시작하는 즈음에 분대장에 임명되었다. 중대장님이 나를 좋게 생각해서 생긴 일이었다. 중요한 역할을 일찍 맡은 것과 반대로 상병이 되는 날까지 포상 휴가를 단 하나도 받지 못했다. 훈련소에서 다치는 바람에 신병 위로 휴가도, 일병 정기휴가도 거의 다 소진해 버리면서 갖고 있는 휴가도 많지 않은 상황에서 6개월이 넘는 시간 동안 고군 분투해왔다.

그러다 상병이 되기 하루 전 날 대대장님이 전 병력 가위바위보를 통해서 1등에게 3박 4일 휴가를 즉흥으로 주시는 기회가 있었고 거기서 1등을 거머쥐면서 상병 진급과 동시에 휴가를 떠나게 되었다. 그때부터 많은 포상휴가를 받았다. 특급전사 휴가, 다독왕 휴가, 우수 훈련생 휴가 등 쏟아지는 휴가를 받으면서 매달 한 번씩 휴가를 나갔다. 일이 술술 풀리면서 거만한 생각이 들었다.

영화 '트루먼쇼'처럼 '나는 어떤 극본의 주인공이고 주변 인물들이 모두 엑스트라인가?' 하는 생각을 했다. 뭔가 주인공이 된 것 같고 기분이 좋았다. 그 좋은 기분으로 '뭔가 난 대단해!'하는 자만을 느끼며 지내는 찰나 주변에 있는 동료들도 굉장히 멋진 사람이 많다는 생각을 하게 됐다.

정말 누가 봐도 잘생긴 선임도 있었고, 인격적으로 배울 점이 많은 선임도 있었다. '최처세'라고 불릴 만큼 처세술에 능한 선임도 있었고, 자기가 엄청난 부조리를 겪었음에도 후임들에게 모든 부조리를 없애는 선임도 있었다.

틈날 때마다 자격증 공부를 열심히 해서 군대에서 3개의 자격증을 취득한 후임도 있었고, 정신적으로 많이 아픈데도 군인답게 행동하려고 자신을 잘 통제하는 후임도 있었다. 나이가 많이 어려서 무엇을 어떻게 해야 할지 몰라 실수를 자주 하던 후임이 있었다. 자주 한 실수로 혼이 난 뒤에는 같은 실수를 반복하지 않으려고 열심히 배우고 달라지려 애쓰는 모습이 인상적이었다.

권위 없이 편하게 중대원을 대하는 중대장님도 계셨고, 병사들에게 군생활이 아니라 나가서 어떤 삶을 살 것인지 진지하게 물어보는 작전장교도 있었고, 당직일 때마다 맛있는 걸 챙겨 와 함께 2~3시간을 어떻게 하면 좋은 리더가 될 수 있을지 진지하게 고민하는 중사님도 있었다.

주변을 돌아보니 내가 주인공이라 생각하기엔 멋진 사람들이 많았다. 저들을 엑스트라로 취급하기엔 너무나 아까운, 저마다 빛나는 주연들이 존재하고 있었다. 이를 깨닫자 주인공인 것 같은 기분을 만끽하면서 한편으로 찝찝했던 기분이 해소되었다.

'사실 세상 모든 사람들은 저마다의 극본의 주인공이 아닐까? 내 이야기에서 나는 주인공이지만, 저 사람의 이야기에서 나는 일개 엑

스트라일 뿐인 거지.'

그러면서 꼬리에 무는 여러 질문들이 있었다. '보통의 시나리오는 항상 기승전결로 이뤄져 있지 않나? 극적인 연출을 위해 주인공의 시련과 갈등을 억지로라도 밀어 넣지 않나? 개연성을 위해서 쓸데없어 보이는 설명을 장황하게 하지 않나? 아 그러면 지금까지 내 삶이 지루하게 흘러오고, 내가 힘들다고 느끼는 건 내 극본의 연출된 위기일 뿐이지 않을까? 나는 주인공이니까 열심히만 하면 이 위기를 극복할 수 있지 않을까?'라는 꼬리에 꼬리를 무는 질문들에 답을 찾기 위해서 주변에 내 생각을 많이 공유했다.

처음에 이상한 사람이라는 표정으로 쳐다보던 부대원들의 얼굴이 아직도 생각난다. 그러다 한 후임이 비웃으면서 이렇게 말했.

'이상병님 말대로라면 극본의 결말이 다 정해져 있는 건데, 순리대로 흘러만 가면 되는 거 아닙니까?'

그 자리에서 뒤통수 긁으며 그런가? 하고 넘어 갔지만 저 의문 덕분에 내 인생은 마침표를 찍지 않은 드라마 극본이라는 결론에 도달했다. 내 극본의 작가 또한 나이고, 완결을 향해서 극본을 연출함과 동시에 작성 중이라는 것을 생각했다.

'미래에 대해 미리 생각하고 내 극본의 여유분을 대비하지 않으면, 마감 기한에 쫓기는 웹툰 작가처럼 개연성과 완성도가 높지 않은 극본을 연출하거나 휴재해야 하는 상황이 오겠구나. 게다가 내가 아닌 다른 작가들도 나와 같이 연출과 집필을 같이하는 대단한 사람들이구나. 그 어떤 삶도 어렵지 않은 것이 없겠다.'

    자신감 하나 믿고 될 대로 되라던 내가 다른 사람을 존중하고 제 삶에 충실해질 수 있었던 두 번째 경험의 핵심이다. 머리말에 있던 잡초 이야기(뿌리를 어디에 내리는지가 더 중요하다.)를 통해 인생의 방향성을 잡았다면, 모두가 주인공이라는 생각은 내 삶의 태도를 바꾸는 핵심 열쇠가 되었다.

    '지금 이 순간이 재미없다면 내 삶의 관중은 없다. 매 순간 성실하고 재미있게 연출하고, 내 미래를 재미있게 써보자. 지금 닥치는 시련들은 나를 강하게 하는 이야기의 필수 요소일 뿐이다. 내가 보여주는 연출에서는 지금 이 과정들이 20초 찰나의 수련의 모습일지 몰라도 이 과정이 있어야 프로가 되는 것이다. 그리고, 나만 소중한 주인공이 아니라 다른 사람들도 저마다의 철학을 가지고 많은 위기를 극복하는 소중한 이야기의 주인공이란 사실을 잊지 말자.'

    이런 다짐을 하며 살게 됐다. 처음엔 의식적으로 재미있는 연출처럼 보이도록 과장되게 긍정적이었고, 호탕하게 행동했다. 시간이 지나면서 점점 자연스럽게 고유의 캐릭터처럼 스스로 밝아지기 시작했다.

    이런 생각의 정리까지 몇 년의 시간이 걸렸고 현재도 완성되지 않았다고 생각하지만, 그 시작은 잡초에 대한 생각이었다. 이 사소한 생각에서 큰 배움이 있었다고 생각하니, 행동하고 의식하는 것 하나

하나에 배움이 있을 것이라 생각했다.

처음엔 별것 아닌 것에도 의미 부여하며 다른 깨달음이 없을지 여기 저기에 열정을 쏟으며 많은 생각을 했으나, 뿌리를 어디에 내릴지에 대한 고민과 더해지면서 내 삶을 풍요롭고 행복하게 하기 위한 방법들을 찾는데 몰두하게 되었다.

하기 싫은 일을 하게 될 때 '이왕 엑스트라로 출연하더라도 주연처럼 연기하기 위해 인상 깊은 엑스트라가 되겠다.'라고 생각했고, 어렵고 힘든 일에 처했을 때 '내 극본의 연출일 뿐'이라며 스스로를 다잡고 여유를 가지도록 노력했다.

위 경험들을 하고 10년이 지났지만, 지금도 종종 그 마음을 되새기고 있다. 언제나 다시 내 삶의 주인으로 살기 위해 노력하고 있다. 나를 통제하는 두 경험을 통해 얻은 가장 좋은 습관은 지금 현재를 즐길 줄 아는 여유다. 매일 충실하게 사는 지금의 모습이 영화로는 1~2초 정도로 짧게 나갈지 몰라도 내 극본의 개연성을 올려주는 과정이라고 믿고 있다.

스스로를 갈고 닦는 시간, 스스로를 통제하는 시간이 어렵고 힘들다면 스스로 주인공이라 생각 해보면 도움이 될 것이다. 우리는 많은 시나리오를 접해 주인공이 어떻게 행복해질지 알고 있고, 지금 힘든 시간도 주인공을 강하게 만드는 과정일 뿐이라는 사실을 깨닫게 될 것이다.

리더라서 주인공이 아니라. '나'라서 주인공이다. 주인공인 '나'는 스스로를 통제하고 성장시키는 지루한 시간을 즐기며 극복해 해피엔딩을 만들 것이라 믿어 의심치 않는다. 그렇게 충분히 성공하고 행복한 주인공은 이미 높아져 버린 자신의 몸값을 깎아서라도 뜻이 맞는 작품에 카메오나 조연으로 출연하여 감동을 주곤 한다. 자신의 배움과 노하우를 다른 주인공들을 위해 기꺼이 나눠줄 리더로 성장하기 위해 오늘도 웃으며 정진한다.

3 임명은 관리자를 만들고 구성원이 리더를 만든다

리더십은 하루아침에 얻어지지 않으며

매일매일 계발되어야 한다.

이것이 리더가 성장하는 과정의 법칙이다.

- 존 맥스웰 -

세계에서 최고의 리더십 전문가로 꼽히는 존 맥스웰은 리더십에 관하여 가장 중요한 포인트를 '개발'이 아닌 '계발'로 꼽았다. 개발은 '새로운 물건이나 생각을 내놓다.'라는 뜻이고, 계발은 '생각이나 지능 등을 깨달아 알게 된다.'는 뜻이다. 리더십에 관하여 뭔가 새로운 대안을 내놓아야 하고 창의적이야 한다는 강박에 휩싸인 리더들을 종종 봐 왔다. 그러나 리더가 해야 할 일은 창의적으로 새롭게 만드는 일이 아니다. 무언가를 새로 만드는 것보다 지금 하고 있는 생각을 제대로 아는 것이 훨씬 중요하다.

반장, 학회장, 동장, 셀장, 파트장, 팀장, 실장, 조직장, 본부장, 임원, 대표이사 등 여러 직책들은 직책을 임명 받고, 공식적으로 알려진다. 처음 리더로 임명 받았을 때 어떤 기분이었는가? 잠시 그때를 돌아보는 시간을 가져보자.

그 기분이 얼마나 지속되었는가? 뿌듯함과는 별개로 막막함과 답답함에 사로잡혀 고민의 시간이 많았을 것이다. 고민이 없었다면 존경한다. 나는 그런 사람이 되지 못했다. 정말 많은 시행착오를 거쳤고, 너무 많은 고민에 잠을 자지 못했고, 어떻게 해결할지 마땅한 방법을 찾지 못하는 스스로를 자책했다.

앞선 선배 리더들이 리더란 어떤 사람이고, 어떤 일을 해야 하는지에 대해 만들었고, 그 결과로 조직이 성장했다. 리더들이 만들어 놓은 길을 따라 걸어가고자 하지만 쉽지 않다. 누구도 그 길을 명확하게 설명해주지 않았기 때문이다. 임명되었지만 리더의 길이 무엇인지 막연하기만 하다.

위치가 변한다고 내용물이 바뀌는 것은 아니다

> 본성은 드러날 뿐 바뀌지 않는다.
>
> - 아리스토텔레스 -

초등학교 4학년 2학기 부반장이 내 첫 임명이었다. 그 다음이 군대 분대장이었다. 당연히 초등학교 4학년 때는 어렸기에 큰 생각 없이 지나갔지만 군대에서 분대장에 임명받았을 때는 열의가 가득한 상태였다. 의욕도 넘치고 무엇이든 잘 해낼 수 있을 것 같았다.

그런데 늘 그렇듯 사람 일은 뜻대로 되지 않았다. 분대장을 하는 동안 분대원들과 함께하는 일이 내 마음 같지 않았다. 후임들과 갈등도 많았고 나보다 선임인 분대원을 다루기도 너무 어려웠다. 그 과정에서 싸우기도 많이 싸우고, 같은 방에서 매일 보고 자는데 일주일 넘게 한 마디도 안 하던 시간도 있었다. 분대장이라는 아무것도 아닌 직책도 이런 난관에 봉착하는데, 돈을 받고 일하는 사회에서는 얼마나 많은 갈등이 일어날지 감히 짐작조차 가지 않았다.

그런데 이런 불편한 과정이 몇 달이 지나다 보니 요령이라는 것들이 생겼다. 어떻게 말해야 손발이 맞는지, 어떻게 대해야 상대방이 따라주는지 작은 성공 경험들이 쌓이기 시작하니 조금씩 자신감이 생겼다. 다른 선배 분대장들에게 자문도 구하고 나만의 방식으로 변형도 해보는 과정들이 있은 후에 원만하게 지낼 수 있게 되었다.

분대장이 되었을 때 그저 직책이 바뀐 것만으로도 동료와의 관계가 바뀌는 것도 신기했고, 어쩔 수 없이 원치 않는 행동도 강요해야 하는 순간도 있었다. 분대원이 내 마음을 알아주지 못해서 서운할 때도 있었고, 내가 분대원의 마음을 알아주지 않아서 서운할 때도 있었다. 돌이켜 생각해보니 분대장 임명이 나를 리더로 만들지 않았다. 함께 한 분대원들이 나를 분대장으로 만들어줬다.

카멜레온은 주변에 있는 색과 거의 구분이 어려울 정도로 완벽하게 색을 변화시킨다. 나무 위에 있으면 초록색으로, 바닥이나 나뭇가지 위에 있으면 갈색으로 육안으로 찾아보기 힘들 정도로 완벽하게 몸의 색을 바꾼다. 하지만, 그것이 카멜레온이라는 것에는 변함이 없다.

임명은 카멜레온 피부색 같은 것이라 생각한다. 그저 껍데기만 바뀌는 것일 뿐 어떤 직책을 임명 받으면 그 순간 그 직책자가, 리더가 될 수 없다는 뜻이다. 전에 비슷한 경험이 있다 하더라도, 전에 함께 했던 사람들과 같은 조직에서 동일한 목표로 똑같은 환경에서 똑같은 일을 하는 것이 아니라면 바로 리더가 되기 어려울 것이다.

리더가 되는 건 호흡을 통해 이뤄진다. 함께하는 사람들과 호흡하며 리더로 만들어진다. 스스로가 뛰어난 역량과 리더에 오를 정도라고 생각해 리더가 됐다면, 그 자리에 있을 수 있도록 양보한 수많은 동료들과 리더의 모습이 되기까지 많은 고민과 시행착오를 안겨주었던 동료들에 대해 한번 생각해 보자.

객관적으로 남들보다 뛰어날 수 있다. 하지만 처음부터 잘할 수는 없었을 것이다. 모든 것이 내가 원하는 대로 되지도 않았을 것이다. 스스로 배우고자 하는 태도와 주변의 많은 동료들의 행동들이 겹쳐져 지금의 내가 있음을 자각해야 한다.

혼자서 리더가 될 수 없다. 가끔 어떤 팀장님들은 팀원들을 모두 본인 같은 사람으로 채우고 싶다는 말을 하곤 한다. 그렇게 되면 아마 골치 아플 것이다. 나와 똑같은 사람이 여러 명 있으면, 또 다른 내가 리더를 하려고 할 것이다. 그 피곤함과 견제를 극복할 수 있을까?

지금보다 더 스트레스 받을 것이라 확신한다.

어떻게 리더가 되어야 할까?

> 다른 사람들에게 가치를 더하기 위해서는 먼저
> 다른 사람들을 가치 있게 생각해야 합니다.
>
> - 존 맥스웰 -

　평상시에 고마웠던 사람들을 생각해 보자. 언제나 변함없이 사랑을 주는 가족들, 힘들 때 위로가 되어주는 동료들, 웃을 수 있게 해주는 친구들 등 세상에 고마운 사람들이 참 많다. 그 사람들은 왜 고마운가? 나에게 긍정적인 영향을 주기 때문이다. 함께 보내는 시간이 즐겁고, 내 마음을 풍요롭게 해주기 때문이다. 다르게 말하면 나에게 긍정적인 영향을 주는 사람들은 고마운 사람들이다. 절대 무한 긍정을 하자는 것은 아니다. 하지만 모든 사람들이 내게 고마울 수 있는 존재라는 것을 인정하자는 것이다. 타인에게 배울 점이 있다면 감사할 일이다. 그렇게 의식해 보자.

　이직 후에 가장 가깝게 지내는 선배가 있다. 다른 사람과 갈등으로 인해 힘들어하는 시기가 있었는데 내가 한 말을 듣고 한참 웃었던 일화가 있다.

"제가 좋아하는 말이 하나 있는데요, '역행보살(逆行菩薩: 그릇된 짓의 나쁜 과보를 남에게 보여 주기 위해 일부러 그릇된 짓을 하는 보살)'이라는 말입니다. '아 저렇게 하면 안 되는구나!'를 가르쳐주려고 몸소 자신의 이미지를 버려가면서 나를 위해 솔선수범하는 고마운 존재입니다."

누군가를 미워하면 내 마음에 울분만 쌓인다. 타인을 미워해 봤자 배울 점이 없다. 하지만 '저렇게 하지 말아야지' 생각하면 배울 점이 많아진다. 따로 시간 내서 공부하지 않아도 저절로 이루어지는 기적이 일어난다. 내가 어떻게 행동해야 할지 알려주는 가장 좋은 교과서로 삼아야 한다. 함께 걸어가는 세 명 속에 늘 내 스승이 존재한다는 말을 잊지 말아야 한다. 싫은 사람이면 싫은 사람일수록 고마운 마음으로 바라보다 보면 내가 보지 못한 면도 보게 되는 부차적인 혜택도 있다. 스스로의 마음의 평화를 위해서라도 감사함을 가지고 보자.

싫은 사람도 고마운데, 별 감정 없는 사람은 어떨까? 정말 아무 생각이 생기지 않는 사람도 있을 것이다. 그 사람에게 고마운 점, 칭찬할 점을 찾아보자. 할아버지께서 평상시에 자주 하시던 말씀이 있다.

"세상 모든 사람이 스승이다. 타인에 대해 이야기할 때 그 사람의 강점만을 말해야 한다. 강점을 말하려면 지극한 관심으로 타인을 바라보게 되고 그 과정에서 배울 점이 많아진다."

리더가 되는 법은 간단하다. 모든 사람을 스승이라 생각하고 나의 부족함을 채우는 수단으로 삼으면 된다. 분명히 자신이 배울 점이 있을 것이다. 좋은 모습을 통해 보고 배울 수도, 나쁜 모습을 보고 그렇게 하지 않음으로 배운다.

관리자에서 리더로 성장하는 법

> 진정한 리더는 홀로 설 수 있는 자신감,
>
> 어려운 결정을 내릴 수 있는 용기,
>
> 다른 사람의 요구에 귀를 기울이는 마음을 가지고 있습니다.
>
> 그는 리더가 되기 위해 나선 것이 아니라,
>
> 자신의 행동에 대한 균등성과
>
> 자신의 의도에 대한 진실성으로 리더가 됩니다.
>
> - 더글러스 맥아더 -

리더의 유형은 실무자, 관리자, 리더가 있다. 실무자는 자기 일만 열심히 한다. 관리자는 자기 일을 분배하여 잘 관리한다. 그 상위 단계에 있는 리더는 구성원들 개인에게 적합한 답을 내려줄 수 있는 수준의 관리자이다. 전체를 하나로 화합하게 만들 수 있는 사람, 그 사람이 리더다.

관리자에서 리더로 성장하려면 해야 할 일이 있다. 첫 번째는 배운 것을 행동으로 옮겨야 한다. 많은 사람들이 내게 주는 가르침을 달게 받고 성장하되, 의식해야 할 점이 하나 있다. 타인을 통해 정보, 배움, 교육을 받으면 체화해야 한다. 어떻게 개선할 것인지, 어떻게 적용할 것인지에 대한 고민이 필수적이다. 이 과정에서 자신만의 철학을 담는 것이 중요하다.

배움은 중요하다. 그러나 무작정 배우기만 해서는 안 된다.

1,000권의 책을 읽고도 그 안에서 활용할 것을 얻지 못했다면, 그것은 무의미한 행동이 된다. 만약 정말 1,000권을 읽는다면, 적어도 내가 읽고 찾아보는 것이 잘못된 방향이 아닌지 생각해 보고, 무엇을 얻어야 할지에 대해 고민하며 읽어야 한다.

    두 번째는 자기 인식이다. 정말 내 마음을 몰라주는 구성원이 있다고 가정해 보자. 내가 말한 것들을 매일 무시하고 어르고 달래 보아도 협조적이지 않다면 그 행동을 보며 내가 하는 리더십이 잘못된 방향으로 가고 있다는 자기 인식이 되어야 한다. '왜 내 말을 안 들을까?'라는 생각에서 끝내면 안 된다. '왜 내 말을 안 듣지? 내 방식에 어떤 문제가 있을까?'라는 자기 인식까지 가야 한다. 이를 성찰이라 말한다.

    성찰을 했는데도 문제가 없다고 판단되면 다른 요인들을 생각해 봐야 할 것이다. 관리자는 그저 행동을 규제하고 명령만 하달할 뿐이다. 리더가 되었다면 본인의 리더십을 발휘해 의도대로 끌고 갈 수 있어야 한다.

    어떤 팀장님은 본인이 중요하다고 생각하는 업무에 대해서는 팀원 모두 배제하고 혼자서 업무를 처리했다. 자신의 생각대로 방향을 정하고 회사가 바라는 방향을 유추해 혼자만 고민하고, 혼자서 운영하곤 했다. 중요한 일을 하지 못한다고 생각한 팀원들은 1년에도 몇 명씩 퇴사했다. 내가 그 회사를 떠나고 2년 정도 시간이 흘러 소식을 접했는데 지금도 팀원들이 주기적으로 퇴사하고 있다고 한다. 그럴 때마다 팀장님은 퇴사하는 사람에게 꼭 묻는다고 한다.

"문제가 있다면 알려주라. 알아야 다음에 같은 일을 안 만들지."

그러면 퇴사자들은 이렇게 대답한다고 한다.

"조직에 문제는 전혀 없고 다 제 잘못입니다."

체화가 중요한 이유가 여기 있다. 세상 사람들은 등을 돌리면 알고 싶어도 알려주지 않는다. 스스로 잘못된 부분이 무엇인지, 어떻게 할 것인지에 대한 고민을 해보았다면 반드시 실천을 해보고 그에 대한 피드백을 받아야 한다. 상대방이 답하기를 꺼려한다면 집요하지만 공손하게 끝까지 물어야 한다. 그래야 바뀔 수 있다. 배움에서 끝내지 않고 행동으로 체화하는 습관이 생길 때 관리자에서 리더로 성장할 수 있다.

세 번째, 구성원들이 필요로 하는 것을 줘야 한다는 마음가짐이 있어야 한다. 구성원에게 맞게 조언해야 하는데, 그런 것 없이 자기 말이 진리라고 확신하며 말하는 리더는 잔소리꾼밖에 안 된다. 핵심은 그들의 요구에 의해서 움직이고, 상대방이 필요로 한 순간에 줘야 한다. 리더가 실무자처럼 자기 일만 열심히 하다 보면 불협화음이 생긴다. 리더가 일하는 것도 중요하지만 구성원에게 맞는 코칭이 필요하다.

배운 것을 행동으로 옮기는 사람, 자기 인식을 해내는 사람, 구성원들이 필요한 것을 주고자 마음먹은 사람이라면 리더가 될 수 있다. 그저 관리만 하는 사람이 아닌 이끄는 리더가 되어보자.

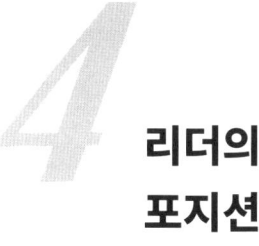

리더의 포지션

> 내일은 일어나라. 오늘 일어난 것보다 더 일찍
>
> 내일은 행하라. 오늘 행한 것보다 더 많이
>
> 할 수 있는 한 언제나 최선을 다해라.
>
> - 잔다르크 -

잔다르크에 대한 이야기를 하면 항상 따라오는 의문이 있다. 어떤 군사적 배경도 없고 글도 모르는 17세 소녀가, 단 1년 만에 패망 직전이던 나라를 구해낸 비결은 과연 무엇이었을까?

총지휘자로 임명되어 다른 사람들을 이끌었던 잔다르크는 항상 자격에 대한 논란이 있었다. 그렇다면 그 명령의 질은 어땠을까? 그녀가 내린 지시 중 90%이상이 공세적 지시였다. 흥미로운 점은, 그녀가 직접 보급이나 포위 작전 같은 구체적인 명령을 내린 기록이 거의 없다는 것이다. 대신 그런 실질적인 지시는 주로 알랑송이나 뒤노

아, 질 드레와 같은 장수들에게 맡겼다는 내용이 많다. 이는 그녀가 전략의 큰 방향만 제시하고, 세부적인 실행은 부하 장수들에게 일임했음을 보여준다.

리더에 비유하자면, 그녀는 전체적인 방향과 큰 그림을 제시하고, 구체적인 실행은 각 담당자에게 맡긴 셈이다. 현장 지휘관들의 의견을 늘 존중했으며, 자신의 생각과 다르더라도 그들의 말을 경청했다고 전해진다.

리더는 아버지처럼 나를 따르라고 말하는 면모가 있어야 하고, 어머니처럼 뒤에서 전체를 지원하고 보급하는 또 다른 리더의 면모도 필요하다. 리더가 둘이라면 둘 중 한 명이 아버지 역할, 다른 한 명이 어머니 역할을 하겠지만 어디 리더가 둘이겠는가. 그러니 때로는 아버지로, 때로는 어머니로 변신하여 역할을 수행할 수밖에 없다.

리더는 어디에 위치해야 하는가? 최전선이다. 자신의 부족한 점은 동료들에게 맡기고 최전선에서 올바른 방향성을 제시해야 조직을 이끌 수 있다. 최전선에 있다가도 조직에 부족한 점이 없는지, 낙오된 사람은 없는지 조직의 맨 뒤로 돌아와 살펴야 한다. 앞뒤 모두에 리더의 역할이 존재한다.

나를 따르라고만 하는 사람은 독재자가 되고, 뒤에서만 챙기는 사람은 서포터밖에 될 수 없다. 리더라면 이 두 가지 방법을 모두 배워서 활용해야 한다.

앞에 선 사람이 갖춰야 할 마음

> 리더는 가고 싶은 곳으로 사람들을 데려갑니다.
> 위대한 지도자는 반드시 가고 싶지는 않지만
> 반드시 가야 할 곳에 사람들을 데려갑니다.
>
> - 로절린 카터 -

영부인으로서 로절린 카터는 이전의 영부인들에 비하여 전례가 없는 수준으로 남편의 정치적 업무에 참가하여 국내와 외교 정세 모두 영향을 주고, 연설문에 대한 조언을 아끼지 않았다. 그녀의 특이점은 내조에만 집착하지 않고 사회적 약자들을 위한 정책에 적극적으로 나섰다는 점이다. 잔다르크처럼 선봉에 선 지휘관이었다.

앞에 적힌 로절린 카터의 말처럼 리더의 기본 덕목은 가고 싶은 곳으로 사람들을 데려갈 줄 알아야 한다는 것이다. 거기서 더 발전해 위대한 지도자가 되면 가고 싶지 않은 곳도 데려갈 수 있게 되는 것이다.

가고 싶은 곳으로 사람들을 데려가고 싶다면 가장 앞에서 길을 안내해야 한다. 길을 안내하기 위해서는 가는 길에 어떤 장애물이 있는지, 어떤 위험요소가 있는지, 주의해야 할 것은 무엇인지, 준비물이 무엇인지 미리 안내해야 한다. 내가 가고 싶은 길을 상대방에게 강요하는 것이기 때문에 자신의 목적과 방법에 대한 상세한 안내도 필요하다. 모두가 한마음 한 뜻으로 여정을 떠나고 같은 목적을 갖도록 의지도 다져야 한다. 이렇게 번거로운 과정을 매 순간마다 준비해야 한다.

만반의 준비를 한 상태로 출발한 후에도 계속해서 신경 쓸 것이 많다. 같이 가는 사람들의 컨디션은 어떤지 수시로 확인해야 한다. 언제 쉬어야 하는지, 어디서 자야 하는지, 언제 밥을 먹을지 결정해야 한다. 누가 텐트를 치고, 누가 식사를 준비할 것인지에 대한 역할 분담도 신경 써야 하고, 불침번도 정해야 한다. 가는 길에 위험요소가 어디 있는지 정찰도 계속 해야 한다. 초행길이라면 더더욱 긴장을 놓지 않고 치밀하게 대비하고 있어야 한다. 가는 방향이 맞는지, 낙오자가 없는지를 수시로 확인해야 한다.

불만이 나오면 해소해야 하고, 한 사람의 부정적인 의견이 전체의 의견이 되지 않도록 조율도 해야 한다. 얼마나 남았는지 알려줘야 하고, 예상치 못한 변수에도 대응할 수 있어야 하며, 부상자가 나왔을 때 어떻게 대처할지 결정해야 한다. 함께 가기로 했다면 어떻게 챙길 것인지 그 자리에서 결정해야 한다.

나의 힘든 표정이 전체의 사기를 떨어뜨리지 않도록 하기 위해 표정관리도 해야 하고, 나의 한숨이 다른 사람들에게 들리지 않도록 속으로 삼키기도 해야 한다. 너무 강압적이지 않은 분위기를 유지해야 가는 길에 이탈자를 만들지 않는다. 너무 풀어지지 않은 분위기를 유지해야 정해진 시간 안에 목적지에 다다를 수 있다.

목적지에 도착하면 함께 해서 고맙고 덕분에 완주할 수 있었다고 격려해야 한다. 마라톤에 지친 동료들을 돌볼 수 있어야 하고, 그들이 가는 길이 어떤 의미를 가졌는지 고취시킬 수 있어야 한다. 목적지에 도착할 때까지 긴장감을 놓지 않도록 신경 써야 하고, 마지막까지 챙겨야 할 것이 무엇인지 끝까지 고민하고 있어야 한다.

도착하면 목적지가 맞는지 확인해야 하고, 여기 온 목적을 수행할 수 있어야 한다. 지친 동료들을 다독이고 충분한 휴식을 할 수 있도록 해야 한다. 휴식하는 동안에는 사용한 소모품을 보충해야 하고 파손되거나 필요한 장비가 있으면 새로 구매해야 한다.

휴식하고 오면 개선해야 할 점을 확인해야 하고, 다음에 비슷한 상황이 왔을 때 어떻게 해야 할지 방법을 찾아야 한다. 이 과정이 어땠는지 진지하게 토론해야 한다. 자신에게 어떤 의미가 있었는지 설명할 줄 알아야 하고, 어떻게 느꼈는지 경청해야 한다. 자신의 의도를 담고 떠난 여정이 동료들에게 도움이 됐는지 확인해야 하고 도움이 안 됐다고 생각하는 이들에게는 다음 여행에서 어떤 것들이 필요할지 고민해야 한다. 충분한 휴식과 함께 떠날 준비가 됐다면 다음 목적지는 어디로 갈 것인지 정해야 하고 다시 새로운 준비를 시작해야 한다.

앞에 선 자는 고민할 것이 많다. 지금 설명한 것은 리더가 가고 싶은 방향대로 갈 때가 전제라는 것이다. 리더가 원치 않은 방향으로 가야 할 땐 본인도 모르는 이유를 유추하면서 이 여정을 이어 나가야 한다. 위대한 리더가 되는 과정은 이렇게 어렵다. 하지만 이 과정을 쉽게 하는 방법이 있다.

함께 즐기면 된다. 과정에서 배움을 찾으면 된다. 배운 걸 내 것으로 만드는 과정에서 즐거움을 찾으면 된다. 동료들에게 역할을 나누고 권한을 나눠주면 된다. 나 혼자 다 고민하지 않고, 함께 고민하고 함께 극복하면 된다. 행군이 아니라 여행이라고 생각하게 하면 된다. 함께 가는 길이 보람되고 행복하다고 말해주면 된다. 힘이 들어도 옆에 사람을 보면서 웃을 수 있는 분위기를 만들면 된다. 가장 앞에서 진정성 있게 자신의 마음을 표현하면 된다.

『파워』라는 책에서는 애플에 대한 일화가 나온다. '애플의 조직문화가 컴퓨터에 대한 자기만의 구호(1인당 컴퓨터 한 대)를 반복하고 상호의존성보다 독립성을 강조한 것이 오히려 시스템 중심의 시장에서 경쟁을 시작하면서 애플이 어려움을 겪는 원인이 됐다.'[2]

조직문화를 독립성 넘치게 만들면 고난이 시작된다. 화합이 중요하다. 진정성도, 좋은 분위기도, 행복도 모두 리더에게서 시작한다.

뒤에선 사람이 해야 할 가장 중요한 한 가지

자신을 다루려면 머리를 사용하십시오.

다른 사람들을 다스리려면 마음을 사용하십시오.

- 엘리너 루스벨트 -

내가 처음 회사에 들어왔을 때 신입사원을 대상으로 한 온보딩 교육이 있었다. 온보딩(Onboarding)은 '배에 올라탄다'는 의미에서 유래한 말로, 새로 입사한 직원이 조직에 빠르게 적응할 수 있도록 업무에 필요한 지식, 기술, 문화를 안내하고 교육하는 과정을 말한다. 그곳에서 나는 회사에서 어떤 포부를 가지고 일을 할 것인지 자신의 꿈은 무엇인지 발표했던 기억이 있다.

각 부서에서 어떤 식으로 일을 하고 있는지 조직장들이 직접 설명해 줬고, 회사의 전략과 비전에 대해서 공유해 줬다. 법정 필수 교육도 듣고 회사 우수 사례에 대해서도 공유 받았다. 5년 정도 지난 것 같은데, 아직도 그때 했던 다짐이나 교육 내용들이 생각난다. 너무 좋았고, 동기와의 유대감도 가질 수 있어서 좋았다. 하지만, 교육을 들으면서 생겨난 의문이 하나 있었다.

'그래서 내가 이 회사에 왜 필요하지?'

나만 그렇게 생각한 건 아니었던 것 같다. 입사 동기가 17명이었는데 한 달이 지나자 15명이 됐고 6개월이 지나자 12명이 됐고 1년이 지나자 8명만 남았다. 1년 뒤 리마인드 데이라고 해서 신입사원 교육을 받았던 동기들과 모여서 그때 했던 이야기를 돌아보고 현재 어떤 마음으로 일하고 있는지에 대해 공유하는 교육이 있었다. 그때도 같은 생각을 했던 것 같다.

많은 걸 배우고 여러 실무를 하면서 어떤 방향으로 성장하겠다는 생각은 많이 했지만 이 회사에서 내가 꼭 필요한 이유는 못 느꼈다.

그저 부품 같았다고 할까? 내가 아니라 다른 누가 오더라도 대체될 수 있었을 것 같았다. 이런 고민을 선배에게 물어본 적이 있다. 그때 선배가 한 말도 토시 하나 안 틀리고 기억한다.

"회사가 그런 것까지 말 해줘야 해? 네가 열심히 해서 대체 불가능한 사람이 될 생각을 해야지."

맞는 말일지도 모른다. 근데 정말 저게 최선의 대답이었을까? 나와 같은 고민을 입사한 사람들이 하지 않았으면 좋겠다. 내가 채용담당자가 되었을 땐, 부서 직속 선배가 아니라 직무상의 필요성에 대해 말을 해줄 수는 없지만, 적어도 채용된 사람이 왜 회사에 꼭 필요한지는 말해주려고 했다. 이직 후 채용담당자로 일하면서 신입사원들이 면접에 참석하거나 채용설명회를 가거나 입사 후 교육을 할 때 꼭 이런 말을 했다.

"우리 회사는 사람이 중요한 회사입니다. 퇴사자가 많아서 충원을 한 것이 아니라 사업이 확장하는 호황기에 새로운 사업을 새로운 시선으로 채워줄 인재를 모집하고 있습니다. 엄청난 경쟁률을 뚫고 여러분이 입사하게 된 가장 큰 이유는 같은 꿈을 꿀 수 있는 사람이라서 일 겁니다. 여러분이 가진 훌륭한 역량을 충분히 발휘해서 함께 성장해 주세요."

함께하는 것의 가치가 얼마나 대단한 것인지 사람들은 자주 망각하는 것 같다. 함께하려면 같은 목표를 볼 수 있어야 하고, 그 과정에 당신이 왜 나의 동료여야 하는지 서로 간의 협의가 필요하다. 리더라면 동료의식을 가질 수 있도록 해줘야 하고, 가장 효과적인 방법은 당신이 필요한 이유와 기대하는 바를 설명하는 것이다.

필요한 이유는 구체적일 수록 좋다. 내가 속한 조직이 처한 상황과 내가 그 안에서 어떤 역할을 해야 할 것인가에 대한 맥락을 파악하는데 큰 도움이 된다. 조직이 어떤 목적을 가졌는지 파악할 수 있게 되고 내가 어떤 마음가짐과 어떤 역량을 키워야 할지 감을 잡는데 도움이 된다.

기대하는 바는 구체적이지 않을수록 좋다. 큰 방향을 설명해줘야 한다. 너무 디테일한 기대를 설명하면 개인이 가진 역량의 한계를 규정지을 수 있기 때문이다. 더 잘할 수 있는데도 더 잘할 이유를 지워버릴 수 있다. 그래서 일부러라도 구체적이지 않게 설명해야 한다.

예를 들어 "우리 조직에서는 전 채용 담당자의 퇴사로 인해서 채용 담당자 경력을 가진 당신을 채용했습니다. 채용 담당자의 퇴사 사유는 이직이고, 우리 회사의 의사결정 방식에 불만이 많았습니다. 전 담당자의 퇴사로 의사결정 방식에서 불필요한 결재를 제거하려고 많은 노력을 하고 있습니다만 혹시나 당신이 업무를 하면서 불편함을 느낀다면 가감 없이 말씀 부탁드리겠습니다. 당신이 맡게 될 채용 직무는 현재 근무지와 타 사업장의 채용까지 업무를 진행하셔야 하며, ~ 중략(업무에 대한 설명) ~ 까지 해 주셔야 합니다.

우리 조직은 전사 대상으로 기준을 정하는 일을 하고 있습니다. 당신이 정하는 채용 프로세스가 전사의 기준이 됩니다. 개선하고 싶은 부분이 있을 때 내용을 공유해 주시면 도울 수 있는 부분은 최대한 돕겠습니다. 우리 조직은 전 사원이 마음 놓고 일할 수 있는 환경을 갖출 수 있도록 지원을 하는 조직이고 영업팀이나 설계팀과 다르게 임직원을 고객으로 생각하는 조직입니다. 구성원들의 문의가 올 때 고객을 대하듯 친절하게 응대해 주시면 좋겠습니다. 또한, 그들이 불편하다고 말하기 전에 불편한 점을 먼저 찾아서 개선하기 위한 노력을 하고 있습니다.

채용 담당자로 기대하는 부분은 현재 불합리한 구조의 채용 방식을 경험을 살려 개선해 주셨으면 좋겠습니다. 사람 대 사람으로 기대하는 부분은 면접과정에서 자신감과 밝은 모습을 많이 보여주셨는데 보이는 것처럼 우리 팀원들 대부분이 굉장히 밝습니다. 면접 때의 모습 그대로 함께 밝은 모습으로 일했으면 좋겠습니다."

읽어보고 어떤 생각이 들었는가? '이 정도는 당연히 다 하는 것 아닌가?'라고 생각한다면 이미 정말 좋은 리더다. '이렇게까지 설명해야 하는가?'라고 생각한다면 읽은 후 느낌이 어땠는지 생각해 보자. 듣는 사람에게 방향성과 업무 방식에 대해 충분한 설명이 되어줄 것이다.

앞에서 설명한 것처럼 채용 배경에 대해서 상세하게 설명해 주고, 기대하는 바에 대해서 큰 방향성만 설명하는 것이 중요하다. 자신이 가진 권한이 어디까지인지, 어떤 업무를 해야 하는지, 어떤 방식으로 일해야 하는지 파악하는데 도움을 주어야 한다. 나아가 개인이 가진 역량을 충분히 발휘하고 자신이 가진 장점을 살릴 수 있도록 도와주어야 한다.

뒤에 서있는 사람이 해야 할 가장 중요한 한 가지는 동료로 인식할 수 있게 하는 것이다. 함께하기 위해 '우리'가 납득이 되어야 한다.

다른 책이나 명언집에서는 리더가 비전을 제시해야 한다고 한다. 내가 설명한 것이 비전과 크게 차이가 없어 보일 수 있지만, 소속감을 느낄 수 있도록 설명하는 것은 비전과 차이가 있다고 생각한다. 개인의 비전은 소속감 다음 문제다. '함께'라는 의식을 가질 수 있도록 될 때까지 두드리고 설명하고 납득시켜야 한다.

5 리더의 길

> 배를 만들고 싶다면 나무를 모으고, 일을 나누고,
> 명령을 내리지 마십시오.
> 대신 광대하고 끝없는 바다를 갈망하도록 가르치십시오.
>
> - 생텍쥐페리 -

 언제든 우리가 준비된 사람이라는 사실을 잊지 말자. 사람을 이끄는 사람이 리더다. 전진하고, 화합하고, 전체성을 보며, 구성원을 교육하며 나아가야 한다. 정답이 있는 문제가 아니기에, 늘 자기만의 방식을 찾아가며 배워야 한다.

 자기 관리를 통해 감정조절, 건강 등을 유지하여 일희일비하는 리더가 되어서는 안 된다. 내가 훌륭해서 리더가 된 것이 아니라, 많은 사람들이 있기에 리더가 되었다는 사실을 잊지 않아야 하며, 항상 최전선에서 솔선수범하고, 최후방에서 전체를 살피는 따뜻함이 병행되어야 한다. 동료가 없다면 내가 없다는 사실을 자각해야만 리더가 된다.

　세상이 좋은 방향으로 가려면 공부하는 사람들이 리더가 되어야 한다. 자질을 갖추기 위해 공부해야 한다. 리더의 자질이란 내가 속한 조직을 행복하게 이끌어가는 사람이다. 리더의 자질을 갖추기 위해선 그 근본에 조직원들을 행복하게 만들려는 마음이 필요하다. 리더는 스스로에게 주어진 자리에 대한 값을 치러야 한다.

　자랑하고 오만하게 행동하는 사람이 되어서는 안 된다. 항상 겸손하고 또 겸손해야 한다. 다른 사람과 함께 성과를 내는 리더로 성장해야 한다. 조직의 구성원들이 있기에 내가 존재한다는 겸허한 마음을 가슴속에 품고 리더십을 발휘해야 한다.

1. 우리는 태어나는 순간부터 타인과 연결되고 그 연결로 인해 우리는 일생을 리더와 함께 한다.
2. 세 사람이 있으면 그 모든 이들이 나의 스승이다.
3. 태어나 성장하며 관계 맺는 모든 순간 우리는 리더였다.
4. 문제의식, 감당력, 책임감 있는 사람들이 리더가 되어야 한다.
5. 리더란 무엇인지에 대한 정의를 내릴 수는 있으나, 어떤 리더십이 언제 어디에서 필요한지는 상황에 따라 다르다.
6. 커스터마이징 하는 리더십이 필요하다. 나만의 맞춤형 리더십 방식을 찾아라.
7. 내가 하는 일을 좋아해야 잘할 수 있다.
8. 리더는 자기통제를 철저하게 하는 사람이다.

9. 관리자에서 리더로 성장하려면 배운 것을 행동으로 옮기고, 자기 인식을 하고, 구성원들이 필요로 하는 것을 줘야 한다는 마음가짐이 있어야 한다.
10. 앞에서 이끌고 뒤에서 지원하라. 두 가지 중 한 가지만 해서는 곤란하다.

CAN
질문하는 리더의 지양점과 지향점

팀장님은 하기 싫은 일은 하지 말라고 하셨다.

나는 아무것도 하지 않았다.

하고 싶은 일만 골라서 하는 건
리더가 아니라 소비자다.
진짜 리더는
해서는 안 될 일을 과감하게 버리고,
반드시 해야 할 일을 기꺼이 감당한다.

그래서 나는 오늘도 스스로에게 묻는다.
'이건 지금 하지 말아야 할 일인가,
아니면 지금 반드시 해야 할 일인가?'

1

런닝머신을 켜놓고
가만히 서 있기

> 열심히 한다고 반드시 성공하는 건 아니다.
>
> 중요한 건 '올바른 방향'으로 가고 있는가이다.
>
> - 피터 드러커 -

우리는 치열한 경쟁의 시대에 살고 있다. 학교라는 작은 사회에 들어서면서부터 학업에 치중한다. 시험을 보면 당연히 점수가 나오고 그렇게 줄 세우기에 익숙해진다. 성적이라는 숫자로 우열이 가려지고, 그 결과가 내가 가진 가치라고 여겨진다.

학교를 졸업하면 우리는 더 넓은 사회로 나아가고, 그곳에서도 또 다른 기준과 경쟁 속에서 살아남으려 발버둥친다. 취업, 승진, 성과, 관계와 같이 삶의 대부분의 상황에서 우리는 비교되고 평가된다. 누군가는 앞서 나가고, 누군가는 뒤처진다. 이 끝없는 경쟁의 흐름 속에서 우리는 때로 지치고, 때로 방향을 잃는다. 그러나 그 속에서 버티기 위해 열심히 애를 쓴다.

어떤 일을 할 때 열심히 하는 사람이 많다. 열심히는 중요하다. 열심히 하지 않는 사람이 어떻게 성과를 달성할 수 있을까. 열심히를 다른 말로 노력이라 말한다. 목적을 이루기 위해 몸과 마음을 다해 애쓰는 노력을 할 때, 정성을 다해 힘쓸 때 성과가 나온다.

문제는 열심히만 하는 것에서 비롯된다. 노력만 하는 사람이 잘 되기는 쉽지 않다. 흔히 하는 착각이 있다. 열심히 하면 성공한다는 조언이다. 벽돌을 갈아 바늘을 만들 수 없는 것처럼 열심히 하는 일에 성과가 반드시 따른다는 보장이 없다. 목적지가 부산인데 열심히 평양으로 걸어가면 안 된다.

열심히는 당연하다. 생고기를 익히려면 불이 필요하듯, 열정이라는 가열이 없다면 일의 진행은 불가능하다. 다만 내가 익히고 있는 것이 고기인지 아니면 돌덩이인지를 보며 익혀야 한다.

목적지에 도달하려면 당연히 걸어야 한다. 열심히 하는 것도 중요하지만 정작 신경 써야 할 것은 방향성이다. 어떤 방법으로, 어디를 향해 나아가야 하는지를 우선 설정하지 않으면 좋은 성과를 내기 어렵다.

4가지 리더 유형

정확히 이해하지 못한 일에 열심히 노력하는 것은 시간 낭비다.

- 찰리 멍거 -

리더를 분류할 때 4가지로 나누는 경우가 있다. 그 기준은 바로 성실성과 현명함이다. 부지런한 사람과 게으른 사람, 똑똑한 사람과 어리석은 사람이 있다. 이를 조합하면 똑똑하면서 부지런한 사람, 똑똑하지만 게으른 사람, 어리석은데 부지런한 사람, 어리석고 게으른 사람으로 나뉜다.

구성원들은 어떤 리더를 가장 좋아할까. 게으르지만 똑똑한 사람이다. 이 유형의 리더는 일을 두 번 하지 않는다. 해야 할 일에 집중한다. 시간을 길게 들인다고 해서 좋은 답이 나오지 않음을 안다. 링컨이 한 말이 있다. '나무를 베는데 1시간이 주어진다면 도끼를 가는데 45분을 쓰겠다.'

이 말이 무엇인가. 똑똑한 사람은 준비를 많이 한 다음 문제를 순식간에 처리한다. 어리석은 사람들은 이를 모르고 차에 시동부터 건다. 열심히 가다가 돌아보니 이 길이 아니라는 사실을 깨닫고 다시 돌아와 똑같은 일을 반복한다. 한 번 했던 일을 두 번, 세 번 반복하며 시간을 낭비한다.

똑똑하지만 게으른 사람은 한 번에 일을 끝내려고 머리를 쓴다. 머리가 나쁘면 몸이 고생한다. 문제는 자기 한 몸만 고생하지 않고 조직 전체를 고생시킨다.

조직에서 외면해야 하는 리더가 누구일까. 바로 어리석은데 부지런한 사람이다. 어리석고 게으른 사람이 더 큰 피해를 줄 것이라 생각하지만 이는 착각이다. 그런 사람은 조직에 어떤 피해도 주지 않는다. 그들은 리더의 위치에 오를 수도 없다. 출발을 하지 않았기에 돌아올 필요가 없다. 사고를 크게 만들지 않는다. 현상을 유지하는데 유용하다. 리더가 게으르기에 구성원들이 고생하지는 않는다. 이들이 좋은 리더라는 말은 아니다. 조직에 피해를 덜 준다는 말이다.

조직을 파괴하는 리더의 공통점 중 하나는 '자기 확신'이다. 그들은 자신이 옳다고 믿는다. 아니, 옳다는 착각을 한다. 어리석은데 부지런한 리더는 계획을 세우기 전에 실행부터 한다. 정답을 묻기도 전에 답안지를 제출한다. 문제는, 그들이 이 모든 행동을 '열정'이라는 이름으로 포장한다는 점이다.

"나는 회사를 위해 누구보다 열심히 일하고 있다."

"내가 이끌어야만 이 조직이 살아남는다."

"내 방식이 아니면 안 된다."

이런 말들이 입에서 나오기 시작하면, 이미 폭주는 시작된 것이다. 구성원들은 그 열정 앞에서 무기력해진다. 논리도, 전략도, 반론도 먹히지 않는다. '열정'은 모든 것을 덮는 만능 방패가 되기 때문이다. 반론은 '게으름'으로 해석되고, 조언은 '불충'으로 낙인찍힌다. 방향성을 잃은 고속열차가 어떤 결말을 맞을지는 모두가 알고 있다.

어리석은데 부지런한 리더는 유능한 구성원을 불편해한다. 그들은 자신보다 똑똑한 사람을 신뢰하지 않는다. 의사결정에서 배제하고, 중요 업무는 친분 있는 사람에게 맡긴다. 직무의 적합성보다 충성도를 우선한다.

실력보다 "예, 알겠습니다"라는 대답을 선호한다. B급 리더의 밑에는 C급 인재만 모인다. B급 리더는 A급 인재를 감당하지 못하고, A급 인재는 B급 리더를 보좌하기 어렵다. 결국 조직에는 '생각하는 사람'보다 '명령 따르는 사람'과 '예'라고 하는 사람만 남는다. 유능한 인재는 떠난다. 남은 사람은 침묵하거나, 맞춰 웃거나, 조용히 체념한다.

어리석은데 부지런한 사람이 조직을 장악했을 때, 조직은 '우물 안'과 같아진다. 외부와 단절된 정보, 윗사람의 눈치만 보는 리더, 반복되는 내부 회의가 최악을 만든다. 모두가 바쁘지만 아무 일도 해결되지 않는다. 함께 고생하지만 결과는 없다.

보고서가 길어지고, 회의가 많아지고, 지시사항은 늘어나지만 실제 생산성은 낮아진다. 어느새 구성원들은 '이러다 망하는 거 아니야?'라는 말을 속으로만 되뇌기 시작한다. 그 질문을 입 밖에 내는 순간, 그 사람은 '조직 부적응자'가 된다. 이러한 과정을 조장하는 사람이 어리석지만 부지런한 리더다.

이러한 리더십을 행하고 있다면 바꿔야 한다. 방법은 두 가지다. 똑똑해지거나, 게을러지거나. 게을러지는 일은 쉽다. 우선 손에서 일을 내려놓고, 방향성을 고민하는 시간을 가져야 한다. 내가 없으면 조직이 돌아가지 않을 것이라는 착각을 버려야 한다. 내가 없는데 돌아가지 않는 조직이라면 잘못된 조직이다. 리더는 항상 착각에서 벗어나야 한다. 내가 우물 안 개구리인지부터 먼저 확인해야 한다.

똑똑해지려면 어떻게 해야 할까. 첫 번째, 먼저 상황파악부터 해야 한다. 어리석은데 부지런한 리더는 '행동'을 많이 하지만 '성과'는 없다. 이를 끝내는 가장 효과적인 방법은 행동을 수치화하는 것이다.

구성원들이 주도한 프로젝트의 결과가 무엇인지, 조직원들의 이탈은 없는지, 조직의 KPI(Key Performance Indicator, 핵심성과지표)는 얼마나 달성했는지 등처럼 결과물을 가시화해야 한다. 내가 하는 모든 일에 결과가 어떤지를 살펴야 한다. 결과가 제대로 나오지 않은 '열심'이 무슨 의미가 있을까.

두 번째, 조직원들의 피드백이 필요하다. 하향평가가 아닌 상향평가를 통해 스스로를 돌아볼 수 있어야 한다. 리더가 가진 권한은 늘 점검 받아야 한다. 삼권분립이 있듯이 견제 없는 권한은 독선에 빠질 우려가 있다. 이를 방지하기 위해 많은 이들의 조언과 피드백이 필요하다.

런닝머신에서 내려와라

열정은 훌륭하다.

그 열정이 잘못된 방향으로 향한다면 재앙이 될 수 있다.

— 사이먼 사이넥 -

헬스장에 가면 대부분은 런닝머신에 올라 걷는 운동을 한다. 20~30분 정도 걷거나 뛰면 땀이 흠뻑 나 기분이 상쾌해진다. 걷기 운동을 한 다음 다른 운동을 하러 이동한다. 누구도 하루종일 런닝머신에 올라 24시간 걷지 않는다.

회사에서도 마찬가지다. 24시간 동안 열심히 런닝머신에 올라 달릴 수는 없다. 금방 지쳐서 다른 일을 하지 못한다. 더 큰 문제는 모두가 런닝머신에 올랐는데 왜 뛰는지 모르는 체 그냥 뛰기만 한다. 뛰면 건강에 좋아진다거나, 운동에너지가 우리 몸에 전기를 공급한다거나, 함께 운동하는 것 자체가 캠페인의 일종이라는 등의 가치를 제시해야 하는데, 그러한 가치가 없이 무작정 달리기만 한다. 저마다의 다른 이유로 런닝머신에 올라갔지만, 우리의 가치를 상기시켜야 한다. 왜 달리는지를 알아야 오래 달릴 수 있다.

열심히만 하는 것을 장려의 대상으로 여기면 안 된다. 퇴근을 늦게 하는 사람이 제일 열심히 한다는 분위기를 없애야 한다. 정시에 퇴근하는 구성원들에게 '일이 없으니 일찍 가네?'라는 말을 해서는 안 된다.

리더가 두 가지 알아야 할 점이 있다. 첫째는 야근이 꼭 열심히 일한다는 말은 아니다. 구성원들이 일을 처리하는 속도는 다 다르다. 빠르게 처리하는 사람이 있고, 늦게 처리하는 사람이 있다. 꼼꼼하게 처리하는 사람이 있고, 건성으로 처리하는 사람이 있다. 어떤 사람은 집중하여 일찍 끝내고, 어떤 사람은 여유 있게 하다가 늦게 끝낸다. 일을 끝내는 것은 같으나, 한 사람은 일찍 하고 집에 가고, 한 사람은 늦게 끝내고 늦게 집에 간다. 이때 일찍 가는 사람이 잘못된 것인가. 아니면 늦게 하는 사람이 잘한 것인가.

리더가 해야 할 일은 늦게 가는 이들을 빨리 끝내도록 이끄는 것에 있다. 늦게 처리하는 이들에게 명확한 일정을 설정하여 제시해야 한다. 늦게 가는 사람이 일을 잘한다는 착각을 없애 버려야 한다.

학생이 책상에만 오래 앉아있다고 해서 전교 1등을 할 수 있을까. 자발적으로 공부하고, 계획하여 빠르게 끝내고, 적절한 휴식시간을 가질 때 학업성취가 높다. 이 말은 회사에서도 동일하게 적용된다. 컴퓨터 앞에 앉아만 있다고 해서 일을 잘하는 것이 아니다. 일하는 시간에 집중하지 말고 도출되는 결과에 집중해야 한다.

둘째, 리더가 변화시켜야 하는 인식이 있다. '팀원의 야근은 리더가 일을 분배하지 못한 잘못이다.' 누군가가 야근하고 있고, 누군가가 일찍 퇴근한다면 분배 자체가 잘못되었다는 인식이 필요하다. 앞에서 이야기한 것처럼 부지런하게 처리하는 사람과 게으르게 처리하는 사람이 다르기에 이를 알고 봐야 한다. 그럼에도 불구하고 부지런한 사람이 지속적으로 야근하거나 고생하고 있다면 업무를 재분배해야 할 필요가 있다.

누군가 야근하고 있다면, 누군가는 무능하거나 무책임하다는 뜻이다. 사람이 부족한 게 아니다. 리더의 조율이 부족한 것이다. 야근이 당연한 일이 아니다. 이는 관리가 안 되는 팀이다. 리더는 무임 승차자에 대한 관리가 필요하다.

조직의 무능은 늘 개인의 희생으로 가려진다. 개인의 희생이 강요된다면 그 개인은 반드시 지쳐 쓰러진다. 쓰러진 이를 뒤로하고 조직은 다른 희생자를 찾고, 새롭게 희생양을 찾는다. 이런 불합리와 불균형을 없앨 수 있어야 한다.

조직장은 '열심히 하는 것'에 과도한 의미를 부여하지 말아야 한다. 열심히 한다는 건 기본이지 면죄부가 아니다. 열심보다 방향성이 맞는지를 먼저 살펴보자.

조직을 망가뜨리는 행동

> 리더 혼자의 힘으로 좋은 기업을,
> 그리고 위대한 기업을 만들 수는 없지만,
> 어떤 리더라도 혼자서 회사를 망하게 할 수는 있다.
>
> - 짐 콜린스 -

성공하기는 어려운데, 실패하기는 쉽다. 좋아지기는 어려운데, 나빠지기는 쉽다. 좋은 습관 들이기는 어려운데, 나쁜 습관 들이기는 쉽다. 조직이 올바른 방향으로 나아가기는 어려운데, 망가지기는 쉽다.

성공하기는 어렵고 망하기는 쉽다면 반대로 한번 생각해 보자. 어떻게 해야 조직이 망하는가. 조직을 망하게 하려면 이렇게 해보자.

첫째, 투명성을 없애야 한다. 의사결정 과정을 철저히 감추고, 정보는 일부만 공유한다. 구성원들이 무엇을 위해 일하는지 모르게 만드는 것이 핵심이다.

둘째, 공정성을 무너뜨려야 한다. 성과와 보상이 무관하게 운영되고, 인맥과 감정에 따라 평가한다. 사람들은 곧 동기를 잃고 냉소적으로 변한다.

셋째, 인재를 억눌러야 한다. 유능한 직원이 성장하지 못하게 막고, 창의적인 제안은 무시하며, 시키는 일만 하게 만들면 금방 조직은 정체된다.

넷째, 책임을 떠넘겨야 한다. 문제가 생기면 책임져야 할 사람을 찾고, 절대 리더가 자신의 잘못이라고 인정하지 말아야 한다. 조직은 신뢰를 잃고 내부는 점점 분열된다.

다섯째, 변화에 저항해야 한다. 환경이 바뀌어도 기존 방식을 고수하고, 새로운 시도는 철저히 배격해야 한다.

여섯째, 교만하고 거만해야 한다. 예의 없이 상대를 무시하고, 경청하지 않는다.

일곱째, 소심하게 행동하고, 결정하지 않는다. 어떤 일을 하든 회의만 길게 하고, 그럴듯한 이유를 만들어 결정하지 않아야 한다. 우유부단하게 행동하여 조직의 성장을 막는 장애물이 되어야 한다.

여덟째, 구성원을 방치하면 된다. 그들이 무슨 일을 하든 상관없이 자기 안위만 보전하면 된다.

이 모든 것을 잘 실천한다면, 조직은 빠르게 활력을 잃고 붕괴의 길을 걷는다. 반대로, 이러한 요소들을 경계하고 극복해 나갈 때 조직은 건강하게 성장할 수 있다.

    조직을 망가뜨리지 않도록 늘 유의하며 신중하게 구성원과 함께해야 한다. 투명하게 운영하고, 공정성을 유지한다. 인재를 성장시키고, 책임을 지는 리더이어야 한다. 많은 변화에 알맞게 적응하여 대처해야 한다. 겸손하며, 경청하고, 결정을 내려야 한다. 구성원들과 함께하고, 성장시켰을 때 조직을 망가뜨리지 않고 제대로 된 길로 나아간다.

2 제발 안 된다고 하지만 마시고 대안을 말씀해 주세요

> 대안 없는 반대는 책임 없는 외침일 뿐이다.
>
> - 정치 격언 -

보고를 하러 상사에게 갔을 때 자주 듣는 답변이 있다. '안 돼.' 간단한 답변이지만 모든 업무에 제동이 걸리는 단 한 마디이다. 이어지는 답변의 맥락은 비슷하다. 더 많은 조사를 통해 정보가 필요하고, 왜 그런지 이유를 찾아야 한다. 어떤 근거로 그렇게 했는지도 찾아야 한다.

보고를 하고 돌아선 사람들에게는 한 가지 의문이 생긴다. '안 되는 것은 알겠는데, 그러면 어떻게 하라는 것인가?' 사실 리더들이 모든 일을 알지 못할 때가 많다. 구성원이 보고하러 왔는데 솔직히 잘 모르는 분야일 때가 분명히 있다. '모르는 분야면 아는 사람에게 물어서 결정하면 되지 않나?'라는 생각이 들 수도 있지만 리더에 자리에 오르면 말처럼 쉽게 이루어지지 않음을 깨닫는다.

리더에 오르면 모든 것을 알아야 한다는 착각과 얕보이면 안 된다는 마음으로 모른다는 말을 쉽게 내뱉지 못한다. 오죽하면 『논어』에 不恥下問(불치하문)이라고 나왔을까. 구성원에게 묻는 일을 부끄러워하지 않는다는 말이다. 윗사람이더라도 모르면 물어야 한다. 모르는 것을 들키기 싫어서 아는 척하며 조직에 브레이크 역할을 할 때 곳곳에서 문제가 생긴다.

리더는 이유를 설명하는 사람이어야 한다. 누군가 물었을 때 답을 해줄 수 있어야 한다. 단, 답을 모르면 해야 할 일은 한 가지밖에 없다. 입을 닫아야 한다.

대안이 없다면 해야 할 일

> 지도자는 항상 말할 줄 아는 사람이 아니라,
> 언제 말하지 않아야 할지를 아는 사람이다.
>
> – 세네카 –

조언이 효과를 발휘하는 확률보다 침묵이 효과를 발휘하는 확률이 더 높다. 여기에서 효과를 발휘한다는 것은 그 맥락에 통한다는 뜻이다. 모르면 입을 닫아야 한다. 입을 닫고 해야 하는 말은 다음과 같다. '당신이 이 분야에 대해 잘 알고 있으니, 당신이 생각하는 대로 하십시오.' 그러나 윗자리에 있을수록 이 말을 하기가 힘들다.

말이 많을수록 권위는 흐려지고, 침묵할수록 리더의 힘이 뚜렷해진다. 구성원들의 입장에서는 모르면서 아는 척하는 리더가 제일 꼴불견이다. 리더는 지시보다는 질문을 먼저 던져야 한다.

"왜 이걸 하려는 거죠?", "지금 방식이 가장 좋은 방법일까요?", "다른 관점은 없을까요?"

질문은 사람을 생각하게 만든다. 생각하게 만드는 리더는 스스로 사고할 수 있는 조직을 만든다. 결국 생각하는 사람이 많은 조직은 리더 혼자 애쓰는 조직보다 훨씬 강하다. 대안을 모르겠으면 물어봐야 한다. 나아가 함께 방향을 찾아야 한다. 틀린 방향성보다 함께 찾는 방향성이 올바른 방향성을 찾는 확률을 높인다.

낸시 두아르테는 리더에 대해 이렇게 말했다. '리더는 단지 말하는 자가 아니라, 사람들이 자신의 이야기를 하게 만드는 자다. 아는 사람이 말하도록 해야 한다. 모르는 사람이 말하도록 두어서는 안 된다.'

『미움받을 용기』에는 철학자와 제자의 심도 깊은 대화가 나온다. 제자는 혼란스러운 감정과 삶의 질문을 안고 철학자를 찾아가고, 철학자는 그 질문에 곧장 해답을 주기보다는 또 다른 질문으로 되묻는다. 이 과정이 반복되며 제자는 스스로 사고하고, 감정의 뿌리를 탐색하며, 마침내 자신의 문제에 대한 답을 스스로 끌어내게 된다.

이 책은 가르침의 핵심이 '질문'에 있다는 점을 보여준다. 훌륭한 스승은 정답을 주는 사람이 아니라, 올바른 질문을 던져주는 사람이다. 질문은 사고를 확장시키고, 자율적인 성장을 유도하며, 인간 내면의 가능성을 끌어올린다.

리더십에서도 마찬가지다. 조직의 리더가 구성원에게 지시를 내리는 방식은 효율적으로 보일 수 있지만 구성원의 성장을 이끌어 내지는 못한다. 반면, "왜 그렇게 생각했는가?", "다른 방법은 없을까?", "네가 진정 원하는 방향은 무엇인가?"라는 질문은 구성원의 자발성과 책임감을 자극한다.

성장은 질문에서 시작된다. 누군가의 성장을 원한다면, 그에게 해답을 주기보다는 생각할 기회를 줘야 한다. 리더가 꼭 모든 것을 알지 못해도 리더의 적절한 질문을 통해서 실무자 스스로 답을 찾아낼 수 있다. 좋은 질문을 시도해 보는 것이 중요하다.

대안을 위한 준비

> 누구나 세상을 비난할 수 있다.
> 그러나 세상을 바꾸는 사람은 대안을 제시하는 사람이다.
>
> – 자크 프레스코 -

대안을 제시하는 방향성이 정해졌으면 대충 이야기하지 말고 구체적으로 명시해야 한다. 무엇을 해야 하는지 두루뭉술하게 해서는 안 된다. 사실 구성원이 리더에게 두 번 질문하기 쉽지 않다. 물론 자유롭게 말할 수 있는 조직이라면 편안하게 질문하겠지만 통상적으로 리더에게 여러 번 묻기 어렵다. 때문에 리더가 정확하고 명확하고 확실하게 말해줘야 한다. 종이에 간단하게 써서라도 줘야 한다.

대안이 없는 상황을 만들지 않기 위해 내가 평상시에 어떤 것들을 대비해야 할지에 대해 생각해 보자. 다양한 관점에서 문제를 바라보고, 리스크를 항상 염두에 두고 시나리오를 설정해야 한다.

평소에 미리 문제가 생겼을 때 어떻게 할지 고민하고, 이 일을 했을 때 생기는 문제점에 대해서도 생각해야 한다. 문제를 미리 상상해 보고 대응책을 고민하는 습관이 필요하다. 일상이 반복되는 가운데서도 '만약'을 가정하고 생각하는 태도는 위기 상황에서도 유연하게 대처할 수 있는 기반이 된다.

바둑에서는 수읽기라는 말이 있다. 상대가 둔 수의 의미를 해석하고 앞으로 일어날 일에 대해 예상하여 내 다음 수를 결정하는 일이다. 상대의 의도와 전략을 읽고, 그에 대한 최선의 대응책을 마련하는 일이다.

이러한 수읽기의 개념은 일상에도 적용된다. 우리는 늘 선택을 해야 하고, 그 선택의 결과가 무엇으로 이어질지 고민해야 한다. 예측이 없으면 대응도 없다. 앞날을 완벽히 알 수는 없지만, 예측을 통해 돌발 상황에 대한 대비를 할 수는 있다.

리더를 어미새 바라보듯 쳐다보는 구성원을 위해 리더는 어미새가 되어야 한다. 그러기 위해 질문이 나올만한 것들이 무엇인지 파악하고 있어야 하고, 질문이 나오지 않도록 명확하게 지시해야 한다.

그럼에도 불구하고 예측하지 못한 것들에 대해선 집단지성을 활용하여 해결해 보자.

'5요'를 막는 방법

> 리더십의 핵심은 커뮤니케이션이다.
> 당신이 전달한 것이 아니라, 상대가 이해한 것이 메시지다.
>
> - 스티븐 코비 -

　MZ세대와의 소통과 관련된 이야기를 하면, 제일 먼저 나오는 것이 '3요'다. '이걸요? 제가요? 왜요?' 요즘은 2가지가 추가되어 '5요'라고 부른다. '이걸요? 제가요? 왜요? 또요? 쟤는요?' 솔직히 저 말을 들은 시점부터 대화할 의지를 상실한다. 그런데 과연 저 말을 하는 사람만의 문제일까? 아마 저 말을 하기까지의 배경도 분명히 있을 것이다.

　리더와 구성원은 서로 많은 이야기를 한다. 리더는 지시와 명령, 조언 등을 주로 하고, 구성원은 보고, 건의 등을 주로 한다. 다양한 이야기를 주고받는데도 소통의 오류는 피하기 어렵다. 이런 소통의 오류가 생기는 이유가 무엇일까.

　우선 알아야 할 점이 있다. 사람의 기억력은 유한하다. 사람의 기억이 무한하다면 컴퓨터가 있을 필요도 없다. 컴퓨터가 내 머릿속에 있는데 굳이 불편하게 컴퓨터를 사용할 필요가 있겠는가. 인간은 망각의 동물이다. 기억력은 유한하고 들은 이야기는 쉽게 잊혀진다.

리더가 한 말은 안타깝지만 다음 날에 잊혀진다. 리더는 이러한 사실을 반드시 알아야 한다. 한 번 말했는데 듣지 않은 구성원이 있다. 이는 당연한 이야기다. 집에서 부모님이 한 번 말씀하신 사항을 듣고 즉각적으로 따르는 아이들이 전 세계에 몇 명이나 될까.

이는 사회에서도 똑같이 적용된다. 회사가 말하는 방향성, 리더가 제시하는 비전, 팀의 목표는 한 번 말하면 잊혀진다. 공감대를 형성하려면 볼 때마다 이야기해야 한다. 속으로 100번 정도 말하면 듣는다고 생각해야 한다.

에빙하우스의 망각곡선을 떠올리면 간단하다. 학습 직후 20분 안에 40%가 망각되고, 하루가 지나면 약 70%가 잊혀진다. 내가 10개 말하면 7개는 잊혀진다. 내가 3개 말하면 2개는 구성원들의 머릿속에 남아있지 않는다.

이를 잘 모르면 내가 한 번 말 했는데 구성원들이 듣지 않는다며 한탄하지 않을 것이다. 밤새 토론해도 다음 날에는 대부분 잊어버린다. 그러니 이 사실을 받아들이자. 구성원들이 기억하지 못한다고 해서 화내지 말고 다시 설명하자.

커뮤니케이션이 잘되지 않는 또 하나의 이유는 많은 정보들을 제멋대로 해석하기 때문이다. 우리는 서로 다른 사람이다. 다른 부모,

다른 환경, 다른 경험을 통해 지금까지 살아온 사람들은 각자의 입장에서 같은 정보를 다르게 해석한다. 사람은 정보를 있는 그대로 받아들이지 않는다. 받아들인 정보를 자신이 가진 경험, 감정, 기대, 두려움을 통해 해석한다. 그래서 같은 말도 듣는 사람에 따라 의도가 왜곡되거나, 의미가 달라진다.

소통이 잘 안되는 이유가 바로 이것이다. 사람은 정보를 습득하면 이를 내가 가진 기존의 정보를 통해 해석하고 이해하고 수용하는 단계를 거친다. 각자가 가진 정보의 질과 양이 다르기에 서로 다르게 이해한다.

나와 상대가 이야기한 것에서 오류가 있는지 확인해야 한다. 핵심은 서로의 눈높이를 맞추는 일이다. 눈높이가 어긋났기에 정보의 공유에서 오류가 발생한다. 모든 사람은 자기만의 인식 필터를 가지고 있기에 이를 고려한 커뮤니케이션이 필요하다.

소통의 핵심은 같은 정보를 어떻게 다르게 받아들였는지를 확인하는 일이다. 단순히 말하는 것에서 끝나지 않고, '내가 말한 것을 상대가 어떻게 이해했는가'를 점검해야 한다. 항상 피드백을 받아야 한다. '당신이 이해한 사실은 어떤 것인가요? 이해한 내용을 다시 말해볼 수 있을까요?' 이런 질문을 통해 오류를 검증한다.

서두에 말한 것처럼 내가 전달한 것이 메시지가 아니라, 상대가 이해한 것이 메시지라는 사실을 이해해야 한다. 이를 바탕으로 늘 잊어버리는 상대에게 다시 한번 말해줘야 한다.

내 말을 들어달라고 할 것이 아니라 들릴 수 있게 말하도록 노력해야 한다. 원활하지 못한 소통의 귀책을 온전히 스스로에게 돌려야 한다. 리더가 구성원들과 대화하면서 가장 많이 하는 말이 있다. "이해했지?", "내 말 이해돼?"라는 질문이다.

리더는 이런 질문이 아니라 들릴 수 있게 말해야 한다. 유치원생에게는 유치원 수준으로, 초등학생에게는 초등학생 수준으로 말해야 한다. 그 또한 리더의 몫이다.

수평조직, 자유롭게 말할 수 있는 환경 만들기

타인을 비판하는 자는 자신이 똑똑한 줄로 착각한다.

- 미상 -

많은 이들이 조직을 수평조직으로 탈바꿈해야 한다고 말한다. 그런 이야기는 많이 들었는데 대체 어떻게 해야 하는 것일까.

수평조직이 되기 위해 가장 중요한 포인트는 말을 편하게 할 수 있는 환경을 만드는 일이다. 말을 편하게 할 수 있는 환경이 마련되기 위해선 심리적 안정감이 있어야 하고, 심리적 안정감이 있기 위해서는 반드시 내가 이 말을 해도 상사가 화내지 않을 것이라는 확신이 있어야 한다. 조직이 수평조직이 되기를 원한다면 아이디어를 내는 순간만큼은 절대로 지적하거나 비웃거나 꾸짖지 말아야 한다.

우리 회사에는 아이디어 도출 회의가 종종 열린다. 한 번은 새로운 아이템 개발에 대한 회의가 열렸다. 어떤 사람이 비상 탈출 버튼을 빨간색으로 크게 넣어보자는 아이디어를 냈다. 사람들은 그 이야기를 듣고 크게 웃었지만, 그 아이디어는 우리에게 '위기상황에서 사람들은 빨간색을 쉽게 찾는구나'라는 깨달음을 줬다. 세상에 쓸모 없는 아이디어는 없다. 그 아이디어가 어떻게 쓰일지는 아무도 모른다.

우연하게 발견되는 발명품들이 많다. 본드를 개발하려다가 발명된 포스트잇, 레이더 장비 실험 중에 주머니에 있던 초콜릿이 녹아 발명된 전자레인지, 감자가 너무 두껍다는 손님의 이야기에 얇게 썰어 튀긴 후 판매한 감자칩 등을 떠올려 보자.

의도하지 않았으나 새로운 시각에서 바라봤을 때 효과를 발휘했다. 이런 무한한 아이디어가 구성원들에게 잠재되어 있고, 리더는 이를 발현시키고 발견하기 위해 수평조직을 만들어야 한다.

비웃음을 당한 사람은 다시는 아이디어를 제시하지 않는다. 내 아이디어가 존중받고, 말을 해도 문제가 없을 것이라는 확신이 있어야 한다. 또한 타인을 비웃는 사람을 경질해야 한다. 비웃음이 있다면 안정감이 완성될 수 없다.

커뮤니케이션을 잘 하려면 조직을 수평조직으로 만들어야 한다. 수평조직이 되면 어떤 효과를 가져올까.

『수평 조직의 구조』에서는 이렇게 말한다. '직원들은 상사에 의존하지 않고 자기 책임하에 업무를 추진하면서 전문가로 성장한다. 스스로 동기가 부여되는 일을 찾고, 협업하고, 결과는 동료의 피드백으로 평가받는다. 실무자의 업무 완성도가 높아질수록 관리자가 챙길 일은 줄어든다. 이런 선순환이 반복되면 조직은 크게 전문가 집단, 관리자 집단의 두 계층으로 축약된다.'³

수평조직은 '상사가 없는 조직'이 아니다. 수평조직을 모두가 공평하다고 착각하면 안 된다. '상사가 없는 조직'이 아니라, '모두가 자기 역할의 상사'가 되는 조직이다. '지시하지 않으니 자유롭다'가 아니라, '누가 시키지 않아도 스스로 움직인다'는 문화이다.

수평조직을 이루기 위해선 정보의 공유가 절대적이다. 정보의 흐름이 빠르고, 개방적이며, 숨김이 없어야 한다. 그래야 누구든 판단하고 실행할 수 있다. 정보가 특정 몇 명에게만 집중되어 있다면 아무리 직함을 없애도 실질적인 수직은 그대로 존재한다. 정보의 장벽을 허물지 않으면, 수평은 형식일 뿐이다.

수평조직에서 일어나는 갈등은 수직조직에서 일어나는 갈등보다 훨씬 많다. 상명하복의 문화에서 적극적 토론의 문화로 변화하는 것이다. 예전 같았으면 '이거 해라'라는 지시가 이제는 '어떤 일을 해야 할까?'라는 질문으로 변한다. 누구나 의견을 낼 수 있는 만큼 충돌이 많아진다. 그래서 수평조직을 오래 유지하려면 조율자 역할의 리더가 더욱 중요하다.

수평조직은 신뢰로 유지된다. 관리와 통제가 아니라, 신뢰와 책임으로 움직이는 조직이다. 말하지 않아도 서로가 보완해 주는 동료가 있고, 명령 없이도 업무를 완성시키는 개인이 있으며 그들이 모여 함께 책임지는 팀이 된다. 이런 수평조직이 있을 때 온전한 커뮤니케이션이 가능해진다.

팀을 위기에 빠트리는 함정

> 가장 위험한 말,
> "우리는 늘 이렇게 해왔어."
>
> - 그레이스 호퍼 -

위기에 빠지는 조직들이 갖는 공통점은 무엇일까? 성장이 멈춘 조직이라고 생각한다. 성장이 멈추려면 하던 대로 하면 된다. 성장 없이 관성대로 할 때 그 조직은 위기에 빠진다.

『팀워크의 부활』이라는 책에서는 팀이 빠지기 쉬운 5가지 함정을 말한다. 이를 보고 현재 내가 속한 조직의 문제가 무엇인지 진단해 보자.

첫째, 신뢰의 결핍이다. 신뢰가 결핍되는 순간 팀의 화합은 불가능하다. 내가 상대를 믿지 않는데 어떻게 상대와 함께할 수 있을까. 사회에서 신뢰란 화폐와 같다. 돈을 벌기는 어려우나 쓰기는 쉽다.

신뢰는 천천히 구축되고 한꺼번에 무너진다. 진심으로 마음을 열고, 실수와 약점을 이야기할 수 있어야 팀이다. 서로가 적이라면 각자도생밖에 안 된다. 각자가 살아간다면 혼자 사업을 하지 왜 조직을 만들어 움직이는가. 조직은 신뢰라는 끈끈함으로 연결되어야 한다.

둘째, 충돌의 두려움이다. 신뢰가 없으면 서로의 생각에 대해 터놓고 말하지 못한다. 친구가 다쳤다는 소식을 들었을 때 친한 친구라면 다친 부위를 갖고 놀리지만, 어색한 친구는 걱정의 말만 한다. 어색한 친구한테 놀리면 그 관계는 더 이상 이어지지 않음을 알고 있다.
이는 팀에서도 마찬가지다. 신뢰가 없으면 상대의 생각에 대해 관심 갖고 깊이 생각하지 않는다. 깊이 개입하고 싶어하지도 않는다. 틀린 일은 틀렸다고 말해야 하는데 충돌이 두려워 말하지 않는다. 솔직하지 못한 조언과 자기방어만 일삼는다.

셋째, 헌신의 결핍이다. 충돌을 두려워하면 헌신하지 않는다. 개방적인 환경에서 서로의 의견을 조율하지 않으면 꾸며낸 말만 한다. '그렇군요.' 회의에서 무심한 대답만 나온다. 동의하는 척하지만 진심으로 동의하지 않는다. 그 말 속에 아무 생각이 없다.
헌신은 단순한 '열정'이 아니다. 내가 이 일에, 이 결정에, 이 방향에 마음을 담겠다는 책임의 표현이다. 하지만 충돌을 두려워하는 조직에서는 헌신이 자라지 않는다. 갈등 없는 평화는 가장 위험한 침묵이다. 갈등은 무질서가 아니라 관심의 증거다.

넷째, 책임의 회피다. 헌신을 다하지 않은 사람은 자기가 맡은 일에 책임지지 않는다. 나아가 구성원의 무책임을 고칠 수 없어진다. 형식적 동의는 책임 없는 참여를 낳는다. 그 결과, 조직은 멀쩡해 보이지만 속부터 무너진다.

책임은 강요하는 것이 아니라 자발적으로 짊어지는 것이다. 책임은 직책에서 나오는 것이 아니다. 책임은 '내가 이 일에 주인이라는 자각'에서 시작된다. 그런데 헌신하지 않은 사람은 처음부터 이 일을 남의 일처럼 바라본다. 결과가 나빠지면 제일 먼저 자기 위치를 보호하려 한다.

다섯째, 결과에 대한 무관심이다. 서로에 대해 책임을 묻지 않으며 팀이 설정한 목표에 대해 관심이 없다. 결과가 어떻게 도출되는지에 무관심하기에 최종적으로 팀이 이루고자 하는 바는 성공하지 못한다.

위의 조건들은 곱셈으로 이어진다. 하나라도 0이면 모두가 0이 된다. 신뢰가 없어도 0이고, 충돌에 대한 두려움이 있어도 0이고 헌신이 없어도 0이고, 책임이 없어도 0이고, 결과에 대해 무관심해도 0이다. 다른 것들을 아무리 잘하더라도 하나가 잘못되면 문제가 된다.

이 5가지를 한꺼번에 해결할 수 있는 가장 쉬운 방법이 있다. 늘 하던 대로 하는 습관에서 벗어나는 것이다. 하던 대로 하면 편하다. 변화에 마주하지 않아도 된다. 단, 성장하지 않으려면 그렇게 하면 된다. 그로 인해 찾아오는 위기는 스스로가 감당해야 한다.

문제가 생기기 전에 대안을 찾아야 한다. 하던 대로 하면 문제가 생겼을 때 대안을 생각하지 못한다. 미리 예측해야 문제가 생겼을 때 빠르게 판단하여 결정을 내린다. 관성에서 벗어나 보자.

지금 재직 중인 회사에서는 삼다수 금지 캠페인을 하고 있다. "#1 다 안 돼. #2 다 해봤어. #3 다 아는 거야."라는 3가지 문장 금지 캠페인이다. 이 말들을 하지 않아야 하는 이유는 무엇일까. 성장하려면 늘 하던 관성에서 벗어나야 하기 때문이다.

기존에 해봤다고, 알고 있다고, 그래서 안 된다고 하지 말고 새로운 방식을 시도하고 도전해야 한다. 늘 이렇게 해왔다는 말 대신 새롭게 해보자는 말을 해야 하는 사람이 리더다.

3 당신은 등대다

> 등대는 어둠을 없애지 않는다.
> 단지 길을 비춰줄 뿐이다.
>
> - 앤 라모트 -

어릴 때 가족들과 함께 국내 여행을 많이 다녔다. 상황에 따라 여행지가 많이 바뀌었지만 우리 가족은 바다를 좋아했다. 항상 지나가다 바다가 보이면 경유지가 아니더라도 멈춰 서서 한참 동안 사진을 찍고 이동했다.

바닷가에 가면 꼭 보이던 것이 등대였다. 항상 혼자만 따로 떨어져 서 있는 등대를 보며 외로워 보인다는 느낌이 들었다. 그때 아버지께서 하신 말씀이 있다.

'등대는 다른 배들의 앞길을 밝혀 주기 위해 고지대에 있어야 한다. 등대 스스로 떨어져 있어서 외로운 것이 아니라 스스로 외로운 곳을 택한 것이다. 아버지가 되는 것도 비슷한 과정이다. 등대처럼 빛을 비추기 위해 조금 떨어진 곳에서 조마조마한 마음으로 스스로 길을 찾아낼 수 있게 앞길을 비춰주고 도와줄 의무가 있다.'

등대와 리더의 역할은 유사한 점이 많다. 리더가 지향해야 할 덕목은 '등대처럼 행동하기'다. 등대는 선박을 대상으로 항구로 안전하게 진입을 유도하기 위한 목적으로 설치된 시설이다. 등대가 빛을 비추지 않으면 어둠 속에서 어떤 배도 길을 찾지 못한다. 등대처럼 나아가야 할 길을 밝혀주는 사람이어야 한다.

등대의 밝기

> 나의 영웅은 항상 열심히 일하고 흔들리지 않았습니다.
> 그들은 어둠을 저주하기보다 촛불을 켜는 사람들입니다.
>
> - 매튜 그레이 구블러 -

어머니를 모시고 절에 간 적이 있었다. 절 앞에 자그맣게 소원성취나 돌아가신 분을 기리기 위한 촛불이 모여 있는 공간이 있었다. 바람에 꺼지지 않도록 보호할 수 있는 가건물이 있었지만 출입문을 여닫는 과정에서 부는 바람으로 몇몇 꺼진 촛불이 있었다. 그때 어머니께서 갖고 계신 촛불로 꺼진 촛불이 다시 타오르게 불을 붙이셨다.

그 모습을 보고 리더가 해야 할 일이 무엇인지 어렴풋하게 보였다.

    리더는 스스로가 밝아야 한다. 스스로가 밝게 타올라야 주위에 꺼진 불을 다시 켤 수 있는 사람이 된다. 촛불은 유한한 존재다. 내가 가진 밀랍을 다 사용하면 불이 꺼진다. 대신 함께하는 이들의 촛불이 꺼지지 않도록 이어줄 수 있다. 이를 동기부여, 연결, 조화라고 부르기도 한다. 리더가 해야 할 일은 단순하다. 넘어진 사람 일으키고, 꺼진 불을 다시 붙일 뿐이다.

    회사의 다른 사업장으로 출장 갔을 때 좋은 인상을 받았던 일이 있었다. 직무상 다양한 사업장에 출장을 가곤 했는데 이번에 방문한 곳은 처음 가는 곳이었다. 입구부터 신선한 충격이 있었다. 정문에 차를 타고 통과하는데 경비원께서 웃으면서 뛰어나와 무슨 일로 왔는지 물어보셨다. 더운 여름이었고 방문 등록도 안 된 우리가 무작정 차를 들이밀어 난처했을 상황이었지만 웃으며 맞아 주셨다. 주차를 어디에 해야 하는지 끝까지 따라와 안내해 주시고 다시 경비실로 돌아가셨다. 타 사업장에서 이런 적이 한 번도 없어서 멋진 분이 경비를 맡고 계시는구나 하고 차에서 내렸다.

    여운이 가시기 전에 건물 입구에 들어설 때 청소부 아주머니께서 '안녕하세요~ 오늘도 좋은 하루 되세요'하고 인사하셨다. 오늘 처음 보는 우리에게 저렇게 인사하시는 걸 보니 만나는 모든 사람에게 똑같이 인사하시는 것 같았다. 이때부터 심상치 않다는 생각을 하며 기분 좋게 인사하고 건물 입구를 보니 전 임직원과 임직원 가족들이 함께 찍힌 사진이 크게 걸려있었다.

경비 한 분의 태도는 특별한 사건일 수 있다. 아주머니까지 밝은 인사를 건네시는 것도 우연의 일치일 수 있다. 그런데 사진을 보고 확신이 들었다.

'여기 책임자는 다르다. 여타 사업장과 다른 리더십이 있다.'

함께 출장 간 선배에게 여기 책임자가 어떤 분인지에 대해서 물었다. 최근에 문제가 생겨서 소방수 역할로 발령받았다고 답변을 받았다. 역시나 중책을 맡고 계셨다.

별것도 아닌 걸로 과하게 생각한다 말할 수 있지만 제조업에서 근무를 했었기 때문에 제조업 공장이 어떤 분위기인지 알고 있는 나에겐 다른 느낌이었다. 내가 다녔던 회사뿐만 아니라 다른 제조업 업체에도 출장을 많이 가봤기 때문에 지금 내가 경험한 것이 얼마나 희소한 경험인지 안다. 경비원의 응대 태도, 청소 아주머니의 진심 어린 미소, 전 임직원과 그 가족들이 함께 찍은 사진이 건물 입구에 붙은 의미는 누군가 그렇게 만들었다는 뜻이다.

아쉽게도 해당 임원과 대화를 해보진 못했지만 출장 내내 그 흔적들을 찾아볼 수 있었다. 그 공장 자체가 전 공장 중에 가장 바쁜 곳이고 환경도 좋지 못한 상황이지만 전 임직원들의 태도와 눈빛이 남달랐다. 무언가 부탁을 드려도 시원시원하게 그 자리에서 해결책을 찾아 주셨고, 우리에게 요구사항을 말씀하실 때도 체면을 차려 말씀하시기보다 솔직하게 말씀해 주셨다. 비좁은 사무실에 여러 팀이 붙어 있는데도 일사불란했고, 지나다니면서 마주한 거의 모든 사람들이 처음 보는 내게 인사를 먼저 하셨다.

같은 회사에서 같은 급여체계로 같은 일을 하는 사람들인데 도대체 왜 차이가 날까? 왜 어느 사업장은 갈 때마다 한숨과 짜증만 들리고 여기는 웃음이 가득할까?

이는 리더의 차이다. 우리가 하는 일이 얼마나 멋진 일인지 다들 자랑스럽게 생각하는 눈치였고, 다른 팀이 아니라 우리 회사 사람이라는 인식을 자연스럽게 갖고 있는 분들이었다. 이 출장을 통해 이런 분위기를 만들기 위해 리더가 어떤 노력을 기울이셨는지 유추해 보았다. 내가 생각한 방법은 '밝음'이다.

등대는 밝은 빛을 비춰 어디가 육지인지 알려준다. 빛이 약하면 안개가 자욱한 어두운 바다 위에서 선박이 알아보기 어렵다. 밝은 빛을 계속해서 유지하고 있어야 선박들이 안전하게 항구로 정박할 수 있다.

리더는 밝아야 한다. 이를 위해 리더라는 등대는 어떻게 해야 할까? 첫째, 밝기가 중요하다. 빛이 약하면 전달되기 어렵다. 언제 어디서 쳐다봐도 환하게 밝을 수 있도록 자신을 정비해야 한다. 내가 스스로 빛을 내는 방법은 무엇이 있을까? 주변 사람들을 떠올려 보자. 어떤 사람들이 빛나 보였는가?

능력이 특출 나서 어떤 상황에서도 침착하게 문제를 잘 해결하는 사람도 있었을 것이고, 항상 자상하고 배려심이 많아 절로 신뢰가 가는 사람도 있었을 것이다. 가장 흔하게 떠올릴 수 있는 사람은 항상 웃는 사람이다. 어떤 상황에서도 웃으면서 인사하는 사람, 어려운 일이 있어도 '함께 하면 되죠.'라고 말하며 웃는 사람, 우울한 분위기에 적절한 농담으로 웃게 하는 사람이 밝은 사람이다.

밝기를 올리는 가장 쉬운 방법은 웃는 얼굴을 보여주는 것이다. 한쪽 입꼬리만 치켜 올라가면 보이기에 부자연스러울 수 있다. 매일 아침 양치질할 때 거울을 보며 웃는 연습을 해보자. 그리고 하루에 조금씩 웃는 시간을 늘려보자. 의식적으로 웃는 모습을 유지해 보자. 사람이 밝아진다.

좋은 일이 있어야 웃을 수 있는 것이 아니다. 웃어야 좋은 일이 생긴다. 얼굴이 우중충하며 찌푸리고 있으면 늘 그런 일을 부른다. 자작자수(自作自受)라는 말이 있듯이 스스로가 지은 것을 스스로가 받는다. 웃는 얼굴을 하면 웃는 일만 생기기에 늘 웃음을 잃지 말아야 한다.

둘째, 밝음의 항상성이 있어야 한다. 직장생활 중 가장 상대하기 어려웠던 경우는 기분 따라 기준이 바뀌는 사람들이었다. 오늘은 기분이 좋아서 내가 하는 말이 좋게 들리고, 내일은 기분이 나빠 같은 말을 해도 면박이 돌아오는 사람들이 있다. 이런 사람들은 신뢰가 생기기 어렵다. 믿고 의지할 수 없다.

리더라면 특히 어려운 순간일수록 더욱 긍정적인 분위기를 유지할 줄 알아야 한다. 모두가 힘들고 지쳐서 한숨 쉴 때 '그래도 할 수 있다!'라고 말하며 독려할 수 있어야 한다. 어려울 때 이 말을 하기 위해선 평상시에 해온 모습들이 신뢰가 가야 한다. 그래서 평상시에도 잘하고 있다고 꾸준히 말해서 구성원들이 자존감을 잃지 않도록 말해줄 필요가 있다.

    웃는 얼굴을 유지하는 시간이 늘어났다면 감정 기복이 생기더라도 티 내지 않고 밝은 분위기를 유지할 수 있는 정신 수련을 해보자. 웃는 얼굴로 멘탈을 강화시켜야 구성원들이 힘든 일이 있을 때 의지할 수 있다.

    셋째, 밝음이 공평해야 한다. 팔은 안으로 굽는다고 한다. 구성원 중에 분명히 더 정이 가고 가까운 사람이 있을 것이다. 하지만 그 사람에게 '공적인 자리'에서는 다른 사람들과 똑같이 밝게 대해야 한다. 특정 배의 항로에만 밝기가 달라지면 선박들은 헷갈리기 마련이다. 적어도 공적인 자리에서는 다른 사람들에게 보여지는 밝음과 특정 사람에게 보여지는 밝음이 같아야 한다.

    전에 함께했던 회사 선배는 밝음이 공평했다. 같은 팀의 유무와 관계없이 같은 사무실 모두에게 친근하게 대했고, 세세한 개인 사정을 잘 알고 있었으며, 힘든 일이 있어도 웃으면서 동료들을 다독였다. 사적인 자리에서는 더 친근한 모습을 보여주셨지만 회사에서는 다른 사람들과 똑같이 나를 대했다. 모두가 그 선배를 좋아했고, 모두가 그 선배를 믿고 의지했다.

    반대로 편애를 제대로 보여주던 팀장님이 계셨다. 그 팀장님은 좋아하는 사람들에게만 중요한 정보를 알려줬고, 중요한 일을 주었으며, 좋아하는 사람들이 하고자 하는 일은 전폭적으로 밀어줬고, 좋아하지 않는 사람들의 의견은 묵살하거나 찍어 눌렀다. 그 결과 선택받지 않은 사람들은 어떤 업무지시에도 움직이지 않는 사람이 되어버렸다.

모두에게 공평한 밝음을 유지하는 가장 쉬운 방법은 상대방의 장점을 보려고 노력하는 것이다. 상대방의 장점을 보려고 노력하다 보면 그 사람이 좋아진다. 그러면 의식하지 않아도 밝은 모습이 나올 수밖에 없다. 내가 맡은 조직의 구성원들의 장점을 보려고 노력해 보면 모두를 똑같이 좋아할 수 있다.

등대의 높이

인무원려 필유근우(人無遠慮 必有近憂)

사람이 멀리 내다보지 않으면 반드시 가까운 곳에 근심이 있다.

- 『논어』 -

학창시절 사각형의 대각선 길이를 구하는 공식을 배운다.

사각형의 대각선 길이 $= \sqrt{(가로)^2 \times (세로)^2}$

항상 대각선의 길이가 가로나 세로의 길이보다 더 길다는 사실을 공식을 통해 알 수 있다. 등대도 대각선의 공식을 통해 알 수 있듯이 더 먼 곳까지 빛을 보내기 위해 항상 높은 곳에 존재해야 한다.

등대는 왜 먼 곳까지 빛을 보내는 것인가? 최대한 먼 곳에 있는 배도 안전하게 항구로 들어올 수 있도록 지도하기 위해서다. 망망대해에서 암초와 어둠과 싸우는 구성원들을 안전하게 공동의 목표로 인도하는 리더는 최대한 먼 곳까지 관심을 보내 구성원들을 이끌 수 있어야 한다.

위에서 설명한 대각선 길이의 공식을 리더십의 영향력에도 대입할 수 있다.

리더십의 영향력 $= \sqrt{(구성원에 대한 관심)^2 \times (리더의 태도)^2}$

등대는 빛을 보내는 거리에 물리적 한계가 분명하지만 리더는 그 거리를 자신의 노력에 따라 무한히 늘려갈 수 있다. 더욱 고무적인 것은 자신이 투자한 노력보다 결과가 더 높게 나온다는 것이다.

TV 프로그램 유퀴즈에 나왔던 손흥민의 아버지 손웅정 감독이 『논어』의 말을 활용해 자식 교육의 철학을 설명했다. 보통 대한민국에서 엘리트 축구 하는 친구들은 어린 시절부터 슈팅 연습을 시켜 관절과 근육이 상할 대로 상한 상태로 프로가 되고, 그런 이유로 프로 생활을 장기간 지속하기 어렵다고 했다. 손흥민 선수가 오랫동안 축구를 할 수 있도록 18세 이후부터 슈팅 연습을 시켰다고 설명했다.

그러면서 한 말이 『논어』에 나오는 '人無遠慮 必有近憂(인무원려 필유근우)'다.

사람이 멀리 있는 일까지 생각하지 않으면 반드시 근심이 가까워진다. 려(慮)는 생각하다의 뜻이다. 이리저리 헤아려보고, 연결해 보고, 근심하며 아직 오지 않은 일에 대해 생각해야 한다. 앞으로 다가올 일을 미리 생각하지 않으면 근심이 생긴다. 이를 다른 말로 시야가 짧다고 한다. 시야가 짧기에 순간의 판단에 집착한다. 전체성을 이해해야 하는데 지엽적인 일에만 신경 쓰다 보니 정작 중요한 일은 놓치고 만다.

이 글자는 호랑이(虎)와 생각하다(思)가 합쳐진 글자이다. 호랑이 굴에 들어가도 정신만 차리면 된다. 어떤 정신을 차려야 할까. 어떻게 하면 호랑이 꼬리를 밟지 않고 호랑이 굴에서 도망갈지를 생각하고, 어떤 지혜를 통해 호랑이를 속이고 도망갈 수 있을지, 코털을 건드리지 않고 달아날지를 생각해야 한다. 려(慮)는 생존을 위한 사투다. 정신을 차리지 않으면 즉각 목숨이 위험한 상황을 피하기 위해 해야 하는 생각이다.

리더의 우려는 생존과 직결되는 판단으로 이어진다. 앞으로의 경제가 어려워진다면 이를 미리 파악하고 방향을 제시해야 한다. 눈앞의 일에만 신경 쓰지 말고 시야 밖의 일도 신경 써야 한다. 폭을 넓히고 사고를 확장해야 한다. 리더 스스로의 시야를 높여야 한다.

구성원의 관심을 이끌어 내려고 노력하며, 멀리 보는 일에 목숨

걸어 하나라도 일찍 예측해야 한다. 그것이 리더가 영향력을 넓히고 눈높이를 높이는 방법이다.

리더가 높은 자리에 있다는 것은 무엇을 의미할까? 리더는 직책자로서 구성원보다 실제로 우위에 위치한다. 하지만 같은 직책자라고 해서 모두가 같은 위치일까? 리더의 높이는 스스로 결정하는 것이다. 높이를 결정짓는 요인이 무엇일까? 권위? 성과? 위계질서? 리더십? 다양한 답변이 있을 수 있으나 리더의 높이를 결정하는 가장 결정적인 요인은 실력이다.

실력을 좀 더 이해하기 쉽고 정확하게 표현하자면 문제해결 능력이다. 요즘 세상에 핵심적으로 필요한 능력이 바로 위기 대처 능력이고, 그것이 바로 문제해결 능력이다. 문제가 있을 때 해결해 줄 수 있는 능력이 있어야 한다. 언제 어디서 어떤 문제가 생겨도 백업이 있다는 안정감을 주기 위해선 리더의 실력보다 중요한 것이 없다.

'높이'라는 단어에 너무 집착하여 권위와 혼동하지 않았으면 좋겠다. 등대가 높다고 해서 무섭지는 않지 않은가? 문제해결 능력이 뛰어나다고 해서 구성원들과 심리적 거리감이 생기는 것이 아니다. 직책자의 권위의식이 심리적 거리감을 만드는 것이라 생각한다. 이에 대해 아주 적절한 예시를 설명한 이야기를 소개한다.

한 그루 나무일지라도 높은 산 위에 서 있으면
천 길의 계곡을 내려다본다. 이는 나무 크기 때문이 아니라서 있는 위치가 높기 때문이다.

아무리 무거운 물건도 배가 있으면 물위에 뜨지만

아무리 가벼운 물건일지라도 배가 없으면 가라 앉는다.

이는 물건 자체의 무게 때문이 아니라

기대는 세력의 유무에 따라 상황이 전혀 달라지기 때문이다.

작은 것이 높은 곳에 자리 잡고 내려다보는 것은 위치 때문이고,

불초한 자가 현자를 제어하는 것은 권력에 따른 위세 때문이다.

- 『한비자』 -

『한비자』의 「공명」편에 나온 글이다. 직책에 따른 차등은 권력에 따른 위세일 뿐이다. 위세만 믿는 등대일 수는 없다. 위세만 믿으면 멀리 비출 수조차 없다. 우리가 빛을 비춰 방향성을 제시하려면 정확한 실력이 있어야 한다. 실질적인 높이는 실력에서 나온다는 것을 잊지 않아야 한다.

높이를 올린 리더가 멀리 내다본다는 것은 무엇을 의미할까? 크게 2가지 측면이 있다.

첫째, 지속가능성이다. 당장의 성과와 프로젝트의 성공도 중요한 부분이다. 회사의 비전과 같은 방향을 바라보고 조직원들을 이끄는 것도 중요하다. 하지만 리더라면 가장 중요하게 생각해야 할 일은 구성원들이 함께 하고 싶도록 만들어야 한다. 이탈자가 생길 때 리더의 지금까지 노력은 백지에 가까워진다. 새로운 사람을 영입하고 선별

하고 그 사람에게 이탈자만큼의 역량과 '톤앤매너'를 가르치는 데 들어가는 어마어마한 자원의 소모를 미리 방지해야 한다. 이를 위해 현재 함께해 온 구성원들을 지속적으로 성장시키는 것이 중요하다.

상자 속에 썩은 사과처럼 주변 사과들을 썩게 만드는 사람을 그대로 두라는 말이 아니다. 좋은 상품들이 박스를 벗어나게 하지 말라는 뜻이다. 그렇게 하려면 수단과 방법을 항상 고민해야 한다. 이를 염두에 두지 않으면 이탈자가 생길 때마다 소 잃고 외양간 고치는 격이 되어버린다.

이탈자가 생기지 않으려면 어떤 부분을 생각해야 할까? 아마 자신의 위치마다 생각하고 행동할 수 있는 부분이 다를 것이다. CEO라면 회사의 보상이나 복지제도를 손볼 수 있을 것이다. 인사팀이나 임원급이라면 CEO에게 보상과 복지제도 개선을 건의할 수도 있다. 하지만 팀장급이라면? 내가 할 수 있는 일이 많지 않다고 생각한다. 그 의견에 어느 정도 공감한다. 회사의 제도를 바꿀 수 있는 의사결정권자도 아니고, 많은 권한을 갖지도 못했기 때문에 무력하게 느낄 수 있다. 하지만 CEO도 임원도 인사팀도 할 수 없는 팀장만이 할 수 있는 일이 하나 있다. 바로 팀의 문화를 만드는 것이다.

큰 테두리에서 회사 고유의 색깔이 있어서 혁신적인 보상이나 동기 유발을 할 수 있는 수단이 많지 않다고 해도 그 팀의 색깔을 결정지을 수 있다. 가정을 중요하게 생각하는 구성원들을 위해 빨리 퇴근할 수 있게 업무 분장을 재조정한다거나, 매주 금요일은 회의 없는 날로 만들어 자신이 맡은 일에 집중해 이번 주 내로 끝내야 할 업무에 집중할 수 있게 한다든가, 생일자가 있는 주에는 케이크를 준비한다든가, 한 주에 한 시간씩 본인이 원하는 주제로 팀장과 1:1로 대화한다든가의 문화를 조성하면 된다.

    리더는 많은 방식을 통해 구성원들이 함께하고 싶은 팀으로 만들 수 있다. 많은 사람들은 돈이 인생에서 중요한 요소라고 생각하지만 돈보다 중요한 것은 자신의 인정욕구와 소속감을 채우는 것이다. 리더로서 지속가능성을 채우기 위해 어떻게 해야 구성원들이 하나로 뭉칠 수 있는지 항상 고민하고 시도해야 한다. 실패하더라도 피드백을 받아 계속 고쳐나가야 한다.

    둘째, 위기관리다. 어둠을 뚫고 항구로 들어오고 있는 배들은 저 뒤에 쓰나미가 있는지 앞에 암초가 있는지 판단하기 어렵다. 더 멀리 내다볼 수 있고 더 많이 알고 있는 리더는 닥쳐오는 위기를 대비해야 한다. 많은 정보를 먼저 접할 수 있는 위치에서 발생할 수 있는 문제가 무엇인지, 어떤 것들을 대비해야 하는지에 대해 항상 고민하고 있어야 한다.

    적절한 분배를 통해 역량이 뛰어난 한 사람이 너무 지치지 않도록 조절하는 것도 위기관리다. 최근 시장 트렌드를 분석해 우리 팀의 어떤 아이템이 잘 팔릴지, 어디에 집중해야 할지 파악하고 있는 것도 위기관리다. 특정 팀과의 협업에서 문제가 많을 때 해당 팀과 담판 짓는 것도 위기관리다. 팀 내 불협화음을 캐치해 내고 그것을 원만하게 해결하는 것도 위기관리다.

철저한 위기관리를 통해서 거칠게 다가오는 파도와 어둠 속에 숨어 있는 암초들을 무사히 지나갈 수 있도록 도울 수 있는 실력 있고 높이 우뚝 선 리더가 되어야 한다.

등대의 위치

철저한 외로움이 결코 시들지 않는 능력이다.

- 알베르 키뮈 -

등대들을 보면 방파제가 깔려 있는 길 끝에 홀로 외로이 서 있다. 높은 곳에 홀로 서 있는 모습을 지켜보면 고독이라는 단어가 떠오른다.

리더는 고독한 자리다. 리더의 고독은 당연함으로 받아들여야 한다. 혼자 외로운 싸움을 하는 자리다. 누구도 알아주지 않음은 당연하다. 시야가 다르고, 정보가 다르고, 앎이 다른데 어떻게 같은 생각을 할 수 있을까. 리더의 자리에 있으면 그 자리에 합당한 생각을 할 수밖에 없다.

고독은 자발성을 갖는다. 등대가 왜 홀로 그곳에 서 있을까? 어둠 속에서 배들이 헤매지 않도록 이끌기 위함이다. 누가 칼 들고 협박한 일이 아니라는 말이다. 스스로의 자발적인 선택이기에 외로움이나 쓸쓸함이 아닌 자발적 고독에 머문다.

다케나가 노부유키의 『고독력』이라는 책에서 보면 '고독력'이란 무언가에 집중하는 힘, 자신을 직시하고 좋아하는 힘, 자신을 용서하고 지키는 힘, 그리고 자신을 지탱하고 발견하는 힘이라고 나온다. 고독하면 집중할 수 있고, 집중하면 나를 돌아볼 수 있는 힘이 생긴다. 나를 돌아보기에 부족함을 이해하여 용서하고, 이를 굳게 지킬 수 있다. 확신이 있기에 내 삶을 그 확신으로 지탱한다.

리더의 고독은 단순한 외로움이 아니라, 깊은 성찰과 통찰의 시간이다. 혼자만의 시간을 통해 리더는 자신의 내면을 들여다보고, 조직의 미래를 고민하며, 더 나은 방향을 모색한다. 이러한 고독은 리더에게 성장의 기회를 제공하며, 더 큰 지혜와 용기를 불어넣는다.

등대처럼, 리더는 고독 속에서도 자신의 역할을 묵묵히 수행하며, 조직과 구성원들에게 방향을 제시한다. 그 고독은 리더십의 본질이며, 진정한 리더로 성장하기 위한 필수적인 과정이다.

밤이 되면 빛이 더 선명한 것처럼 어려운 상황이 되면 리더가 더욱 빛난다. 리더의 결정으로 조직이 움직이고, 그 결정의 무게는 홀로 짊어진다. 구성원들 어느 누구의 책임도 아니다. 온전히 리더의 책임이다. 홀로 서 있을 수밖에 없는 사람이 리더이다.

등대에 문제가 하나 있다면 빛을 내야 할 때 안 내고, 빛을 내지 말아야 할 때 내는 것이다. 눈치 없이 아무 곳에서 반짝거리지 말고 빠져야 할 때 빠져야 하는 것 또한 고독의 일환이다. '낄끼빠빠'라는 말이 있다. 낄 때 끼고 빠질 때 빠져야 한다. 낄 때 안 낄 때 구분해야 눈치 없다는 소리 듣지 않는다.

가끔 불만이 생길 수도 있다. 왜 항상 나만 힘들게 불을 비추어야 하는가. 왜 나만 외롭게 지속해야 하는가. 억울할 수 있다. 리더라는 자리가 어디까지 해야 하는지를 생각해 보면 그럴 수 있다. 다만 리더란 책임의 자리이기에, 시작했다면 온전히 그 의무를 져야 하는 자리다.

불이 꺼진 상황에 맞닥뜨릴 수도 있다. 그러나 간디가 한 조언을 생각해 보자. '주변이 어둡다고 투덜대지 말고 네가 먼저 촛불을 켜라.' 주변이 어둡다면 내가 등대가 될 기회이고 내가 리더가 될 기회다. 그 기회를 놓치지 말자.

4 최복동
(최고의 복지는 동료다)

팀워크란 공통의 비전을 향해 함께 일하는 능력이자,

평범한 사람들이 비범한 성과를 달성하도록 만드는 연료다.

- 앤드류 카네기 -

타조직에 협업이 잘되지 않는 사람이라는 인식의 사람을 우리 조직으로 데려와야 할 일이 있었다. 그분이 와서 함께 일을 해보니 듣던 평판과 전혀 다른 사람이었다. 그래서 그분에게 물었다. '들었던 평판과 전혀 다른 모습이신데 무엇이 달라지셨나요.'를 물어보니 '동료가 달라졌다. 나를 믿어주고 지지해 주는 사람들과 있어서 더 잘해보고 싶고 일하는 것이 재미있다.'라는 말을 했다.

어떤 환경에서 일하는가에 따라 사람들은 다른 성과를 낼 수 있다. 동료들이 좋은 사람이 되기 위해 가장 먼저 해야 할 일은 내가 좋은 사람이 되는 것이다. 카카오페이에서는 구성원을 대상으로 서로 칭찬하는 '최복동(최고의 복지는 동료)'을 시행하고 있다. 임직원들이 조직 문화를 담당하고 있는 팀에게 긍정적 경험을 준 구성원을 추천하고, 접수된 사연으로 전사 투표를 진행하여 선한 영향력을 퍼트린다.

'언박싱 데이'라는 행사도 진행하여 임직원들의 가족이나 지인을 회사로 초청하기도 한다. 회사에 대한 애사심도 높이고, 긍정을 전파하여 건강한 회사로 만드는 문화를 지속하고 있다.

리더의 힘이 전사적으로 퍼지는 데는 오래 걸릴 수 있다. 하지만 자신이 속한 팀의 분위기만큼은 영향을 줄 수 있다. 사람 때문에 힘든 일을 사람 덕분에 해결되는 일로 바꿔야 한다. '팀워크'를 만들어 낼 수 있어야 한다.

왜 최고의 복지가 동료인가

진정한 위인이 되기 위해서는 사람들 위에 서 있는 것이 아니라

사람들과 함께 서 있어야 한다.

- 몽테스키외 -

팀워크라고 말하지 퍼스널워크라고 하지 않는다. 개인이 혼자 일하려면 사업자등록을 해서 혼자 사업하면 된다. 사람이 모여서 일을 하려면 팀워크가 필요하다. 팀이 협동하고 상호 간의 연대를 해야 효율적이고 효과적으로 업무를 처리한다.

왜 팀워크를 중요하게 생각해야 하는가. 사람이 우선이기 때문이다. 사람이 먼저이고 사업은 그 다음이다. '누구와 함께 하는가'가 '어떻게 일하는가'보다 더 중요하다. 『파워』라는 책에서는 이런 말을 한다.

'맞지 않는 사람을 버스에서 내리게 하고 맞는 사람을 버스에 태우면 버스가 가야 할 곳이 분명해지고 방향을 바꾸기도 쉽다.'[4] 맞지 않는 사람이 있으면 불협화음이 생기기 마련이다. 맞는 사람만 있으면 목적지를 정해 놓은 열차가 되기에 멈추지 않고 달릴 수 있다. 함께하기에 목표가 더 뚜렷해진다.

함께 설정한 목표를 위해 하나된 모습으로 일할 때 진정한 팀이 된다. 리더는 이를 위한 목표를 제시하고 공유해야 한다. 그렇게 협동을 만들어 낸다.

협동이란 서로 마음과 힘을 하나로 합하는 일이다. 여럿을 하나로 뭉치고, 뜻을 일치시켜야 한다. 협동을 하기 위해 가장 쉬운 일이 무엇인가. 바로 단합대회다. 회사에서 단합대회를 하면 저절로 팀이 뭉친다. 결집하기 위해 가장 쉬운 방법은 외부의 적이 필요하다. 단합대회는 저절로 외부의 적을 만들 수 있는 기회다. 건전한 경쟁이 가능하고, 구성원을 하나로 만들고, 회사 자체를 즐겁게 하기 위해 많은 회사들이 단합대회, 워크샵 등을 진행한다.

물론 1박 2일 워크샵이나 퇴근 후의 단합대회는 추천하지 않는다. 스트레스 받는 하루를 뒤로하고 함께 즐길 수 있는 여건을 마련해 주어야 한다.

차이를 인정하라

> 서로의 차이점을 인정하는 것이 인간관계의 시작이다.
>
> - 알랭 드 보통 -

　리더는 타인에 대한 감수성이 필요하다. 감수성이란 외부 세계의 자극을 받아들이고 느끼는 성질이다. 즉, 외부의 자극에 민감해야 한다. 뻔히 힘든 얼굴인데 힘들다고 말하지 않았다고 몰랐다는 말은 공감능력이 없는 말이다. 더 깊게 나아가 타인의 감정에 공감하지 못하는 사이코패스적인 성향이 있다는 뜻이기에 유의해야 한다.

　차이를 인정해야 관계가 시작된다. '상대가 왜 저러지?'라는 의문보다 '그럴 수 있지'라는 인정으로 바라보아야 한다.

　리더는 자신을 드러내지 않고 다른 사람들과 화합할 수 있어야 한다. 자신을 드러내지 않는다는 말은 스스로를 낮추고 타인을 높여야 한다는 뜻이다. 통역사가 하는 일이 무엇인가. 말하는 사람의 말을 경청하고 다른 사람이 이해하도록 번역하는 일이다. 리더는 통역사, 조율자의 역할을 해야 한다. 그래야 화합을 만들 수 있다.

　퍼실리테이터(Facilitator)라는 직업이 있다. 쉽게 말해 회의 촉진자이다. 회의진행이 원활하게 이루어지게 돕는 역할이다. 효과적인 소통과 협력, 목표를 달성할 수 있도록 도와주는 사람이다. 중립적인 입장에 서서 다른 사람들의 의견을 이끌어 내고, 상이한 관점을 연결해 결론을 이끌어 낸다.

조율자가 되려면 타인의 이해가 전제되어야 한다. 이해란 공감이다. 타인이 어떤 생각을 하고, 왜 그렇게 행동했는지에 대한 전반적 이해가 필요하다.

이해를 하려면 사람을 알아야 한다. 리더는 사람과 조직을 살펴봐야 한다. 이를 위해 구성원과의 대화를 통해 상대가 누구인지, 어떤 유형인지를 파악하는 과정이 필요하다. 물론 구성원들은 리더에게 쉽게 이야기하지 않는다. 힘든 일이 있는지를 물어봐도 돌아오는 대답은 '괜찮습니다.'라는 한결같은 대답이다. 리더에게서 구성원을 이해하기 어렵다는 하소연이 나올 만하다. 그럼에도 불구하고 리더는 사람을 살펴야 한다. 그것이 리더의 역할이다.

리더라면 자신의 조직에서 어떤 일이 일어나고 있는지 다양한 수단을 강구하여 파악해야 한다. 조직 내에 왕따가 있다면 이를 해결하는 방안을 강구해야 한다. 조직에서 문제가 있는 사람이 있다면 즉각적으로 움직여서 대응해야 한다. 썩은 귤 한 개를 상자 안에 넣어두면 주변에 있는 모든 귤을 상하게 만든다. 송곳은 튀어나오기 마련이다. 좋은 뜻에서의 송곳이 튀어나오면 도구로 활용하지만 나쁜 뜻에서의 송곳이 튀어나오면 날카로움을 잘라내야 한다.

잘 맞는 사람끼리는 서로 잘 지내지만, 맞지 않으면 이야기하면 할수록 수렁으로 빠지는 느낌이다. 일상에서는 나와 맞지 않는 사람과 멀어지면 되지만 직장에서는 그렇게 하기가 어렵다. 그렇다면 어떻게 해야 하는가. 핵심은 함께할 사람과 함께하지 말아야 할 사람을 먼저 구분하는 일이다. 구분한 다음 기회가 있을 때 분리해야 한다.

『일 잘하는 사람은 논어에서 배운다』에서는 리더에게 이렇게 조언한다. '리더 입장에서 저성과자를 등한시하면, 우리 팀장은 왜 역량이 떨어지고 의욕도 없는 저 사람을 그냥 내버려두지?라는 잡음이 들릴 정도로 게으른 관리자가 될 뿐만 아니라, 심한 경우는 고성과자가 저성과자의 일을 대신하기도 하면서 기존의 뛰어난 인재들도 잃게 됩니다. 리더에게 주어진 시간은 성과를 내는 구성원에게 집중하고 투자하여 성과를 극대화하는 것입니다. 이것이 효율성과 생산성의 바탕입니다.'

리더가 모두를 이끌고자 한다면 문제가 생긴다. 리더는 이런 착각에서 벗어나야 한다. 수레의 바퀴가 하나 고장 났는데 이를 분리하거나 고치지 않으면 결국에는 수레가 멈춘다. 과감하게 결단력을 갖고 사람을 관리해야 한다.

스타 플레이어와 일한다는 것

재능은 게임에서 승리하지만, 팀워크와 지성은 우승을 가져온다.

- 마이클 조던 -

스코티 피펜이 누구인지 아는가? 마이클 조던과 함께 시카고 불스를 우승팀으로 만들어놓은 사람 중 한 명이다. 사람들은 모두 주인공인 마이클 조던을 기억하지만, 마이클 조던은 모든 인터뷰에서 스코티 피펜이 없었다면 우승을 할 수 없었을 것이라고 이야기한다.

마이클 조던이 NBA 뛰던 시절, 특히 시카고 불스의 전성기 때, 조던의 엄청난 존재감과 득점력은 상대 수비의 모든 초점을 그에게 집중시키는 효과가 있었다. 이를 전략적으로 활용해 다른 선수, 특히 스몰포워드가 공간을 활용하거나 자유롭게 득점하는 전략을 썼다.

이때 마이클 조던 옆에서 있던 선수들은 존재감이 없는 것이 전략이었다. 마이클 조던이 조명을 받으면 받을수록 자유롭게 득점할 수 있는 기회가 많아지기 때문이다. 그것이 승리할 수 있는 요인이었다.

사람들이 모이면 언제나 에이스는 존재한다. 아마 이 책을 읽는 모든 분들은 조직의 에이스들을 떠올릴 수 있을 것이다. 이들은 누가 뭐라 하지 않아도 알아서 잘한다. 하지만 주변에 있는 사람들은 열등감을 갖기 쉽고, 그 사람을 깎아 내리려 하고, 시기나 질투하기 쉽다.

우리는 시카고 불스의 감독처럼 마이클 조던이 자유롭게 뛰어다닐 수 있는 환경을 만드는 것도 중요하지만, 스코티 피펜처럼 개개인이 저마다의 위치에서 자신의 가치를 실현하게 만드는 것도 중요한 일이다.

내가 하는 일이 얼마나 값진 일인지를 생각해야 한다. 지드래곤의 컴백무대를 보면 뛰어난 화제성도 있지만, 그 무대를 만들기 위한 수많은 제작진과 연출들이 있었기 때문에 빛날 수 있다. 지드래곤 혼자

무대를 만드는 것이 아니라 제작진과 함께 만들어 낸 결과물이다. 자주 하는 말이지만 '같이'의 가치를 알아야 한다.

구성원들 개개인이 자신이 얼마나 가치 있는 일을 하고 있고, 그에 대한 자부심을 가질 수 있도록 해야 한다. 누군가를 서로 헐뜯고 끌어내리는 분위기가 아니라 각자가 저마다의 자리에서 에이스가 될 수 있도록 리더가 환경과 분위기를 만들어 줘야 한다.

리더십은 혼자의 싸움이 아니다. 위대한 리더는 혼자 빛나는 사람이 아니라, 주변 사람을 빛나게 해주는 사람이다. 각자의 강점을 인정하고 조화를 이끌어 내는 것은 개인의 역량 이상으로 중요한 리더십의 능력이다. 리더는 팀 안의 '숨은 리더들'을 발굴하고 그들이 성장할 수 있도록 도와야 한다.

5 리더의 지양점과 지향점

가장 훌륭한 사람은, 해야 할 때 해야 할 일을 하는 사람이다.

- 토마스 헉슬리 -

지양과 지향 중에 무엇이 중요한가. 우리가 무엇을 지양하고, 무엇을 지향해야 하는가. 우선적으로 해야 할 것은 '지양'이다. 덜어내야 채울 수 있기 때문이다. 하지 말아야 할 것을 먼저 생각하고, 해야 할 일을 해야 한다.

식수탱크에 이물질이 조금 떨어져도 큰 영향이 없을 것이라고 생각하지만 그 사실을 알면 마시기가 꺼려진다. 물이 얼마나 맑은지를 생각하기보다 이물질에 대해 신경 쓰이기 때문이다.

아무리 맑은 물이라도 검정 잉크 한 방울에 맑은 물은 순식간에 변한다. 무엇을 해야 할지 고민하기 전에 하지 말아야 할 일을 설정해야 한다.

1. 열심히만 하는 삶을 장려하면 안 된다. 왜 뛰는지, 내가 가진 가치는 무엇인지 알려줘야 한다.
2. 생각하고 움직여야 한다. 방향을 정한 다음 출발해야 덜 고생한다.
3. 항상 커뮤니케이션의 오류가 발생할 수 있으니 유의해야 한다. 타인과의 눈높이 교육을 통해 오류를 해결해야 한다.
4. 늘 밝아야 한다. 감정조절을 통해 한결 같은 태도로 리더십을 발휘해야 한다.
5. 우리는 늘 이렇게 해왔다는 관성에서 벗어나야 한다.
6. 자유롭게 의견을 제시할 수 있는 수평조직을 만들어야 한다.
7. 고독을 즐기며 눈앞에 다가올 문제들을 해결해야 한다.
8. 최고의 복지는 동료다. 구성원이 있기에 리더가 살아간다는 사실을 잊지 말아야 한다.
9. 좋은 동료들이 함께할 수 있는 문화를 만들어야 한다. 개개인이 좋은 동료로 살아갈 수 있도록 만들어 내야 한다.
10. 서로의 차이를 인정해야 한다.

I

질문하는 리더가 될 나에 관하여

팀장님은 늘 '스스로 답을 찾아라'라고 하셨다.

그래서 나는 매일 ChatGPT에게 묻는다.

생각해 보면 팀장님은
이미 내 안에 답이 있다는 것을
알고 계셨던 것 같다.
리더는 완벽한 답을 가진 사람이 아니라
늘 더 나은 답을 찾으려는 사람이다.
질문을 멈추지 않는 내가 리더다.

1 나는 내가
좋은 리더인 줄 알았다

> 인간은 분수와 같다.
>
> 분자는 자신의 실제이며 분모는 자신에 대한 평가이다.
>
> 분모가 클수록 분수는 작아진다.
>
> — 톨스토이 —

나를 아는 것이 왜 중요할까? 리더의 자리에 있는 많은 분의 이야기를 들어보면 이런 생각을 하신 분이 많았다. '나는 내가 좋은 리더인 줄 알았다.' 리더에 오르면 자기가 훌륭한 리더인 줄 착각한다. 그분들이 하는 착각은 구성원들의 노력과 희생으로 이루어진 결과물일 수도 있다. 그 사실을 모르는 리더는 자기가 잘나서 된 줄 알지만, 현실은 그렇지 않다는 것을 모두가 안다.

나를 알아야 하는 이유는 내가 좋은 리더가 아닐 수도 있다는 생각을 해야 하기 때문이다. 내가 나에 대해 착각하고 있을 수 있다는 말이다. 내가 좋은 리더가 아닐 수 있고, 내가 가는 방향이 맞지 않을 수 있고, 내가 가진 관계성이 제대로 이루어지지 않고 있다는 사실을 나를 앎으로써 깨달을 수 있다. 무엇을 고쳐야 하는지를 조금씩 찾아간다.

『용인술, 사람을 쓰는 법』에서는 '리더 자신의 개조부터 시작되지 않은 바람은 아무리 좋은 때깔을 지니고 있더라도 공염불이다. 너부터 하라고 하지 말고 나부터 하겠다고 하는 것이 변화를 선도하는 리더의 첫걸음이다.'[5]라고 했다.

자기성찰 없이 성장하는 리더는 없다. 리더는 끊임없이 자신을 돌아봐야 한다. 내가 내린 결정은 옳았는가? 나는 지금 비전을 실현하고 있는가? 나의 태도는 조직에 어떤 영향을 주고 있는가? 이런 질문을 스스로에게 던지고 정직하게 답할 수 있는 사람이 진정한 리더다.

심리학에는 자기고양 편향이라는 말이 있다. 남자들은 거울을 볼 때 자기 외모가 20% 정도 더 잘 생겨 보인다고 한다. 친한 친구들과 함께 있으면 '내가 제일 괜찮지'라고 농담을 하곤 한다. 인간은 스스로에게 관대한 경향이 있다. 재미있는 것은 그 말을 들은 모든 친구들은 자기가 제일 잘 생겼다고 말한다.

자신을 위로하고 자존감을 유지하기 위한 심리적 방어기제일 수도 있다. 문제는 이러한 자기고양 편향이 과도하면 자신을 객관적으로 바라보는 능력이 떨어지고, 잘못된 판단으로 이어질 수 있다는 것이다.

　우리 모두는 스스로가 더 괜찮은 사람이라고 알고 있다. 하지만 이것은 느낌일 뿐이다. 진정으로 중요한 것은 자신의 강점과 약점을 명확히 인식하는 것이다. 그래야 자신이 할 수 있는 일과 할 수 없는 일을 구분하고, 그에 맞는 전략과 행동을 선택할 수 있다. 자기 인식이야말로 성장의 출발점이다.

　운동선수에게 중요한 부분은 관절의 가동범위다. 관절이 얼만큼 움직일 수 있는지에 따라 구속이 달라지거나 기록이 줄어들거나 운동의 성과가 좋아진다.

　내가 나에게 내리는 평가가 높으면 높을수록 작아진다. 무엇이 작아지는가. 자존감이, 내 자신감이, 내 스스로가 작아진다. 내가 할 수 있는 일이 10kg 아령을 드는 일인데, 내 기준이 100kg 아령을 들어야 힘 센 사람이라 생각한다면 스스로 한없이 자기기만을 하게 된다. 내가 성취한 것보다 아직 얻지 못한 일에 집중한다면 평생 분모가 큰 상태로 살아간다.

　스스로에 대한 관대한 색안경을 빼고, 냉정하고 객관적으로 평가해야 한다. 하지만 그러한 평가 때문에 자기를 비하해서는 안 된다. '나는 이것밖에 안 되는 사람이야'라는 한계에 대한 이야기보다, '나는 가능성이 많은 사람이야'라는 생각으로 부족함을 채우는 것이 겸손이 아닐까. 우리 어른들이 어렸을 때부터 겸손해야 한다고 말하는 이유가 이런 이유에서였지 않을까 생각한다.

자기 인식

진정한 변화는 자기 인식에서 시작된다.

- 카를 로저스 -

앞서 말한 것처럼 자기 자신에 대해 냉철하고 객관성 있게 파악하는 것은 중요하다. '나는 어떤 사람인가'라는 질문에 스스로 답을 내릴 수 있어야 한다. 상대방에 대해 말하는 것은 쉽다. 상대방의 단점을 줄줄 읊는 사람은 우리가 흔히 볼 수 있다. 그러나 우리는 치열한 입시를 거쳐 초고학력사회에 살고 있지만 불행하게도 자기 스스로에 대해 고민하고 공부할 기회는 없었다.

이상하게도 아무도 나에 대해 공부해야 한다는 것을 가르쳐주거나 질문하지 않았다. 가끔 열어보는 철학 책에서나 한 번씩 너 자신을 알라는 소크라테스의 말을 들어보기는 했지만, 진짜 내 삶에서 나에 대해서는 탐구해 본 기억이 없을 것이다. 대부분의 사람들도 자신에 대한 공부를 제대로 하지 않았기 때문에 그 질문에 대해 물어볼 생각조차 하지 못하는 경우가 많다.

舍己而敎人者逆 正己而化人者順 逆者亂之招 順者治之要
(사기이교인자역 정기이화인자순 역자란지초 순자치지요)

나는 내버려두고 남을 가르치려 드는 것은

도리를 거스르는 것이고,

나를 바르게 하여 남을 감화시키는 것은 도리를 따르는 것이다.

거스르는 것은 혼란을 불러오고

도리를 따르는 것은 다스림의 요체이다.

- 『삼략』 -

『삼략』의 글처럼 도리를 다스릴 것은 아니지만, 적어도 카를 로저스가 말한 것처럼 진정한 변화를 만들어 내기 위해선 오직 한 가지 방법밖에 없다. 바로 자기 인식, 나에 대한 공부를 통해 변화를 이끌어 낼 수 있다.

『세이노의 가르침』에서 사람들이 책을 왜 그렇게 많이 읽느냐고 물었을 때 저자가 한 대답이다. '내가 경영을 제대로 하고 있는 것인지, 내가 제대로 살아가고 있는 것인지, 내가 자기도취에 빠진 것은 아닌지, 내가 똥 묻는 개인데 겨 묻은 개를 탓하기만 하는 건 아닌지, 내 눈 속의 들보는 못 보고 남의 눈 속의 티끌만 보는 것은 아닌지, 내가 제대로 일을 효과적으로 처리하는 것인지 등등이 불안하다 보니 확인을 받으려고 읽는다.'[6] 책을 읽는 이유가 무엇인가. 성찰을 위함이고, 자기 확인을 위함이다.

소패왕 항우와 한고조 유방의 일화를 보면 자기를 모르는 리더의 결말이 어떤지 알 수 있다. 항우는 유방보다 압도적인 병력을 갖고 있었다. 장수, 병력, 군량 등 많은 조건에서 앞서있었지만 항우의 자만심으로 사람을 잃었고, 용감함만 믿다가 사면초가의 일화를 남기고 패했다. 죽는 그 순간에도 자신이 왜 죽는지를 모르고 하늘만 원망하다 죽었다. 자신을 몰랐기에 세상도 몰랐다.

타인에 대한 관심보다 스스로에 대한 관심을 높여야 한다. 나를 알고 나를 이기는 것, 스스로의 단점을 알고 극복하는 과정을 거쳐야 자기 인식이 가능해진다.

知人者智 自知者明(지인자지 자지자명)
勝人者有力 自勝者强(승인자유력 자승자강)
사람을 아는 사람을 지혜롭다 말하고,
자기 자신을 아는 사람을 현명하다고 말한다.
사람을 이기는 사람은 힘이 있고,
자기 자신을 이기는 사람은 강하다.

- 『도덕경』 -

윌리엄 맥 레이번은 미 해군장군으로 텍사스대학교 출신이다. 2014년 전역 후 모교 텍사스대학교 총장으로 부임했다. 총장이 되기 전 텍사스대학교 졸업식 축사에서 인상 깊은 말을 했다.

'세상을 변화시키고 싶으세요? 침대 정돈부터 똑바로 하세요. 매일 아침 침대 정돈을 한다면, 여러분들은 그날의 첫 번째 과업을 완수하게 되는 것입니다. 그것은 여러분에게 작은 뿌듯함을 줄 것입니다. 그리고 다음 과업을 수행할 용기를 줄 것입니다. 하루가 끝나면, 완수된 과업의 수가 하나에서 여럿으로 쌓일 것입니다. 침대를 정돈하는 사소한 일이 인생에서 얼마나 중요한 역할을 하는지 보여줍니다. 여러분이 사소한 일을 제대로 해낼 수 없다면 큰일 역시 절대, 해내지 못할 것입니다. 그리고 혹시, 비참한 하루를 보냈다면 여러분은 집에 돌아와, 정돈된 침대를 보게 될 것입니다. 여러분이 정돈한 침대를요. 이것은 여러분에게 내일은 할 수 있다는 용기를 줄 것입니다.'

나 자신에게 승리하는 것이 가장 어렵다. 그렇기에 사람들이 나를 이겨야 한다고 말하는 것인지도 모른다. 나를 이기는 것이 진정한 강함이라는 자승자강(自勝者强)의 말이 있는 것처럼 말이다. 그렇다면 나를 이기려면 어떻게 해야 할까? 나를 이기는 방법에 대해 알아보자.

메타인지의 필요성

> 우리는 우리 자신이 생각하는 것보다 더 많은 것을 스스로 모른다.
>
> - 지그문트 프로이트 -

메타인지란 '자신의 사고 과정을 스스로 인식하고 조절하는 능력'이다. 내가 하는 생각의 과정을 인식하는 능력이다. 지금 내가 무슨 생각을 했는지 다시 한번 생각하는 일이다. 핵심은 자기 점검이다.

아는 것을 안다 말하고, 모르는 것을 모른다고 말하는 용기가 있어야 한다. 인간이 AI보다 나은 점이 무엇인가. 모른다는 일에 모른다고 즉각 말할 수 있는 용기다. ChatGPT를 사용하다 보면 이 말이 진짜인지 거짓말인지 구분하기 어려운 때가 많다. 거짓 근거를 그럴듯하게 만들어 사용자에게 제시하는 경우도 있다. 가끔 틀린 말에 대해 지적하면 즉각 수용하기는 하지만, 그렇다고 해서 진실만을 말하지는 않는다.

사람은 모르면 모른다고 말한다. 물론 거짓말을 하는 사람들이 있다. 모르는데 아는 척하며 말하지만 누군가의 질문에 순식간에 무너지고 만다. 제대로 모르면 모르는 것이다. 우리는 모른다고 할 수 있어야 한다.

메타인지는 곧 자기성찰과도 이어진다. 내가 하는 생각, 말, 행동 등을 있는 그대로 받아들이지 않고 검증을 하는 작업이 필요하다. 메타인지가 높으면 자기가 무엇을 모르는지 명확하게 안다. 내가 모르기에 알려고 하는 마음을 갖는다. 알려고 하지 않고 대충 넘어가면 절대 그 일을 다시 보지 못한다.

메타인지를 높이는 것이 왜 중요할까. 먼저 메타인지가 높으면 학습 능력이 높다. 공부 잘하는 아이와 못하는 아이들에게 단어를 암기하는 실험이 있었다. 암기한 다음 아이들에게 질문을 던졌다. '너는 몇 개 정도의 단어를 외웠다고 생각하니?' 이 질문에 공부 못하는 아이들은 높은 숫자를, 잘하는 아이들은 적절한 숫자를 대답했다. 여기서 적절한 숫자란 실제로 아이들에게 외운 단어에 대해 물어봤을 때 정답을 맞힌 개수와 유사한 숫자다.

메타인지는 단순히 아는 것과 모르는 것을 구분하는 능력이 아니라, 학습의 방향을 결정짓는 나침반과 같다. 자신이 모르는 것을 인지하면, 그것을 알기 위해 어떤 전략을 세워야 할지 고민하게 되고, 자연스럽게 효율적인 학습 방법을 선택하게 된다. 예를 들어, 어떤 개념이 헷갈릴 때 그냥 반복해서 읽는 것보다, 스스로에게 질문을 던지거나 요약해 보는 전략을 사용할 수 있다. 이런 전략 선택은 바로 메타인지에서 출발한다.

메타인지는 자기 조절 능력과도 깊이 연결되어 있다. 공부를 하다가 집중이 흐트러졌을 때, 그 상태를 인식하고 다시 집중하려는 노력을 할 수 있는 것도 메타인지 덕분이다. 감정적으로 힘들 때, '지금 나는 감정 때문에 집중이 안 되는구나'라고 깨닫는 순간, 우리는 감정을 조절하고 상황을 바꿀 수 있는 기회를 얻게 된다. 메타인지는 결국 자기 자신을 객관적으로 바라보게 해주는 거울과 같은 역할을 한다.

메타인지를 높이기 위한 노력은 단순히 학습 효율을 높이기 위함을 넘어서, 삶 전반의 문제해결 능력과 자기 성장에도 큰 영향을 미친다. 내가 어떤 상황에 있는지, 무엇을 알고 무엇을 모르는지, 지금 어떤 감정을 느끼고 있는지를 끊임없이 성찰하는 습관이야말로, 리더가 가져야 할 능력이다.

자기통제는 당연히 어렵다. 나를 이기는 일이 가장 힘들다. 나를 통제하기 위해서는 내가 어떤 사람인지 알아야 한다. 나를 안다는 것은 내가 어떨 때 행복한지, 기쁜지, 슬픈지, 스트레스를 받는지에 대해 스스로에게 답을 내릴 수 있는 것이다.

우리는 한 번도 나에 대해 공부를 한 적이 없기 때문에 스스로 답을 내린 후에는 다른 사람이 하는 나에 대한 이야기도 들어봐야 한다. 내가 나에 대해 알지 못하면 어떻게 남들과 함께 할 수 있겠는가.

내가 해야 할 나에 대한 공부

누구도 우연히 현명해지는 것이 아니다.

- 세네카 -

나를 향한 질문들은 통해 우리는 자기 인식이 가능해지고, 어떤 선택을 하더라도 주도적으로 할 수 있게 된다. 던져진 질문들에 대해 하나씩 답을 해보자. 그러다 보면 내가 무엇을 좋아하고 싫어하는지부터 어떤 일을 할 때 드는 마음은 무엇인지도 깨닫게 될 것이다.

| 감정 인식

나는 최근 언제 기뻤고, 그 이유는 무엇이었는가?
슬플 때 나는 어떤 방식으로 반응하는가?
나를 가장 자주 화나게 만드는 상황은 무엇인가?

감정을 억누르거나 숨기려 할 때는 언제인가?

나는 어떨 때 감정조절이 힘든가?

| 대인관계

나는 사람들과 있을 때 에너지를 얻는가, 소모되는가?

어떤 유형의 사람과 잘 지내는가? 어떤 사람과는 어려움을 겪는가?

갈등 상황에서 나는 어떤 대처 방식을 취하는가?

나의 인간관계에서 반복되는 문제는 무엇인가?

내가 피하고 싶은 상황이나 사람은 누구이며, 그 이유는 무엇인가?

| 강점과 약점

내가 가장 자신 있는 능력이나 재능은 무엇인가?

내가 회피하고 싶어 하는 나의 약점은 무엇인가?

과거에 어떤 능력으로 인정을 받았는가?

나의 단점을 보완하기 위해 어떤 노력을 해왔는가?

나는 무엇을 좋아하고 싫어하는가?

| 가치관

내가 어떤 선택을 할 때 가장 중요하게 고려하는 기준은 무엇인가?

돈, 명예, 가족, 자유 중 가장 중요하게 여기는 것은 무엇인가?

인생에서 절대 타협할 수 없는 가치는 무엇인가?

나의 신념은 어디서 비롯되었는가?

내가 진심으로 감사함을 느낀 순간은 언제였는가?

| 진로와 삶의 방향

지금 하고 있는 일은 내가 원하는 삶과 연결되어 있는가?

5년 후 나는 어떤 모습이기를 원하는가?

나는 왜 이 일을 선택했는가? 다른 선택지는 없었는가?

나는 나의 일을 즐기고 있는가, 견디고 있는가?

내가 다음에 바라는 포지션은 어디인가?

| 학습과 성장

나는 무엇을 배울 때 가장 재미를 느끼는가?

최근 내가 배운 것 중 가장 의미 있었던 것은 무엇인가?

나는 어떤 방식으로 배울 때 가장 효과적인가?

성장하기 위해 나는 어떤 노력을 지속하고 있는가?

과거보다 내가 확실히 나아졌다고 느끼는 영역은 무엇인가?

│ **의사결정**

나는 큰 결정을 내릴 때 어떤 기준을 우선시하는가?

결정 후 후회가 많았던 경험은 무엇인가?

직관과 논리 중 어느 쪽을 더 신뢰하는가?

나는 결정을 미룰 때 어떤 이유에서인가?

나에게 있어 '옳은 결정'이란 어떤 것인가?

│ **실패와 회복력**

내가 겪은 가장 큰 실패는 무엇이었고, 무엇을 배웠는가?

실패 후 나는 어떤 방식으로 회복하는가?

실수했을 때 가장 먼저 드는 감정은 무엇인가?

나는 실패를 누구와 어떻게 공유하는가?

실패 이후 내 삶에서 달라진 점은 무엇인가?

나와의 소통

知彼知己 百戰不殆(지피지기 백전불태)

적을 알고 나를 알면 백 번 싸워도 위태롭지 않다.

- 『손자병법』「모공」 -

미국의 코미디쇼에 나오는 많은 명사들이 자기는 스스로 좋은 사람, 좋은 리더, 좋은 배우인 줄 알았다고 착각했다고 말한다. 겸양을 떤다고 할 수도 있겠지만, 앞서 설명한 것처럼 우리는 스스로에게 관대하고, 자기 자신에 대해서 잘 모르고 사는 경우가 많다. 스스로를 잘 모르는 것은 준비물 없이 정글을 탐험하는 것과 같다.

우리는 '지피지기 백전백승'이라고 많이 알고 있다. 이 문장의 원문은 '지피지기 백전불태(知彼知己 百戰不殆)'이다. 불태(不殆)란 위태롭지 않다는 말이다. 전투에서 이기는 것이 중요한 게 아니라 전장에서 위태로워지지 않는 것, 지지 않는 것이 중요하다. 백 번 승리해도 한 번 위태로워지면 망한다.

싸움에서 이기는 것보다 중요한 것은 상황을 위태롭게 만들지 않는 것이다. 결국 백전불태란 단순히 백 번 싸워서 이긴다는 뜻이 아니라, 백 번 싸워도 결코 위태로워지지 않는 지혜와 전략을 의미한다. 지피지기의 핵심은 단지 정보를 아는 것이 아니라, 그 정보를 바탕으로 리스크를 최소화하고 안정된 선택을 하는 데 있다.

전투의 승리는 병력의 차이나 변수들에 의해서 언제든지 달라질 수 있다. 상황은 변화하는 요인이다. 하지만 변하지 않는 단 한 가지의 요인은 바로 '나' 자신이다. 인생을 살면서 성공하는 것보다, 실패를 줄이는 것이 중요하다. 실패를 줄이기 위해서는 변하지 않는 나를 알아야 한다.

『인생의 문장들』이라는 책에 감명 깊은 문장이 나온다. 무지한 선인은 악인보다 힘들다. 다양한 사람들과 마주하다 보면 사람은 착한데 일을 시작하면 문제가 생기는 경우가 있다. 그런 모습을 보며 사람은 착한데 같이 일하기는 힘들다는 생각을 한다.

문제는 착하다고 생각하는 사람이 확신에 차서 아무 말도 들리지 않을 때이다. '그 사람 눈에는 주변의 다른 것이 들어오지 않는다. 자신의 가치관만 믿고 폭주한다. 무지한 선인이 되어버린다.' 선인은 똑똑한 선인이어야 한다. 착한 사람이 꼭 잘 살고, 바람직한 것은 아니다.

무지한 선인은 폭력이다. 세상이 어떻게 돌아가는지, 사람들은 어떤 생각을 갖고 살아가는지를 살펴야 한다. 단순한 관찰을 넘어, 그 변화와 흐름에 진심 어린 관심을 기울여야 한다. 자기만의 도덕적 확신이나 선한 의도에 갇혀 세상과 단절된 '착한 사람'이 되지 않도록 경계해야 한다.

나를 1인칭이 아닌 3인칭으로 바라보는 연습을 해보자. 객관적으로 스스로를 바라보면서 스스로의 부족한 점을 채울 수 있도록 냉정한 피드백을 해보자. 나와의 소통은 대부분 불편하고 아프게 느껴질 것이다. 날이 선 질문들이 오갈 것이고, 자신의 자존감을 건드릴 수도 있다. 하지만 이 객관적인 자기반성 없이 우리는 절대 변화할 수 없다. 상처 난 살 위에 새살이 돋듯, 더 단단하게 하기 위해 수천 번의 망치질로 제련을 하듯, 자신을 담금질하는 것이라는 믿음을 잃지 말고 수도 없이 나와의 소통을 시도해 보자.

2 다 안다는 착각

> 가장 쉽게 속는 사람은 자기 자신이다.
>
> - 리처드 파인만 -

여러분들은 혹시 사과(Apple)가 무엇인지 아는가? 만약에 안다고 답한다면 다음의 질문에 답변을 해보자. 사과의 색깔의 RGB 값은 무엇인가? 사과가 잘 자라는 환경은 무엇인가? 사과가 자라는 데 얼마나 시간이 걸리는가? 사과의 당도는 얼마인가? 이런 질문에 대해 답을 내릴 수 있는가? 그렇다면 정말 사과에 대해 아는 것이 맞는가?

도대체 안다는 것은 무엇일까? 질문들을 보며 저런 것까지 알아야 하는가에 대한 질문이 들 것이다. 우리는 무언가에 대해서 알고 있다고 느끼고 있지만, 자세하게 모르고 있는 경우가 상당히 많다. 나를 모르는 것처럼 말이다.

착각에서 벗어나라

> 가장 큰 장애물은 무지가 아니라, 안다고 착각하는 것이다.
>
> - 스티븐 호킹 -

『리더가 된다는 것』에서는 이렇게 말한다. '완벽하게 일을 처리하는 사람만이 리더가 되는 것이 아니다. 때로는 굴러 떨어지는 고통을 겪더라도 산꼭대기를 향해 올라가는 과정에서 비로소 리더다움을 갖추게 된다.'

리더다움이란 무엇인가. 고통을 겪고, 고난이 몰려오고, 문제가 쌓여가도 결국에는 해결하고 지속해 내는 사람이다. 리더에 대한 정의를 제대로 못 내리면 혼동이 시작된다. 리더가 할 수 있는 일, 할 수 없는 일을 구분하지 않으면 또한 혼동이 시작된다. 나아가 명확하게 해야 할 일과 하지 말아야 할 일도 구분해야 한다.

우리는 스스로에 대해 잘 모른다. 스스로에 대해서 부정적인 부분만을 모르는 것만이 아니라, 긍정적인 부분도 잘 모른다. 친구 아버지는 평생 일만 하시다가 60세에 통기타를 치기 시작하셨다. 통기타를 열심히 치면서 본인이 통기타에 엄청난 재능이 있는 것을 깨달으셨다. 지금은 통기타를 들고 라이브 카페에 가서 라이브 연주회를 하실 만큼 수준급의 실력을 갖고 계신다.

내가 하고 싶은 말은 근거 없는 자신감(근자감)을 갖자는 것은 아니다. 하지만 내가 나에 대해서 고민을 해봤다고 해서 나에 대해 다 안다고 할 수는 없을 것이다. 내가 얼마나 많은 잠재력을 갖고 있는 사람인지, 내가 잠재력을 갖고 있는 부분은 무엇이고, 그 근거는 무엇인지까지 알아야 한다.

안다는 것이 무엇일까. 사과의 RGB 값에 대해서 알지는 못해도, 구체적으로 어떻게 생겼고, 어떤 맛인지 표현할 수 있을 정도의 앎을 갖는 것이 진짜 아는 것이 아닐까. 나에 대해 안다는 것은 나에 대해 구체적으로 말할 수 있어야 한다는 것이다. 그것이 강점이든 약점이든.

자신이 가진 잠재력에 대해 구체적으로 알아야 한다. 그래서 어렸을 때 고생해 보라는 말이 나오는 이유가 이것이다. 내 속에 숨겨진 잠재력의 싹을 틔우기 위해 여러 가지 일을 해보며 고생도 하고 경험도 하며 진정한 나를 찾아보라는 이유다.

할 수 있는 일과 없는 일을 구분하라

人不知而不慍(인부지이불온)

다른 사람이 나를 알아주지 않아도 노여워하지 않다.

- 『논어』 -

이영애의 명대사 '너나 잘하세요.'라는 말을 아는가? 영화 「친절한 금자씨」에서 나오는 명대사 중 하나이다. 이 말을 직접 들었을 때

말문이 막혔었다. 나에 대해 구체적으로 아는 것에 대해 중요하다고 강조했는데, 그렇게 하기 위해선 무엇을 해야 할까. 진짜 '나나 잘하기' 위해선 어떻게 해야 할까.

내가 할 수 있는 것과, 할 수 없는 것에 대한 구분이 필요하다. 이를 구분하면 무엇이 좋아질까. 쓸데없는 일에 진을 빼는 일이 줄어든다. 맨땅에 하는 삽질을 줄인다. 불경에 부처님이 말씀하신 여실견(如實見)이 이를 해결하기 위한 방법이다.

실질을 보라. 사물의 있는 그대로의 모습을 보라. 그렇게 하면 일에 대해 내 감정을 제외할 수 있다. '아 세상은 나에게 왜 이것밖에 주지 않은거야.'라는 불평이나 안타까움이 빠지고 객관적인 사실로 바라볼 수 있게 한다. 내가 할 수 없는 일에 손을 놓을 수 있다.

人不知而不慍(인부지이불온)이란 사람들이 나를 알아주지 않아도 노여워하지 않는다는 뜻이다. 스스로에 대해 할 수 있는 것과 할 수 없는 것을 알게 되면 문제해결력 또한 길러진다.

『턴어라운드』라는 책에는 이런 구절이 나온다. '결국 나는 아무도 교체하지 않았다. 모든 문제의 원인은 승조원들이 아니라 리더십에 있다는 것이 나의 생각이기 때문이다. 이제 내가 할 일은 똑같은 승조원들과 지원팀을 데리고 의사소통과 행동방식을 바꿔내 산타페함의 전투력을 극적으로 끌어올리는 것이었다.'

저자인 데이비드 마르케는 여실견을 이루었다. 문제의 원인을 찾기 위해 감정을 빼고 정확하게 현상을 파악했다. 우리는 이러한 과정을 흔들리지 않고 꿰뚫어 본다고 하며, 한 단어로 줄여보면 통찰력을 갖는 과정이다.

리더가 다 잘할 필요는 없다

> 너 혼자 다 하려 하지 말고, 능력 있는 사람을 뽑아 분담하라.
>
> – 『성경』, 「출애굽기」 -

회사생활을 하면서 선배로서 가장 체면이 상할 때가 언제일까. 저마다 다를 수 있겠지만 후배들이 묻는 말에 대답하지 못할 때 체면이 상한다. 그 상황보다 더 최악인 상황은 내가 애매하게 말하는데, 상대방이 전혀 이해하지 못할 때이다.

세상을 살다 보면 우리가 모든 것을 알지 못한다는 사실은 알 것이다. 내가 모르는 분야도 있고, 못하는 분야도 있다. 그럴 때 리더는 어떻게 해야 하는가.

太上不知有之 其次親之 其次畏之 其次侮之
(태상부지유지 기차친지 기차외지 기차모지)

信不足焉 有不信焉 (신부족언 유불신언)

悠兮其貴言 (유혜기귀언)

功成事遂 百姓皆謂我自然 (공성사수 백성개위아자연)

가장 뛰어난 리더는 백성이 그 존재조차 모른다.

그 다음은 백성이 그를 가까이 여기고,

그 다음은 그를 두려워하며,

가장 낮은 리더는 백성이 그를 업신여긴다.

신뢰가 부족하면, 백성 또한 리더를 믿지 않는다.

훌륭한 리더는 말이 적고 조용히 행동한다.

일이 이루어지고 성과가 나면, 백성은 말한다.

"우리가 스스로 해낸 것이다."

- 『도덕경』 -

맨 마지막의 "우리가 스스로 해낸 것이다."라는 말이 중요하다. 스스로 답을 찾아낼 수 있게끔 질문을 잘 던질 수 있는 능력이 필요하다. 내가 모르는 분야에 대해 알려고 들면 성장의 효율이 나빠질 수밖에 없다. 시간은 유한한데 해야 할 일은 많기 때문이다.

리더로서 우리는 무엇을 스스로 해야 하는가. 리더가 잘할 수 있는 일에 투자를 해야 한다. 리더의 일은 질문을 던지는 것이다. 능력을 가진 실무자가 답을 찾아낼 수 있게 만들어야 한다. 그런 일이 리더가 해야 하는 일이다.

그러기 위해 나에 대한 공부를 하고, 문제 해결능력을 기르는 것이 아닐까. 내가 모든 것을 다 하려고 하면 효율성이 떨어진다. 효율적인 성장을 위해서는 다 잘하려고 하는 것보다 내가 잘할 수 있고 해야 할 일에 신경 쓰는 것이다. 이를 먼저 생각해 보는 것이 어떨까.

리더는 구성원들을 어떤 사람으로 만들어야 하는가. 팀장이 없어도 스스로 하는 사람으로 만들어야 한다. 구성원들을 통제하고 싶다는 착각에 빠질 때가 있다. 팀장은 구성원을 통제하는 사람이 아니다. 구성원들이 자유롭게 자신의 일을 펼칠 수 있도록 만드는 사람이다.

통제력은 오히려 영향력을 줄인다. 모든 일을 통제하고자 하면 어떻게 될까. 군대의 문제점 중 하나가 이것이다. 하나부터 열까지 모두 통제를 받는 군대에서 리더의 영향력은 절대적이다. 화장실 가는 것까지 허락받고 가야 하는 곳이다. 그런 군대에서 만약 지휘자가 사망한다면 어떻게 될까. 지휘자를 잃은 조직은 순식간에 와해된다. 사람이 여러 명인데 뇌가 하나밖에 없으면 어떻게 되겠는가. 갑자기 팔이 뇌 역할을 해야 한다면 적응하는 데만 오랜 시간이 걸린다. 상명하복의 가장 큰 문제점이다. 통제가 효율적이라 여기며 자율성 없이 통제만 했을 때 조직은 생각 없는 바보들만 존재하게 된다.

리더가 무슨 일을 하든지 간에 구성원들의 능력을 믿지 못해서 직접 해버리면 안 된다. 일부 관리자들이 자초하는 악순환에 빠지지 않아야 한다. 관리자가 구성원들의 일을 대신할수록 구성원들의 능력은 그만큼 떨어진다. 부모가 자식의 일을 모두 대신해 주려 할 때 자식의 능력이 떨어지는 것과 같은 맥락이다.

결국은 책임감을 심어줘서 자신의 일을 알아서 할 수 있도록 만들어야 한다. 위임을 통해 책임감을 배우고 독립적으로 일처리를 한다. 그렇지 않고 시키는 일만 하는 사람은 성장이 없다. 지시만 하는 부모에게서 큰 아이에게는 선택이 무엇인지 모른다. 지시나 명령이 없으면 무엇을 해야 할지 모른다. 노예이자 로봇이다. 입력시켜야만 움직인다면 무슨 소용이 있겠는가. 차라리 진짜 로봇을 데려와 쓰는 것이 더 효율적일 수 있다. 사람이 로봇과 다른 것은 생각하는 힘 때문이다. 로봇을 통제할 수 있는 사람이 되어야지 로봇이 되어서는 안 된다.

 권한을 상사만 갖고 있고 하위조직에는 권한 없이 오로지 명령에 대한 복종만을 요구한다. 이렇게 되면 권한이 없는 하위조직에는 책임도 없다. 권한과 책임이 없으니 개인의 성장은 물론이고 성과조차 나지 않는다. 구성원들이 스스로 일을 하게 하려면 권한과 책임 모두를 부여해야 한다.

 리더가 먼저 해결책을 제시하려는 충동을 억제하라. 리더가 하나부터 열까지 통제하고 답을 제시한다면 구성원의 입장에서는 자신의 권한은 없고, 권리가 침해되고, 능력을 무시하는 것같이 느낀다. 또한 책임의 범위를 축소시키기 때문에 소극적이게 된다. 리더가 대안을 제시하는 것은 영향력을 행사하기 위함도 있다. 그러한 욕구를 반드시 자제해야 한다.

 리더는 불필요한 말이 없어야 한다. 해결책을 제시하려고 말하지 말고 기다려야 한다. 말하려는 욕구를 통제하는 연습부터 해야 권한위임을 해낼 수 있다.

나를 믿는 마음

無信不立(무신불립)

신뢰가 없으면 설 수 없다.

- 『논어』 -

우리는 언제 믿음을 갖는가. 믿음의 대상이 종교일 수도, 사람일 수도, 상황일 수도, 가족일 수도, 친구일 수도 있다. 그렇다면 왜 믿는가. 다양한 이유가 있겠지만 모두가 공통적으로 하는 말은 예측가능성에 있다. 상대가 나에게 좋은 것을 줄 것이라는 믿음이다. 만약에 별다른 이유 없이 믿음이 생긴다면, 막연한 믿음이라면 경계해야 한다.

믿음의 정의는 신뢰하거나 확신하는 마음이다. 기대의 수준을 충족할 것이라는 예상이 들 때 믿음이 된다. '우리 아버지는 나에게 잘해줄 거야. 나를 사랑하니까.', '팀장님은 나에게 좋은 평가를 줄 거야. 내가 열심히 했으니까.' 이런 식으로 믿음이 생긴다. 교회를 다니는 분들은 그리스도가 우리를 구원할 것이라는 기대를 들어줄 것이라 확신하기 때문에 신실한 믿음이 생겼을 것이다. 다음에 무엇이 올 것인지를 안다면 우리는 믿음을 갖는다.

과거에 유행한 '근자감'이라는 유행어가 있다. 근거 없는 자신감이라는 뜻이다. 근거 없는 신념은 믿음이 될 수 없다. 기대가 왜 오는지를 모르기에 믿음으로 연결되지 않기 때문이다.

주변에 자신감 있는 사람들을 한 번 떠올려 보자. 그 사람들은 어떤 특징을 갖고 있는가. 행보에 거침이 없고, 자기에게 확신이 있으며, 자기 주관이 뚜렷하고, 자기의 기준대로 살려고 노력하는 사람들을 보고 보통 자신감이 있다고 생각한다.

자신감(自信感)이란 나(自)를 믿는(信) 마음(感)이다. 내가 이 정도 해낼 수 있다고 확실하게 믿는 것이다. 그러기 위해서는 근거가 필요하다. 우리의 삶은 그 근거를 만들어가는 과정이라고 본다. 남이 나를 알아주지 않아서 괴로운 것은 나를 믿지 못하기 때문이다.

내일의 내가 오늘보다 나을 것이라는 믿음, 그 근거를 갖기 위한 오늘의 노력. 이것이 자신감을 만든다. 그래서 내가 기대하는 나의 모습만큼 내가 성과를 낼 수 있다. 그 상태를 만들어 내는 것이 중요하다.

이 책을 읽는 독자들께 꼭 물어보고 싶다. 이 각박한 세상살이 속에서 나 자신도 나를 믿지 않는다면 누가 당신을 믿어주겠는가. 내일의 나에게 떳떳할 수 있게 오늘 정진한다. 그렇게 나에 대한 믿음의 근거가 하나씩 쌓여가는 과정을 성장이라 부르고, 그것이 우리가 살아가야 하는 인생이라고 본다.

3 영원은 순간의 연속이다

> 영원은 순간 속에 있다.
>
> - 메리 올리버 -

내 가족들에게 가보 같은 종이가 한 장 있다. 할아버지께서 직접 자필로 쓰신 '영원은 순간의 연속이다.'라는 글귀다. 종이가 누래질 만큼 시간이 흘렀어도, 내 마음속에서 밝은 빛으로 남는 글귀다.

여러분은 이 문장을 보면서 어떤 생각이 들었는가? 영원히 기억되기 위해서 순간순간을 최선을 다해야 한다고 생각한다. 할아버지께서 내 마음속에 영원히 살아 계신 것은 매 순간 보여주셨던 성실한 사랑 때문이라고 생각한다. 그 성실함이 영원을 만든다고 믿는다.

배움의 길

> 學而時習之不亦說乎(학이시습지불역열호)
> 공부하고 때에 맞게 익히면 기쁘지 아니한가.
>
> - 『논어』 -

　영원해지기 위한 첫 번째 조건은 배움이다. 그냥 배움이 아니라 성실한 배움이다. 그렇다면 배움이란 무엇일까. 나는 이야기를 참 좋아한다. 다른 사람들이 살아온 이야기가 참 재미있다. 이러한 종류의 이야기를 유식한 말로 인문학이라고 한다.

　내가 인문학을 좋아하는 이유는 방법을 배울 수 있기 때문이다. 유사한 상황에서 어떻게 행동해야 하는지를 배울 수 있기 때문이다. 그래서 여가시간에는 봤던 영화나 책을 몇 번이고 돌려보기도 한다. 몇 번씩이나 반복되는 이야기 속에서 어떻게 할 것인가 하는 섀도우 복싱, 그 안에서 사람이 성장한다고 생각한다.

　미국 언론인 얼 쇼리스는 가난한 자들에게 인문학을 가르쳐야 한다고 주장한 사람이다. 빈곤 문제를 해결하기 위한 방법을 찾다가 교도소에서 한 여성 재소자를 만났고, 부자와 빈자의 차이는 인문학을 배웠는가, 배우지 못했는가에 있다는 사실을 깨달았다.

　가난한 사람들에게는 먹을 것과 잠잘 곳도 중요하지만 우선적으로 필요한 것은 재활의지, 즉 자존감을 회복하는 일이었다. 자존감

회복을 위해 철학과 시, 역사 등 인문학을 가르침으로써 노숙자들이 사회로 복귀하여 꿈을 실현할 수 있도록 만들었다.

얼 쇼리스는 그들에게 삶에 대해 성찰하는 방법을 가르치고자 하였다. '빈민은 열악한 환경과 불운이라는 포위망에 둘러싸인 사람들이다. 포위망에 갇히면 할 수 있는 일이란 생존을 위한 즉각적 대응밖에 없다. 하지만 즉각적 대응 대신 반성적이고 성찰적인 사고를 할 수 있게 된다면 삶이 달라진다.'[7] 얼 쇼리스의 말이다. 새롭게 시작하는 삶을 가르쳐 주는 힘, 그것이 인문학이다.

인문학을 접하기만 해서는 안 된다. 반드시 배워야 한다. 2주 전에 먹었던 점심 메뉴가 기억나는가? 기억나지 않을 것이다. 곱씹지 않아서 그렇다. 내가 같은 영화를 반복해서 보는 이유이기도 하다.

아인슈타인은 이렇게 말했다. '배움이란 경험이며, 그 밖의 모든 것은 단순한 정보에 불과하다.' 내가 스스로 가장 성장한다고 체감할 때는 곱씹은 경험을 할 때다. 배움이 실전에서 활용될 때 비로소 나에게 즐거움으로 다가왔다. 그래서 여러분들에게 곱씹기를 추천한다.

영원은 순간의 연속이라는 말은 성실함에 대한 이야기다. 성실하게 곱씹고, 곱씹은 내용을 체화시켜야 한다. 그렇게 내 속에서 영원해진 소재들은 내 삶의 영원으로 이어진다.

나만의 무기를 갈고 닦자

> 자신을 발견하는 것이 진정한 성장이다.
>
> - 카를 융 -

'저는 이 회사를 평생 다닐 겁니다.'라는 말을 비웃는 세상이 왔다. 그 누구도 이 말을 믿지 않는다. 과거에는 종신고용이라는 형태로 정년까지 안정적으로 일하는 시대였다. 오늘날에는 이런 이야기가 옛날 이야기 취급된다. 신입 사원을 채용해도 2년이면 그만두거나 이직하는 경우도 있다. 이직에 대한 광고를 자주 접할 정도로 평생직장에서 거쳐가는 경유역처럼 되었다.

이런 시대에서 우리가 가져야 할 마음가짐은 대체 불가능한 사람이 되는 것이다. 대체 불가능해져야만 선택의 폭이 달라진다. 중요한 것은 소속이 아닌 실력, 그리고 직함이 아닌 역량이다. 시대는 빠르게 변화하고, 기술은 끊임없이 진화하며, 시장은 그 어느 때보다 냉정하다. 그런 예측 불가능한 세상 속에서 대체 불가능한 인재가 되기 위해서 어떻게 해야 할까.

내가 장담하건대 대체 불가능한 사람이 되는 방법에 대해서 구체적으로 알려줄 수 있는 사람은 '나 자신'밖에 없을 것이다. 커리어는 '회사'라는 선로 위를 달리는 기차가 아니라, 내가 직접 조종하는 비행기다. 연료를 채우고, 방향을 정하고, 목표 고도를 설정하는 모든 결정은 나의 몫이다. 스스로 배우지 않으면, 아무도 가르쳐 주지 않는다. 스스로 성장하지 않으면, 아무도 성장시켜 주지 않는다.

나만의 무기가 무엇인지 고민해 보고, 그것을 갈고 닦는데 시간을 투자해 보자. 그 무기를 갈고 닦는 순간순간이 나의 영원을 보장해 줄 것이다.

나는 영원하고 싶다

> 호랑이는 죽어서 가죽을 남기고, 사람은 죽어서 이름을 남긴다.
>
> - 한국 속담 -

미국에서 할리우드 명예의 거리를 가본 적이 있다. 그 거리에 담겨 있는 무수히 많은 연예인들처럼 영원히 기억되고 싶다는 뜻은 아니다. 나의 긍정적인 에너지가, 내 매일의 성실함이, 성실함을 통해 얻어낸 나의 성장이 세상에 조금이라도 보탬이 되고, 그 보탬의 은은한 여운이 세상에 영원히 남고 싶을 뿐이다.

그래서 항상 최선을 다한다. 많은 사람들이 내게 자주 묻는 말이 '왜 그렇게까지 하세요.'라는 말이다. 그 질문에 대한 나의 답이다. 평상시에 최선을 다해 버릇하지 않으면, 정작 중요한 순간에 최선을 다할 수 없다.

앞에서 '최선'이라는 표현을 썼다. 우리는 이 최선이 최선(最先)으로 알고 있는데, 정식 표기는 최선(最善)이라는 착할 선이 들어가 있다. 선(善)이라는 단어를 사전에서 찾아보면, 착하다, 좋다, 잘하다의 뜻이 있다. 좋다, 잘한다라는 말이 착하다는 말이다. 여러 가지 중에서 가장 좋은 것이라는 말이다. 좋다라는 말을 사전적으로 알아보자.

첫 번째, 보통 이상의 수준으로 만족할 정도가 된다.

두 번째, 인격이 원만하거나 선하다.

세 번째, 말씨나 태도가 상대의 기분을 언짢게 하지 않을 만큼 부드럽게 말한다.

네 번째, 건강 상태가 보통 이상이다.

다섯 번째, 사람이 체면을 가리지 않거나 염치가 없다.

여섯 번째, 날씨가 맑거나 고르다.

일곱 번째, 넉넉하다.

여덟 번째, 어떤 행동이 문제 될 것이 없다.

아홉 번째, 긍정적인 효과를 미치는 성질이 있다.

열 번째, 어떤 일을 하는 데 적합하다.

좋은 사람이 되기 위한 과정은 열 가지를 모두 충족해야 가능하다. 스스로의 만족이 있어야 하고, 원만한 관계를 맺을 수 있어야 한다. 몸과 마음이 건강해야 한다. 체면을 가리지 않는다는 말은 그 사람이 언제 어디서든 자존심을 내세우지 않고 누군가의 비웃음에도 비위가 좋게 대응한다는 말이다. 늘 일정한 감정으로 평온하게 받아들인다. 어떤 일을 하든 적합하게 하고, 그러한 긍정성을 전파한다.

가장 좋은 사람이 되기 위해 노력한다. 가장 좋은 사람이 되기 위한 순간의 노력들이 내 거창한 바람인 '영원히 여운으로 남는 것'을 만들어 줄 것이라 믿어 의심치 않는다.

4 빈수레가 요란하다

> 연탄재 함부로 발로 차지 마라
> 너는 누구에게 한 번이라도 뜨거운 사람이었느냐?
>
> - 안도현, 「너에게 묻는다」-

가장 덩치가 작은 치와와가 가장 요란하게 짖는다. 가장 요란하게 짖는 이유가 본인의 약함을 들키지 않기 위함이다. 시끄러운 소리를 통해서라도 내가 약하지 않다는 것을 증명하기 위함이다. 이처럼 우리가 으스대거나 하는 것은 스스로의 부족함을 인정하는 것이다.

우리는 앞에서, 내가 스스로에 대해 잘 알아야 한다는 이야기를 했고, 내가 안다는 것들이 얼마나 구체적인지 않은지에 대해 깨달았으며, 영원히 기억되기 위해서 어떻게 해야 하는지도 살펴보았다. 앞의 내용들을 읽으면서 여러분은 이런 생각을 했을 것이다.

'이걸 내가 과연 다 해낼 수 있을까. 나는 이 정도밖에 안 되는 사람인데, 과연 언제쯤 나아질 수 있을까.', '무엇으로 허무함을 채울 수 있을까?', '어떻게 해야 세상에 오래도록 남을 수 있을까.' 이런 고민을 하는 경우가 있다. 그러나 이 고민들을 너무 요란하게 떠들지 말자. 요란해야 할 것은 오히려 그 답을 찾기 위한 '행동'이다.

생각을 요란하게 할 필요는 없다. 자신을 비난하거나 불신할 이유도 없다. 스스로를 찾아가는 여정을 요란하게 해보자. 그렇게 시끄럽게, 분주하게 채워나가다 보면 그 무게로 인해 오히려 중심이 잡힌다.

마음챙김

> 훌륭한 일을 하는 유일한 방법은
>
> 당신이 하는 일을 사랑하는 것이다.
>
> - 스티브 잡스 -

인문학이든 자기계발서든 다양한 곳에서 스스로 좋아하는 일을 할 때 능률이 좋다는 말을 한다. 스티브 잡스가 말했듯, '좋아하는 일을 하는 것'이 위대한 일을 가능케 한다. 틱낫한 스님은 '지금 이 순간의 기쁨을 볼 줄 알아야 한다'고 말했다. 좋아하는 일을 매일 해내는 것은 지금 이 순간을 살아내는 가장 실제적인 마음챙김이다.

훌륭해지기 위해선 마음을 잘 다스리는 것이 중요하다. 내 감정과 욕구, 에너지를 내가 원하는 방향으로 이끌어야만 한다. 마음이 흐트러지면 집중력은 깨지고, 지속성은 약해진다. 반대로 내가 좋아하는 일, 나와 잘 맞는 일에 몰입할 때는 피로보다 만족이 앞서고, 결과물의 질 또한 높아진다.

나를 채운다는 것은 내 마음을 채운다는 것이다. 내 마음을 어떻게 채울 수 있을까. 내가 예측 가능한 결과를 낼 수 있도록 나만의 루틴을 만들어 내어야 한다. 인생에서 나만의 성장 루틴이 필요하다.

결국 마음챙김이란 내가 좋아하는 일을 인식하고, 그것을 매일의 삶 속에서 실천해 내는 과정에 있다. 내가 무엇을 좋아하는가, 어떤 일을 할 때 나다워지는가에 대한 자각은 자기이해의 시작이자 성장의 열쇠. 그리고 그 '좋음'을 기반으로 만들어 낸 결과물이야말로 성장의 발판이 된다.

좋아하는 일을 꾸준히 해내며 결과물을 만들어가는 과정은 삶의 방향성을 정립해 주고, 자존감과 동기를 높여준다. 그러므로 우리는 '좋아하는 것'을 단순한 취향으로 끝내지 말고, 삶의 동력으로 활용해야 한다.

응원챙김

당신이 보는 모든 현상은,

바로 당신이 '존재하는 방식'의 결과다.

- 데이비드 호킨스 -

인생에서 가장 중요한 것은 관계 맺음이다. 어떤 관계를 맺는가에 따라 많은 결과물이 달라진다. 짐 론이 나와 함께하는 5명의 평균이 나라고 말하는 것처럼 누구와 함께하는가에 인생의 진로, 결과가 달라진다.

이를 위해 두 가지 행동이 필요하다. 첫째, 나를 응원할 사람을 많이 만들어라. 둘째, 나를 응원해 주고 있는 사람을 놓치지 말라.

인간은 사회적 지지가 필요하다. 나와 함께하는 이들이 나를 어떻게 평가하는지 듣고, 개선점을 물어보며 고쳐야 한다. 타인의 지지를 받아야 한다고 해서 모두의 말을 들을 필요는 없다. 타인의 기준에 휘둘릴 필요는 없지만, 내가 중요하게 여기는 사람들이 지속적으로 지지를 보낼 수 있을 만큼 상대의 기대에 부응할 수 있는 정도로 되어야 한다.

그렇게 이어진 사람들의 신뢰를 잃지 않아야 한다. 나를 지지해 주는 사람들에게 실망을 주지 않기 위해 내가 더 노력한다. 그리고 그들이 나를 응원하도록 만들어야 한다. 그 사람들은 왜 나를 응원하고 지지하는가. 내가 그들에게 어떤 가능성과 믿음을 보여주었기 때문이지 않을까. 상대가 보내는 믿음에 보답하기 위해 긍정적인 선순환이 일어난다.

데이비드 호킨스의 감정의 에너지 수준 이론이 있다. 이론을 살펴보면 사람의 마음도 중력의 영향을 받는다고 나온다. 낮은 감정, 부정적인 것들은 무거운 진동수를 갖고 있고, 밝은 감정들은 가벼운 진동수를 갖는다. 마음도 중력의 영향을 받는다. 부정적인 감정은 중량이 무겁기에 나를 심연으로 끌어 앉힌다.

긍정적인 감정은 중력과 반대방향이라 중력의 힘보다 더 강한 힘이 있어야만 하늘로 날아간다. 기분이 좋을 때 붕 뜨는 느낌이 드는 이유도 이것에 있다. 위로 성장하기 위해서는 부정적인 에너지를 끊어내고 위로 올라가게끔 하는 긍정적인 에너지를 모아야 한다. 열기구처럼 말이다. 주변 사람들의 긍정적인 응원을 많이 모아 내가 심연까지 깊숙하게 빠지지 않도록 스스로를 지켜야 한다.

우리가 해야 할 일은 두 가지다. 주변의 긍정 에너지를 모으는 것과 부정적인 에너지를 끊어내는 것이다. 가장 중요한 일은 부정적인 에너지와의 이별이다. 나를 진흙탕에 빠지게 놓아두어선 안 된다. 어차피 인생은 평평한 길만 갈 수 없다. 나를 힘들게 하는 길도 반드시 나오게 되어있다. 하지만 긍정 에너지를 갖고 하늘을 나는 것처럼 붕붕 떠서 걸어간다면 진흙에 힘겹지 않은 삶이 될 것이다.

나에게 '근거 없이' 안 된다고 말하는 사람들과 멀어져야 한다. 내 가장 친한 친구, 내 가족이 나보고 불가능하다고, 안 된다고 말하면 그들과 멀어져야 한다. 내 발목을 잡고 있는 쇠사슬을 끊어낼 수 있는 것은 나 자신밖에 없다.

결과챙김

> 작은 걸음을 쌓지 않으면 천리에 이르지 못하고,
> 작은 물줄기를 모으지 않으면 강과 바다가 되지 않는다.
>
> - 『순자』 -

　인생을 살면서 성공 경험은 반드시 필요하다. 성공은 단순히 성과를 넘어, 나 자신에 대한 이해를 돕고 성장의 방향을 확인하게 해준다. 내가 만들어 낸 결과물은 나를 측정할 수 있는 기준이 된다. 측정할 수 있을 정도의 명확한 결과물을 만들어 내는 것은 단순한 성취를 넘어 자기 성찰의 시작점이기도 하다.

　나를 알기 위해서도, 나를 성장시키기 위해서도 결과물은 필수적이다. 노력만으로는 성장하지 않는다. 내가 어떤 결과물을 만들어 냈는가에 따라 그 노력은 의미를 갖는다. 결과는 노력의 이정표이며, 그 결과가 다음 발걸음을 가볍게 하거나 무겁게 할 수 있다.

　작은 도끼질도 계속하면 큰 참나무를 쓰러뜨릴 수 있다. 좋은 결과물은 결코 한순간에 완성되지 않는다. 사소한 습관, 작지만 반복되는 노력이 쌓여 결국 태산을 만든다. 그러므로 지금 당장 큰 것을 이루지 못하더라도, 작은 일부터 결과물을 만들어 내는 습관이 중요하다.

　사람은 음식을 섭취해 에너지로 바꾸고, 그 에너지를 통해 새로운 일을 해낸다. 마찬가지로 우리는 삶의 경험과 배움을 '내면의 자양분'으로 삼아 무언가를 만들어 낸다. 내가 어떤 가치를 만들어 내는지는 오롯이 내 선택에 달려 있다. 그 가치는 내가 만들어 낸 결과물에 의해 품질이 달라진다.

    그러니 작은 일을 하더라도 결과물을 만들어 내자. 작다고 무시하지 말고, 작은 일에도 신경 써서 하나씩 이루어 가보자. 그렇게 쌓인 티끌들이 결국에는 나를 이루고 지지해 주는 받침대가 된다.

5 '나' 공부

> 思念動畵 不消行現(사념동화 불소행현)
>
> 내가 바라는 모습을 구체적으로 생생히 그리면
>
> 현실에 일어나지 않을 수 없다.
>
> - 고사성어 -

우리는 이번 장에서 왜 나를 알아야 하는지, 우리가 얼마나 안다고 착각하고 있는지, 그것을 딛고 어떤 다짐을 할 것인지, 나를 어떻게 알아갈 것인지를 알아보았다. '나'에 대해서 잘 아는 이 과정이 앞에서 말했던 나만의 리더십 만들기(커스터마이즈)에 중요한 부분이라는 점을 이해했으면 좋겠다. 구체적으로 꿈을 꾸자. 생생히 꿈을 그려보면 현실에서 그 결과물을 만들어 낼 수 있다.

1. 자기고양 편향이라는 색안경을 빼고 분명하게 자신을 인식

하자.

2. 나를 아는 자기 인식이 되어야 어떤 일이든 가능하다.
3. 나에 대한 질문을 던져보고, 그에 대한 답을 내려보자.
4. 내가 안다고 착각했던 일이 무엇인지부터 깨닫자.
5. 내가 무엇을 할 수 있고, 할 수 없는지 구분해라.
6. 늘 나를 믿는 마음이 있어야 한다. 자신감이 없이는 어떤 일이든 길게 이어가지 못한다.
7. 영원해지기 위해 순간에 최선을 다하라.
8. 좋은 사람이 된다는 것은 어려운 일이다. 좋은 사람이 어떤 것인지부터 살펴보라.
9. 빈 수레가 요란하다. 가볍고 얇은 경박한 사람이 아니라 늘 조심스러운 신중한 사람이 되어라.
10. 내 마음을 살피고, 내 관계를 살피며, 내 결과물을 살펴보라. 그것이 내가 된다.

DO

질문하는 리더의 행동 전략

팀장님은 늘 이렇게 말씀하셨다.

'나는 말보다 행동으로 보여준다.'

그래서 회의 때마다 아무 말씀도 없으셨다.

생각만 많은 리더는 멈춰 있고,
말만 많은 리더는 공허하다.
결국 리더는 말과 행동이 일치할 때
진짜로 움직인다.

1 기변지교

> 리더십은 정답을 말하는 것이 아니라,
>
> 새로운 상황에 적응하면서 해법을 만들어가는 과정이다.
>
> - 로널드 하이페츠 -

리더는 상황에 변할 수 있어야 한다. 동물(動物)이라는 단어는 움직이는 물체라는 뜻이다. 세상이 변하는데 나만 가만히 있을 수는 없다. '가만히'라는 뜻에는 고집도 포함된다. 강한 고집을 부린다는 건 기존의 행동을 절대 변화시키지 않겠다는 의지이기에 반드시 충돌에 직면하게 된다.

    국문학을 강의하시는 교수님을 뵌 적이 있었다. 그때 교수님께서 하신 말씀이 충격적으로 다가왔다. 국어 교수로 생활하고 있는 본인은 절대 영어를 쓰지 않는다고 하시며 자랑스럽게 말씀하셨다. 상점에서 영어 쓰는 사람을 지적했다는 말씀을 들으며 과연 올바른 행동인지 다시 생각하게 되었다. 글로벌 사회인 이 시대에서 모국어만 고집하는 교육이 옳은 것인지 의문이 들었다.

변하지 않음이 얼마나 무서운가. 주어지는 상황에 따라 달라지는 것이 현실이다. 사회에서 살아가다 보면 정답이 정해져 있지 않음을 알게 된다. 오늘은 맞다고 한 일이 내일은 틀릴 수 있다. 맞다고 고집할 것이 아니고, 틀리다고 슬퍼할 일이 아니다.

기변지교(機變之巧)란 때에 맞게 수단이 변해야 한다는 말이다. 휴대폰을 변경할 때 기기변경을 한다고 말한다. 내가 가진 기기가 오래되어 기능이 잘 안되고, 배터리도 빠르게 소모되어 원활하게 쓸 수 없다면 기기를 변경해야 한다. 시대에 맞는 휴대폰이 나온다. 고사양의 휴대폰이 나오면 당연히 과거에 쓰던 휴대폰보다 좀 더 나은 휴대폰을 쓸 수 있는 기회가 있다.

상황에 맞지 않기에 기기를 변경하는 것처럼 상황에 맞게 나를 바꾸는 능력, 그것이 기변지교의 뜻이다. 교(巧)란 솜씨나 꾀 따위가 재치가 있고 교묘하다는 뜻이 있고, 두 번째로 우연히 일어나 매우 기이하다는 뜻이 있다.

우리가 기변(機變)을 해야 하는 이유는 이 세상에 일어나는 무수히 많은 우연과 뜻하지 않던 사실들과 마주했을 때 변해야 하기 때문이다. 살면서 예상하지 못한 일들이 일어난 적이 얼마나 많은가. 계획을 세웠지만 계획처럼 된 적이 몇 번 되지 않음을 우리는 알고 있다.

기(機)는 틀, 기계, 기미를 의미한다. 우리가 쓰는 기계는 무언가를 만들어내기 위해 원재료가 필요하다. 원재료에 따라 기계가 달라질 수 있다. 무엇을 넣는가에 따라 도출되는 결과물이 달라진다. 무엇을 넣는가, 무엇을 보는가, 무엇을 생각하는가에 따라 달라진다.

우리가 맞닥뜨린 현상에 대해 다른 결과가 나오기 위해 기계를 변화시켜야 한다. 딱딱한 원재료에는 더 강한 힘으로 분쇄하고 조합하는 기계가 필요하고, 무른 소재의 원재료는 약한 힘으로 오랫동안 형태를 유지하도록 만드는 기계가 필요하다.

그때그때 상황에 따라 우리가 맞닥뜨린 변화를 파악하여 교묘(巧妙)함과 공교(工巧)함을 가지고 능수능란하게 대처해야 한다. 즉, 적재적소에 알맞은 모습이 나올 수 있도록 유연한 사고를 가져야 한다.

상황에 따라 움직여라

바람의 방향은 바꿀 수 없지만, 돛은 내가 조절할 수 있다.

- 지미 딘 -

변화에 민감한 동물에 대해 알아보자. 파충류나 어류는 변온동물로 외계의 온도에 의해 체온이 변한다. 활동 범위는 온도에 따라 제한된다. 온도변화에 민감해 극지방이나 밤에는 활동이 제한되고, 추운 계절에는 동면하는 등의 생존전략을 발휘해야 살아남을 수 있다.

긴 시간 먹이 없이도 견딜 수 있고, 건조지대나 저산소 환경에서도 살아남는 힘이 있다.

인간은 정온동물이다. 기온과 관계없이 일정한 체온을 유지할 수 있다. 체내에서 발생한 열로 일정한 체온을 유지할 수 있다. 추위와 더위에 잘 적응하고, 계절의 변화에 관계없이 일정한 활동이 가능하다. 단, 적응에 시간이 걸릴 수는 있다.

에너지 효율이 높기에 극한의 상황에서 생존하기 위해서는 변온동물이 유리하다. 위기 상황일 때는 상황이나 환경에 나를 맞춰야 한다. 반대로 복잡한 상황이나 종의 다양성 측면이나 항상성을 갖고 움직이고자 한다면 정온동물이 우위에 있다.

리더는 이 두 가지 유형의 태도를 모두 가져야 한다. 어떤 위기 상황에 직면했을 때 그 순간에 맞게 나를 내려놓고 맞춰야 한다. 극한에서 살아남으려면 내 고집이나 활동성을 높이는 방법도 필요하겠지만 상황에 맞게 유연하게 대응해야 한다.

위기 상황이 아닌 조직원과의 관계, 목표 달성 등에 있어서는 항상성 있는 태도로 가야 한다. 원만한 관계를 맺어 신뢰관계를 쌓아야 한다. 리더의 일에 정답이란 존재하지 않는다. 상황에 맞는 답이 주어질 뿐이다. 이러한 사실을 알아야 무엇이 정답인지 고민하기 전에 상황에 맞는 해답이 무엇인지를 찾아야 한다.

감정적인 사람이랑 대화할 때는 감정선에 맞춰야 하고, 목표가 없는 사람에게는 목표를 제시할 수 있어야 한다. 헛소리를 하는 사람에게는 따끔하게 멈추도록 해야 하고, 조언을 구하는 사람에게는 도움을 줄 수 있어야 한다.

　야구에서 투수는 다양한 종류의 공을 던진다. 빠르게 직선으로 꽂히는 직구, 날카롭게 휘어지는 슬라이더, 갑자기 느려지는 체인지업 등을 적절하게 배합하여 타자가 공을 칠 수 없게 만든다. 그런 변화에 대해 타자가 가져야 하는 마음은 무엇인가.

　첫째, 유연한 사고다. '직구가 올 것이다'라고 미리 단정하면 변화구에 속는다. 마음을 열고 여러 가능성을 염두에 두어야 한다. 미리 단정짓는 태도를 버려야 한다.

　둘째, 민첩한 대응이다. 머뭇거리면 헛스윙이다. 변화의 신호가 왔을 때, 재빨리 반응할 수 있는 판단력과 용기가 필요하다. 빠르게 변화하려면 능숙해야 한다. 이 능숙함을 위해 수천 번 수만 번의 연습을 한다. 연습을 통해 다양한 경험을 한다. 경험을 많이 해야 하는 이유가 이러한 다양성에 대해 빠른 변화를 하기 위함이다.

　셋째, 무너지지 않는 중심이다. 어떤 변화 앞에서도 스스로를 잃지 않고, 자신의 스윙을 잊지 않는 것이 중요하다. 조짐에 따라 변해야 하지만, 나 자신이 변하면 안 된다. 상황에 따라 변하는 것은 '일하는 나', '관계하는 나'이다. 본연의 나는 변화에 흔들리지 않고 현상을 꿰뚫어 볼 수 있어야 한다.

　유연하고 민첩하고 무너지지 않는 중심이 있다면 스트라이크를 치지 못할지언정 넘어지지는 않는다.

사람에 따라 변하라

> 가장 효과적인 리더는 자신이 이끄는 사람들에 맞게
> 스타일을 맞출 수 있는 사람들이다.
>
> - 캔 블랜차드 -

『리더의 일』에서는 조직에는 고구마형과 감자형 직원이 있다고 말한다. 고구마는 신경 쓰지 않아도 잘 크지만, 감자는 손이 많이 간다. 회사의 직원도 고구마처럼 신경 쓰지 않아도 혼자 크는 사람이 있고, 감자처럼 신경을 많이 써야 하는 사람이 있다.

고구마형들은 자꾸 건들면 안 된다. 자기가 알아서 잘하고 있는데 왜 신경 쓰냐는 식이다. 물어보는 것 자체가 자신을 믿지 않는다고 생각한다. 이런 유형은 굳이 신경 쓰지 않아도 된다. 결과가 나왔을 때 판단해도 늦지 않다. 좋은 결과를 만들어내기 위해 혼신의 힘을 다해서 책임을 다할 것이다. 고구마형은 업무 경험이 충분한 사람이 대부분이지만, 경력은 짧은데 성향이 고구마형 같은 직원들도 있다. 그들을 위해서 능력을 발휘할 수 있는 장을 펼쳐주어야 한다. 밭을 제공해 주면 알아서 크기 때문에 크게 신경 쓸 필요가 없다.

감자형에게 고구마형 직원에게 하듯이 하면 안 된다. 시작하기 전, 중, 후로 계속 살펴서 설명하고 점검해야 한다. 신입들에게 감자형이 많이 보인다. 신입들에게 일을 던져놓고 결과물로 판단해서는 안 된다. 결과물이 나오도록 세심하게 돌보아야만 좋은 결과물로 이어진다. 감자형에게 '나는 너를 믿는다.'라고 하면 안 된다. 이는 헛소리밖에 되지 않는다. 감자 보고 고구마처럼 크라는 것이 말이 되지 않음을 이해해야 한다.

　리더도 고구마형과 감자형으로 나뉜다. 고구마형은 직원들이 알아서 잘할 것이라 믿고 맡긴다. 감자형은 세부적인 것까지 모두 확인하며 지시한다. 리더는 직원들의 유형에 맞게 변해야 한다. 고구마형에게는 고구마형 리더로, 감자형에게는 감자형 리더로 변해야 한다. 밭에 고구마만 심을 수 없고, 감자만 심을 수 없다. 모두 함께 자랄 수 있는 밭을 만들어야 한다.

　'많은 직원이 일을 통해서 성장한다. 관리자는 고구마형과 감자형 직원 모두를 살펴야 한다. 혼자서도 잘하는 직원은 스스로 일을 풀어나가도록 하고, 지도와 관심을 필요로 하는 직원은 꼼꼼히 챙긴다. 그러기 위해서 관리자는 부서원의 성향을 빠르게 파악하며 자신은 두 성향 모두를 헤아릴 줄 알아야 한다. 그래서 리더의 자리는 쉽지 않다.'[8]

　리더라면 긍지를 갖자. 『리더의 일』을 집필한 박찬구 회장님도 리더의 자리는 쉽지 않다고 하지 않은가. 우리는 이 어려운 일을 잘 해내고 있는 사람이다. 지금 잘 못한다 하더라도 이것을 알고 실천하다 보면 우리는 언젠가 목적지에 도달할 수 있을 것이다.

Deep & Pivot

> 나는 내가 할 수 있는 한의 최선의 것,
>
> 내가 아는 한의 최선의 것을 실행하고
>
> 또한 언제나 그러한 상태를 지속시키려고 한다.

- 링컨 -

우리 회사에서는 Deep & Pivot이 중요한 전략 중 하나이다. Deep & Pivot이란 깊게 전문성을 획득한 다음, 중심점을 옮겨가며 확장하는 전략이다. 어떤 일이든 내가 전문성을 가져야만 그 음 단계로 확장해 갈 수 있다. 다르게 이야기하면, 리더 자신이 온전하게 리더십을 발휘해야만 다른 분야의 리더십 발휘가 가능하다는 말이다.

짐 콜린스는 '평범함은 변화를 못 하는 것이 아니라, 일관성 없이 아무렇게나 변하는 데서 온다.'고 말했다. 아무렇게나 변하는 것이 아니다. 나를 중심에 두고 상황에 맞춰 변하는 것이다.

조짐에 따라 변화해야 한다고 해서 완벽하게 변할 필요는 없다. 내향성 리더가 외향성 리더로 변해야 한다는 말이 아니다. 내 역량이 미치는 선에서 최선을 다하면 된다. 억지로 자신을 바꾸려 애쓰다 보면, 오히려 본래의 강점을 잃고 불안정해진다. 진짜 변화란 자기다움을 유지하면서 상황에 맞게 조절하는 지혜다.

중요한 것은 내가 가진 패 중에서 가장 좋은 패를 선택해 내보이는 것이다. 반드시 최고의 카드가 아니어도 된다. 때로는 4번 타자가 아니라 7번 타자가 결정적인 안타를 친다. 핵심은 타이밍과 맥락을 읽고, 그 상황에서 가장 나다운 선택을 하는 것이다.

유연함이란 모양을 잃는 것이 아니라, 본질을 지키며 형식을 바꾸는 일이다. 물은 그릇에 따라 모양을 달리하지만, 물 그 자체는 변하지 않는다. 마찬가지로, 리더든 예술가든 부모든, 우리는 자기 본래의 성정과 능력을 바탕으로, 상황이 요구하는 방식으로 대응할 수 있어야 한다.

자신에게 없는 것을 애써 흉내 내려 하지 말고, 자신에게 있는 것을 가장 효과적으로 활용하라. 변화란 나를 부정하는 것이 아니라, 나를 이해하고 다듬는 과정이다. 그러니 상황이 바뀌었을 때는 억지로 누군가처럼 되려 하지 말고, 내 안에서 가장 유능한 나를 꺼내보자.

부족하면 부족한 대로 그에 최선을 다하면 된다. 완벽을 추구하지 않아도 된다. 대교약졸(大巧若拙)이라는 말이 있다. 매우 공교한 솜씨는 서투른 것 같아 보인다는 말이다. 총명한 사람은 뽐내지 않고 도리어 어리석은 사람처럼 보인다. 이는 1급수 청정한 물에는 물고기가 잘 살지 않는다는 말과 이어진다.

브레네 브라운이 저술한 『마음가면』에는 취약성에 대한 이야기가 나온다. 완벽한 리더보다 가끔 실수도 하고, 인간적인 면모를 보여주는 리더에게 더 마음이 간다고 한다. 안 되는 부분을 채우려고 노력하는 것보다 나의 취약성을 인정하고 나답게 살아가는 것이 중요하다. 내가 할 수 있는 선에서 '나다움'을 유지하는 것이 자연스럽지 않을까.

    본질을 바꾸려 들지 말자. 내가 직구를 잘 던지는 사람인데 어깨 구조 때문에 커브를 못 던지면 어깨를 상해가면서까지 커브를 던지려 하지 말고, 직구와 유사한 투구 폼 안에서 변화구를 잘 던질 수 있는지를 고민해야 한다.
    겔 타입의 물질은 자유자재로 변하는 특징이 있다. 본성이 바뀌는 것이 아니라, 외부의 압력이나 틀에 따라 형태가 달라진다. 겔은 유동성과 탄성을 지녔지만, 그것이 젤리든, 크림이든, 그 성분과 성질은 변하지 않는다.
    우리도 마찬가지다. 우리가 마주하는 상황은 끊임없이 바뀌고, 외부 환경은 예측할 수 없을 정도로 유동적이다. 하지만 이런 변화 속에서 우리가 해야 할 일은 본질을 지켜보면서도, 상황에 맞는 유연한 대응이다.
    흔히 변화에 적응한다는 말을 단순히 외부에 맞추는 것이라 생각하지만, 진정한 적응은 내 본질을 유지한 채 변화에 능동적으로 대응하는 것이다. 마치 겔처럼 형태는 바뀌더라도 본질은 유지되어야 한다.
    변화는 피할 수 없는 삶의 흐름이지만, '나다움'을 잃지 않는 유연한 적응이 지속 가능한 성장과 리더십의 핵심이다. 리더는 본질을 지키면서도 변화를 수용할 수 있는 힘이 필요하다.

공자가 이상적인 인간의 도리로 제시한 인(仁)의 실천 방식에 충서(忠恕)라는 방식이 있다. 충서라는 말은 자신의 진심을 다하고 남을 나처럼 생각하는 것이다. 충서(忠恕) 안에 있는 충(忠)을 보면 중심(中) 잡힌 마음(心)이다. 변하지 않는 하나의 가치를 갖고 있다. 중심축이 하나만 있기에 흔들리지 않는다.

만약 팽이에 중심축이 두 개라면 절대 오랫동안 돌지 못한다. 이를 중심이 두 개라고 하여 근심 환(患)이라고 말한다. 어느 곳에 중심을 두고 살아가야 할지 모르기에 늘 근심이 생긴다. 기준이 없으면 어떤 때는 도덕이 중요하고, 어떤 때는 내 이익이 중요하다. 내 본질에 상관없이 상황에 따라 바뀌다 보면 아무것도 얻는 것이 없다.

2 이 정도면 괜찮아

> 완벽함은 더할 것이 없을 때가 아니라,
> 덜어낼 것이 없을 때 완성된다.
>
> - 생택쥐페리 -

위대함의 적은 무엇인가. 위대함의 적은 실패도, 무능도 아니다. 이 세상에서 가장 위험한 벌레이자 적인 '대충'이다. 대충하라고 쉽게 말하지만, 이 대충이 위대함의 발현을 막는다.

대충이란, 말 그대로 '대강 추린 것'이다. 대강이란 자세하지 않은, 기본적인 부분만을 말한다. 대충하면 기본적인 것만 하고 세밀한 것은 하지 않는다는 말이다. 핵심을 짚는 것은 중요하나, 그 주변의 곁가지를 잊으면 안 된다.

위대함은 그 세밀함에서 비롯된다. 수많은 사람들이 비슷한 능력을 갖고 출발해도 끝이 다른 이유는, 어떤 이는 끝을 '다듬고' 어떤 이는 '대충' 넘기기 때문이다. 위대함을 향한 길은, 무조건 모든 일에 최선을 다하는 길이 아니다. 오히려, 무엇에 최선을 다할지 고르는 능력에서부터 출발한다. 모든 일에 시간을 쏟다 보면, 진짜 중요한 일에 쓸 에너지가 없다. 그러므로 우리는 두 가지를 명확히 해야 한다.

    시간이 걸리더라도 완벽을 추구해야 한다. 반대로 중요하지 않은 일에는 시간을 아껴서 꼭 필요한 곳에 투자해야 한다. 시간을 많이 투자해야 할 중요한 일과 애초에 하지 말아야 할 일을 구분해야 한다.

    우리의 윗사람들은 많은 것을 궁금해하고, 중요하게 생각한다. 모든 일을 중요하다고 판단해서 직원들에게 계속해서 확인하면 직원들의 할 일이 과해진다. 중요한 일에 투자할 시간이 중요하지 않은 일 때문에 소모된다. 그런 설정을 해주는 것 또한 리더의 역할이다.

    단칼에 필요 없는 것을 끊어내야 한다. 이 구분이 모호하면, 하루가 '바쁘게 흘렀지만, 아무것도 이루지 못한 날'로 끝나버린다. 무의미한 회의, 남의 기대에 끌려가는 행동, 스스로 중요하지 않다고 느끼는 일들을 미련 없이 잘라야 한다.

    'No'라고 말하지 못하면 우선순위를 정하지 못한다. 우선순위를 정하지 못하는 사람은 타인에게 자신을 맡기는 것과 같다. 스스로가 무엇을 해야 하고, 하지 말아야 할지를 모르기에 혼란에 빠진다. 'No'를 말할 수 있는 사람은 일하는 즐거움을 느끼고, 스스로 판단하며 일을 해낸다.

중요한 일의 구분

> 중요한 일은 급하지 않고, 급한 일은 중요하지 않은 경우가 많다.
>
> - 드와이트 D. 아이젠하워 -

중요한 일과 중요하지 않은 일은 어떻게 구분해야 할까. 일이 주어졌을 때 질문을 던져야 한다. '이 일이 내 목표, 가치, 성과에 어떤 영향을 주는가' 여기에 한 가지 요소를 추가한다면 다음과 같다. '지금 당장 해결하지 않으면 문제가 생기는가?' 이 두 가지 질문이 흔히 말하는 중요도와 긴급성이다.

중요한 일은 3가지 질문을 통해 정해진다. 첫째, 내 목표와 어떤 관련이 있는가? 목표에 따라 중요도가 결정되기 때문이다. 둘째, 지금 하지 않으면 내 미래에 어떤 영향이 생길까? 미래에 큰 영향을 준다면 중요한 일이다. 셋째, 이 일은 내 강점과 연결되어 있는가? 내가 잘할 수 있는 일이 중요한 일이다.

중요하지 않은 일은 무엇인가. 첫째, '바빠 보이는' 일이다. 중요하지 않은 회의, 쓸데없는 이메일과 보고서 등은 시간을 소요하지만 오랜 시간을 투자할 필요가 없다. 둘째, 이 일이 지속적인 성장을 가능하게 하는가? 단기 성과보다 '지속 가능한 성장'에 투자해야 한다. 셋째, 핵심 역량에 대한 기여의 여부를 생각해야 한다. 내가 잘할 수 있는 분야를 강화하는가? 이것이 핵심이다. 자신의 성장을 통해 조직의 성장, 나아가 회사의 성장으로 이어진다. 중요한 일은 내 성장을 만드느냐, 만들지 못하느냐에 있다.

중요한 일은 결과가 느리게 온다. 하지만 오래간다. 반대로, 긴급한 일은 당장 반응을 얻지만, 남는 것이 없다. 중요한 일을 놓치지 않으려면, 늘 '긴급한 것'에 쫓기는 삶에서 벗어나야 한다. 그렇지 않으면, 위대함은 사라진다.

해야 할 일과 하지 말아야 할 일

> 物有本末 事有終始 知所先後 則近矣
>
> (물유본말 사유종시 지소선후 즉근의)
>
> 모든 사물에는 근본과 끝이 있고 일에는 시초와 종말이 있으니
>
> 먼저 할 일과 나중에 할 일을 안다면 도에 가까울 것이다.

- 『대학』 -

리더는 해야 할 일과 하지 말아야 할 일을 구분하는 조율자가 되어야 한다. 그 한계를 설정해 주는 과정으로 직원들의 업무 손실이 줄어든다. 무엇을 먼저 해야 하는가. 급한 일은 많지만 어떤 것부터 해야 효율적으로 일을 처리하고 더 높은 성과를 낼 것인가. 리더는 이런 고민을 해야 한다.

이를 두고 맹자는 이렇게 말했다. '현명한 사람이라 하더라도 모든 것을 알지 못한다. 그러니 가장 먼저 처리해야 할 것부터 먼저 힘

써라.' 중요한 일을 먼저 하라. 급선무(急先務)란 급한 것부터 먼저 처리하라는 말이다. 급하고 중요한 일부터 처리하고 다른 일을 신경 써야 한다.

하지 말아야 할 일은 나의 분신을 만드는 것이고, 해야 할 일은 나보다 더 나은 사람을 만드는 것이다. 나의 분신을 만든다는 것은 나와 똑같은 사람을 만든다는 말이다. 나와 똑같으면 내가 하는 일을 그대로 따라 하는 사람밖에 되지 않는다. 성장이란 오늘보다 나은 내일이고, 육성이란 나보다 상대를 더 좋은 인재로 키우는 일이다. 성장을 함께하는 구성원을 만들고, 나보다 더 뛰어난 구성원을 만들어야 한다.

하지 말아야 할 일은 집착이고 해야 할 일은 겸손이다. 나보다 더 훌륭한 사람이 있다면 그 사람이 날개를 펼칠 수 있도록 도와줘야 한다.

『피터 드러커의 최고의 질문』에서는 이렇게 말했다. '무언가를 포기하는 것은 항상 심한 저항에 직면하기 마련이다. 어느 조직에서나 구성원들은 이제는 쓸모 없어진 것들, 즉 효과를 기대했으나 그렇지 못한 것들, 한때는 생산적이었지만 더 이상 그렇지 못한 것들에 집착하는 경향을 보인다.'[9]

그 집착을 리더가 끊어내야 한다. 리더에게 결단성이 필요한 이유가 이것이다. 하지 말아야 할 일을 철저하게 끊어내는 것. 철저하게 하지 말아야 할 일에 'NO!'를 외치는 것이다. 리더는 결과를 만들기 위한 책임이 있다. 그 책임 앞에서 무너지지 않으려면 반드시 필요하다.

효율성

> 군주가 해야 할 일은 인위적으로 하지 않고도
> 아랫사람들을 능히 수용하는 것이다.
> 무릇 일을 줄여 쉽게 따를 수 있도록 하고
> 법을 살펴 지키기 쉽게 해야 한다.
> 큰 도로 대중을 포용하고 큰 덕으로 아랫사람을 끌어안아야 한다.
>
> - 『채근담』 -

혁신을 떠올리면 새로운 것을 만들어 내야 한다고 대부분 생각한다. 새로운 것을 만들어 내는 것을 혁신이라 한다. 그러나 기존에 있던 것들을 줄이는 것, 효율적으로 바꾸는 것이라는 뜻도 있다.

아이디어가 많은 사람이라면 새로운 아이디어를 만들어 내는 것에 걱정이 없겠지만, 아이디어를 많이 생각하지 못하는 사람이라도 낙담할 필요 없다. 기존에 있던 것들을 잘 활용하고, 기존의 것들을 간소화하거나 삭제하면 되기 때문이다.

효율을 높이려면 간단해야 한다. 스티브 잡스는 '간결함'을 디자인에서 가장 중요시했다. 말을 간결하게 하는 것이 제일 어렵지만 중요하다. 일도 마찬가지로 간결하게 하는 것이 어렵지만, 간결하게 만들어야 효율이 높아진다. 코끼리를 냉장고에 넣는 방법이 무엇인지 아는가? 첫째, 냉장고의 문을 연다. 둘째, 코끼리를 냉장고에 넣는다. 셋째, 문을 닫는다. 농담 같지만 이것이 간결함이다.

간결함이란 간단하고 깔끔해야 한다. 간단하면서도 짜임새가 있어야 한다. 체계를 갖췄지만 단순하고 쉬워야 한다. 쉬운 일은 모두가 이해할 수 있다. 모두가 이해하면 소통의 오류나 왜곡이 생기지 않는다. 오류가 줄어들면 시간낭비를 줄이고 해야 할 일에 쏟을 시간과 힘이 늘어난다.

효율적으로 살려면 우선 3가지가 효율적인지를 따져봐야 한다. 첫째, 시간의 효율성이다. 가성비를 따지듯이 시성비를 따져야 한다. 우리 조직은 시간관리가 제대로 되고 있는가? 무의미한 회의나 잡무로 정작 해야 할 일을 하지 못하고 시간을 낭비하고 있지는 않는가? 시간이 헛되지 않게 만들어야 한다.

회의를 하면 그 사람들이 시간당 버는 금액만큼의 비용이 없어진다. 나아가 참석 인원들이 회의 시간을 통해 도출해낼 수 있는 성과 또한 없어진다. 없어진 비용만큼 과연 그 회의가 가치 있는지를 물어야 한다. 짜임새 있게 핵심적으로 말하고 결과를 도출해내야 한다. 가치가 없다면 그 정도의 가치로 만들거나, 회의 시간을 단축하여야 한다. 그것이 시성비를 지키는 일이다.

둘째, 사람의 효율성이다. 인사(人事)가 만사(萬事)다. 조직의 성공은 결국 사람에게 달려 있다. 아무리 훌륭한 전략이나 자원이 있어도, 그것을 실행할 사람이 없다면 무용지물이다. 따라서 리더는 '사람을 어디에, 어떻게 배치할 것인가'에 대해 깊은 고민을 해야 한다.

이를 위해 리더는 먼저 팀원 개개인을 잘 관찰해야 한다. 단순한 업무 평가를 넘어, 그 사람의 사고방식, 대인관계 방식, 일처리 능력까지 파악해야 한다. 그에 맞는 역할을 제안하고, 그 자리를 통해 본인의 역량이 성장하도록 도와야 한다.

대리 같은 사장이 되어서도 안 되지만 사장 같은 대리를 그냥 두어서도 안 된다. 유기체와 같은 조직에서 한 곳이 막히면 곳곳에서 정체가 일어난다. 그 속에서 정체가 되는 부분을 파악하고 제거하는 것 또한 효율이다.

셋째, 프로세스를 효율적으로 만들어야 한다. 조선의 왕 중 단 한 명의 왕을 꼽으라고 한다면 많은 사람들이 세종대왕을 말할 것이다. 훈민정음을 반포하고, 백성의 삶을 위해 온 힘을 다한 위대한 군주인 세종대왕이다. 그 세종이 재위 30년 동안 바른 정치를 한 방법은 무엇일까.

『세종의 적솔력』에서는 효율적인 프로세스를 위한 3가지 방법을 말했다. '첫째는 현능한 사람에게 일을 맡기고 시키는 인재경영, 둘째는 과거의 경험을 토대로 국사(國事)를 기획하는 지식경영, 셋째는 현능한 인재들이 과거 경험을 토대로 스스로 일하게 하는 제도의 정비, 즉 시스템경영이다.'[10]

좋은 인재를 뽑아서 옛 경험을 바탕으로 현재의 일에 적용하며 사람이 스스로 일하게 하는 제도를 정비하는 일이었다. 만들어진 시스템이 원활하게 돌아가고 있는지 수시로 점검하기만 하면 된다.

리더가 모든 일을 할 수 없다. 리더는 시스템을 만들어 그 시스템 속에 조직원을 배치하여 효율을 꾀해야 한다. 리더는 열심히 움직이는 톱니바퀴가 아니라 큰 조직이 원활하게 돌아가도록 톱니바퀴를 조절하는 사람이다.

『사업의 철학』에서는 이렇게 말했다. '비범한 일을 하는 평범한 사람들에게는 시스템, 즉 일을 하는 체계가 반드시 필요하며, 그 이유는 일관성 있는 결과물을 만들어내려면 사람들이 가진 기술과 사업에 필요한 기술 사이에 존재하는 간극을 메워 주어야 하기 때문이다.'[11]

평범함을 비범하고 효율적으로 활용하는 길이 바로 시스템 만들기이다. 그러므로 리더는 시스템을 점검하여야 한다. 관리자는 자원을 배치하는 가장 효과적인 방법을 찾아야 한다. 최적화를 통해 최소한의 비용으로 최단의 제공 시간과 최고의 품질을 얻을 수 있도록 계산해야 한다. 업무의 단순화가 구현되려면 '왜 각각의 단계가 필요한가?'라는 질문과 '이 단계 없이도 업무를 할 수 있지 않을까?'라는 의문을 가져야 한다.

3 질문을 바꿔보자

한 사람을 판단하려면 그의 대답이 아니라 그의 질문을 보라.

- 볼테르 -

'너 이거 왜 그렇게 했어?'와 '이건 어떤 생각에서 이렇게 만든 건가요?'처럼 의견을 따지는 것과 묻는 것을 구분해야 한다. 질문을 잘해야 원하는 대답을 얻을 수 있다. 스스로 생각할 수 있게 만들어주는 것이 질문이다. 질문을 잘하라.

1장인 「What」에서 질문에 대해 설명했다. 그때의 질문은 내가 나에게 하는 질문이었다. 지금의 질문은 상대방에게 하는 질문이다.

리더는 답을 내리는 사람이다. 문제가 발생했을 때 리더가 답을 내리지 않으면 그 조직은 멈춘다. 반대로 리더는 질문을 던지는 사람이기도 해야 한다. 이 문제를 어떻게 해결할 것인가? 이런 질문을 통해 구성원들의 공감을 이끌어 내고 함께 움직이는 단합을 유도해야 한다.

리더는 질문을 통해 구성원들이 생각하며 일할 수 있게 만들어야 한다. 그저 시키는 대로 하는 것이 아니라 왜 해야 하고, 어떻게 해야 하는지를 스스로 깨닫게 해주어야 한다.

성공하는 조직의 리더는 'SOFT'하게 질문한다고 한다. 첫 번째, 구체적(Specification)으로 질문한다. 두 번째, 일의 목적(Objective)을 질문한다. 세 번째, 직관(intuition)을 믿고 질문한다. 네 번째, 측정(Targeting) 가능한 것을 질문한다.

귀납법은 여러 개별적인 사례나 사실로부터 일반적인 결론을 이끌어내는 사고 방식이다. 쉽게 말해, 반복적으로 관찰된 사실들을 토대로 공통된 규칙이나 원리를 찾아내는 방법이다. 관찰과 경험을 바탕으로 새로운 통찰이나 규칙을 발견하는 데 매우 유용하고, 조직 운영에서도 구성원들의 행동, 성과, 피드백 등을 통해 문제를 해결할 수 있다. 다양한 질문으로 정보를 공유하고, 그에 대하여 구성원들이 질문을 통해 스스로 알아낸 것 같은 느낌이 들게 해야 한다.

하지만 명심하자. 너무 많은 질문을 던지면 질문받은 사람이 도망갈 수도 있다. 적당히 질문을 던지고 빠질 수 있는 센스가 필요하다.

혼내지 말고 싸워라

> 큰일을 성취하고자 한다면 나이 들어서도 청년이 되어야 한다.
>
> - 괴테 -

지금 내가 모시고 있는 상사는 한 번도 혼낸 적이 없다. 의견이 다르면 서로의 다른 이야기를 충분히 들으려고 하고, 그 속에서 서로 납득할 때까지 자유롭게 이야기할 수 있고, 결론이 날 수 있게끔 마음속에서 진정한 납득이 될 수 있게 하신다. 결론이 나지 않으면 다른 사람을 불러와 다른 사람의 의견을 들어보고 좀 더 올바른 판단을 할 수 있게끔 만들어 주는 좋은 리더이다. 나는 아이디어가 많은 편인데 지금의 리더를 만난 이후 한 번도 내 아이디어를 내는 데 주저한 적이 없었다. 이건 그분의 소통방식 덕분이다.

'내 생각은 이런데 당신은 왜 이렇게 했나요?'와 같이 건설적인 토론을 해야 한다. 비판을 하고 비난은 하지 말아야 한다. 위계와 권위로 누르지 말아야 한다. 의견을 나눌 때는 절대 혼내거나 지적하지 말아야 한다. 혼내지 말고 싸우라는 말은 철저하게 토론하되, 그 토론의 공간에서는 철저하게 수평적으로 대해야 한다는 말이다. 더 나은 의견을 도출하기 위해서 레드팀이 생존할 수 있도록 만들어야 한다. 상대가 하는 말에 근거가 있고, 타당성이 있을 때 그 의견을 귀담아 들어야 한다.

서로가 서로에게 납득을 시켜야 한다. 서로의 합의가 필요하다. 결말이 리더의 독단으로 빠지면 안 된다. 회의를 들어가면 실제로 의견을 제시하려고 하는데, 직급이 낮거나 나이가 어리다고 무시하는 경우가 많다. '너는 뭘 알고 이야기하는 거야?'라거나 비웃는 소리에 하려던 말을 삼킨 적이 종종 있었다.

'언로가 막히다'라는 말이 있다. 말하는 길이 막혔다는 뜻인데, 신하들이 임금에게 말을 올릴 수 있는 길이 막혔다는 뜻이다. 구성원들이 리더에게 말할 수 있는 길이 막히면 안 된다.

동등한 관계에서 합의에 이를 때까지 싸울 정도로 격렬하게 이야기할 수 있어야 한다. 프로레슬링 선수가 합의된 공간에서 열심히 합을 맞춰 싸우다가 시나리오가 끝나면 웃으면서 선수대기실로 들어가는 것처럼 합의된 팀이라는 공간 안에서 합의된 결과가 나올 때까지 싸워야 하고, 리더는 그 싸움의 공간을 만들어 주어야 한다.

리더라는 사람의 한마디는 직원들에게 크게 다가온다. 리더는 명령을 해야 할 때가 있다. 리더가 지시를 내릴 때는 명확해야 한다. 리더의 지시사항에 대해 따르지 않으면 문제가 있다. 명령이 필요한 순간이 있지만, 적어도 답을 정해놓고 이야기하지는 말자. 입장 바꿔놓고 한 번 이야기해 보라. 당신은 답을 정해놓은 리더 앞에서 당당하게 말할 수 있을지. '답정너'를 하지 말자. 답은 정해져 있고 너는 대답만 하라는 표현으로 직원들을 다루지 말아야 한다.

방향성이 틀렸다면 반드시 지적을 해야 한다. 그 방법이 혼내는 것이 아니라 싸워야 한다. 상대방을 끝까지 납득시켜야 한다. 자극적인 제목을 보고 오해하지 않았으면 좋겠다. 멱살 잡고 싸우라는 말이 아니다.

Manage up 하게 하라

> 조직의 건강은 얼마나 솔직한 대화가 오가는지로 알 수 있다.
>
> - 킴 스콧 -

리더답지 않았던 리더들의 얼굴을 떠올려보자. 그들은 어떤 특징을 갖고 있었을까. 소통이 안 되는 타입, 독단적으로 행동하는 타입, 부여된 임무를 성실히 수행하지 않고 노는 타입, 실무는 잘하지만 Management를 전혀 모르는 타입 등 다양한 특징들이 있다.

우리는 그렇게 판단하게 된 근거가 분명히 있었을 것이다. 그런데 질문을 하나 해보고 싶다. 혹시 그들에게 '이렇게 매니지먼트해 주세요.'라고 말해본 적 있는가? 그렇게 하지 못한 이유는 무엇인가? 용기가 없어서라기보다는 두려움이 더 크기 때문일 것이다. 말해도 안 바뀔 것을 알기에 괜히 찍히기 두렵거나 권위에 도전하냐는 꾸짖음이 두려워서였을 것이다.

반대로 좋은 리더였다고 생각했던 분들에 대해 떠올려보자. 앞서 말했던 리더십이 부족했던 리더들은 저마다 한 가지의 이유만으로도

별로라고 생각했을 것이다. 하지만 좋은 리더라고 생각한 분들은 많은 공통점을 갖고 있다. 역량적으로도 뛰어나고, 업무의 방향성도 명확하며, 내가 무엇을 어디서 어떻게 해야 하는지에 대한 명확한 지시가 있고, 다음 단계는 무엇인지에 비전을 제시하고, 내 의견들에 대해 건설적인 방향으로 피드백해 주는 여러 가지 공통점들이 있을 것이다.

좋은 리더는 잘해야 할 것들이 생각보다 많다. 심지어 하나만 못해도 바로 안 좋은 리더라는 소리를 듣기 쉽다. 그렇다면 이 어려운 일을 쉽게 하는 방법은 없을까? 나는 그것이 'Manage Up'하는 것이라고 생각한다. 앞에서 말했던 것처럼 우리가 리더에게 매니지먼트 해달라고 말하지 못했던 이유를 기억하자. 말해도 안 바뀔 것을 알기에 괜히 찍히기 두렵거나 권위에 도전하냐는 꾸짖음이 두려웠던 일들이 나에게 일어나고 있지는 않은지 잘 돌아봐야 한다. 그 방법이 자주 소통하는 것이다.

리더와 직원은 서로 편하게 물어보고 많은 것을 나눌 수 있는 관계가 되어야 한다. 언제나 진행상황과 경과를 공유하더라도 그 일로 인하여 질책을 당하지 않아야 한다. 직원들이 보고하기 무서워서 잘못이나 실수를 이야기하지 못하는 조직이 되어서는 안 된다.

아래에 있는 직원들이 위로 잘 올라올 수 있게 길을 만들어주는 사람이 리더다. 중간에서 올라가지 못하게 방해하는 장애물이 리더가 아니다. 문지기가 아니라 안내자가 되어야 한다. 문제를 갖고 오는 사람에게 문을 열어주고, 새로운 아이디어가 조직에 자연스럽게 퍼지도록 만들어야 한다. 리더는 계단이 되어야 하지, 천장이 되면 안 된다.

스스로 열린 통로가 되어야 한다. 직원들이 위로 올라오기를 바란다면, 리더는 막지 말고 열어줘야 한다. 보고가 부담스러워지면, 조직은 정보가 흐르지 않는 폐쇄된 체계로 변한다. 실수를 숨기고, 문제의 발견은 늦어지며, 위기는 리더가 모르는 사이에 조직에 스며든다. 리더가 '왜 이제야 말했냐'고 말하는 순간, 직원은 속으로 묻는다. '말할 수 있는 분위기를 만들었는가?'

진짜 리더는 언제라도 구성원이 자신의 상태를 편하게 말할 수 있는 정도의 끈끈한 유대감을 만들어야 한다. 진짜 리더는 결과보다 공유를 먼저 반겨야 한다. 진짜 리더는 문제가 생겼을 때 아무도 말하지 않는 분위기를 경계한다.

진짜 리더는 본인이 말한 대로만 흘러갈 때 '당신의 생각은 무엇인가요?'라고 반드시 질문을 던진다. 진짜 리더는 직원들이 질문하고 실수를 인정 하며 아이디어를 편하게 주고받는 문화를 만드는 사람이다. 진짜 리더는 이처럼 'Management'만 하는 것이 아니라 'Manage Up'도 잘하는 사람들이다.

'했다 안 했다'가 아니라 '왜 하는가'

> 일에는 목적이 있어야 한다.
>
> 의미 없는 일은 인간을 파괴한다.
>
> - 빅터 프랭클 -

우리 어릴 적에 초등학교 숙제로 일기를 써가면 선생님께서 그것을 하나하나 들여다보고 '참 잘했어요' 도장을 찍어 주실 때가 있었다. 일기를 쓰기 싫은 날 글씨를 크게 쓰거나, 말을 늘려 쓰거나, 같은 문장을 반복하거나, 시로 대체하거나 하는 꼼수를 부렸을 때 선생님은 '참 잘했어요' 도장은 찍어 주셨지만 왜 그렇게 했는지 꼭 물어보셨다.

우리는 어릴 때부터 일기를 쓰라고 강요는 받아왔지만 그 일기를 쓰면서 일기를 왜 써야 하는지에 대해서는 생각을 하지 않았던 것 같다. 하지만 그 경험들이 반복되면서 자연스럽게 일기라는 것이 하루를 복기하는 힘이 되고, 하루를 복기함으로써 내가 꼭 기억해야 할 것들을 기억하는 나의 중요한 기억프로세스를 만든다는 사실을 나이가 들며 저절로 깨닫게 되었다. 이처럼 우리는 초등학교 6년이라는 시간 동안 일기를 쓴 경험이 있고 10년이 훌쩍 넘은 후에야 비로소 일기의 중요성에 대해 깨닫게 된다. 그것은 우리가 'Why'를 떠올리지 않았기 때문이다.

'Why'의 중요성은 우리 모두가 알고 있으리라 생각한다. 그냥 하는 것보다 'Why'를 알고 하는 것이 더 큰 효과를 가져온다. '왜?'를 알면 일에 본질에 맞는 행동을 하려고 노력하기 때문에 우선순위 선정이나 시간분배, 일의 능률과 성과까지 모든 부분에서 완결성이 올라간다.

『인사평가 트렌스포메이션』이라는 책에는 성과책임이라는 말이 나온다. 성과책임이란 '해당 업무가 성과를 창출한 책임'을 의미한다. 환경 미화원이 강의실을 청소했다. 누군가가 미화직원에게 무슨 일을 하고 있는가를 물었을 때 일반적으로 청소를 하고 있다고 말한다. 그렇다면 왜 청소를 하는가에 대한 질문이 이어진다면 무엇이라고 답할까. 강의실을 깨끗하게 하기 위해서 한다는 답으로 귀결된다. 이것이 성과책임이다. '청소를 한다'가 아니라 '깨끗하게 한다.'라는 결과가 나와야 한다.

성과책임에서의 성과는 '조직의 존재 목적에 부합하는 결과물'을 의미한다. 미화원의 존재목적은 깨끗함을 위함이다. 청소를 '했다, 안 했다'의 문제가 아닌, 강의실의 깨끗한 환경을 만들기 위함으로 이어진다. 핵심은 일의 목적을 깨닫는 것이다. 내가 왜 이 일을 해야 하는가? 이 질문에 대해 답을 내릴 수 있어야 한다.

쉽게 말하면 '나는 ___을 위해 일한다.'라는 문장의 빈칸에 넣을 목적을 찾아야 한다. 청소를 위해 일하지 않는다. 강의실을 깨끗하게 만들기 위해 일한다.

많은 인사담당자들의 딜레마는 KPI의 한계다. KPI는 일을 '했다, 안 했다'의 기준으로 설정된다. 채용 담당자의 KPI는 사람을 몇 명 뽑는 것이다. 그러나 채용 담당자의 정말 중요한 역할은 들어오지 말아야 하는 사람은 잘 걸러내고, 역량 있는 사람들이 들어올 수 있게 만드는 것이다. 문제는 KPI식으로 일을 진행하면 인원충족에만 집중하지, 그 사람의 수준이나 능력에 대해서는 신경 쓰지 않는다는 것이다.

사이먼 시넥은 『스타트 위드 와이』라는 책에서(흔히 알고 있는 골든 서클에 대한 내용이다. 본적이 없다면 TED 강의를 한 번 찾아보자.) 'Why'에 대해 강조했다. 왜 그 일을 해야 하는가? 그 일을 해야 하는 이유를 알아야 그 다음 단계인 'How'를 자연스럽게 떠올리게 된다. 이유를 알면 방법을 스스로 찾는다. 내가 10km를 왜 뛰어야 할까? 건강하기 위해서, 메달을 따기 위해서, 나만의 기록을 세우기 위해서 등등 많은 이유가 있고, 그 이유에 맞게 내가 행동할 방법을 찾는다. 방법을 찾으면, 그 다음 '무엇에 집중하지?'라는 'What'이 떠오르게 된다. 목적지는 어디로 하고, 몇 km를 뛰는지 등 구체적인 행동방안을 구성한다. 이 3가지 과정을 통해 행동을 시작한다.

리더는 사람들에게 일을 시키는 사람이 아니라 일을 해야 할 이유를 심어주는 사람이다. 내가 동기유발이라고 표현하는 이유이기도 하다. 이유가 분명하면 방법은 스스로 찾는다. 우리는 종종 팀원들에게 '어떻게 해라(How)' 또는 '무엇을 해라(What)'만 전달한다. 하지만 '왜 해야 하는지(Why)'를 질문하고 방향성을 제대로 설정해 주지 않으면, 그 일은 그저 지시받은 일에 머물 뿐이다.

정말 중요해서 한 번만 더 정의하겠다. 일은 '했다, 안 했다'가 아니라 '왜 하는가'의 관점으로 일을 바라보아야 한다. '왜 하는가'의 관점에서 일을 바라보면 모든 면에서 일의 효율과 성과가 좋게 나올 수밖에 없다. 리더로서 우리가 해야 할 것은 나의 일을 왜 하는가에 대한 명확화와 동시에 우리 구성원들이 왜 하는지를 명확하게 방향을 잡을 수 있도록 질문하는 것이다. 익숙하지 않아 처음에는 삐걱댈 수 있지만, 이를 잡아가는 과정에서 서로의 성장을 이룰 수 있을 것이라 믿는다.

4 성장을 멈추지 않는 리더

많이 보고, 많이 겪고, 많이 공부하는 것은 배움의 세 기둥이다.

- 벤자민 디즈라엘리 -

끊임없이 배우려고 성장하는 태도가 진정한 리더를 만든다. 시대는 끊임없이 변하고 사람들의 기대와 조직의 요구는 매번 달라진다. 이 변화 속에서 리더가 정체된다면 조직도 함께 멈출 수밖에 없다.

성장을 멈추지 않는 리더는 스스로를 끊임없이 돌아보고, 더 나아질 수 있는 방법을 고민한다. 자신의 약점을 돌아보며 보완해야 할 점을 찾는다. 실패 앞에서도 핑계를 대기보다 책임을 지며, 그 안에서 교훈을 찾아낸다. 찾아낸 교훈을 바탕으로 다시 일어나 더 나은 리더가 된다. 리더는 독서하고, 토론하며, 다양한 사람들의 이야기를 경청한다. 자신이 알지 못하는 영역을 물어보고 찾아보며 모르는 부분을 밝혀낸다.

성장을 멈추지 않는 리더 곁에는 언제나 사람들이 모인다. 그에게서 배우고 그를 통해 자신의 방향성도 찾을 수 있기 때문이다. 결국 리더의 성장 곡선은 곧 조직의 성장 곡선을 결정한다. 멈추지 않는 리더는 멈추지 않는 조직을 만든다.

리더십의 완성은 나를 끊임없이 다듬고 확장하는 과정에서 나온다. 그렇기에 리더는 언제나 배움의 자리에 있어야 하며, 스스로를 단련하는 일에 게을러서는 안 된다. 성장을 멈추지 않는 리더야말로 조직에서 반드시 필요한 리더이며, 리더가 가져야 할 방향성이다.

변화에 적응하려면 끝없이 변해야 한다. 변화를 알려면 변화하는 세상을 알아야 하고, 그에 맞게 배워야 한다. 배움을 멈추지 않아야만 리더다.

리더의 가장 중요한 일

> 육지에서 멀어질 용기가 없다면
> 새로운 수평선을 향해서 나아갈 수 없다.
>
> - 윌리엄 포크너 -

리더가 해야 할 중요한 일이 무엇일까. 사람을 키워내는 것이다. 다시 한번 말한다. 사람을 키워내는 것이 가장 중요한 일이다. 실무를 잘 해결하고 성과를 내는 것이 아니라 성과를 낼 수 있는 사람을 키워내는 것이 리더로서 가장 중요한 일이다. 조직이 성장하기 위해선 일이 잘 돌아가는 것보다 사람이 잘 돌아가는 것이 중요하다.

사람을 성장시키려면 일을 시켜야 한다. 일하는 모습이 답답하다고 리더가 직접 일을 해버리면 안 된다. 그 불편함을 참아야 한다. 구성원들에게 일이 어떤 가치가 있는지 깨닫게 해줘야 한다. 얼마나 보람된 일인지 느끼게 해줘야 한다.

내가 다니는 회사의 경영자께서는 동양철학을 바탕으로 경영을 실천하며, 언젠가는 이 철학이 「하버드 비즈니스 리뷰」와 같은 세계적인 경영학 저널에 소개되기를 꿈꾸고 계신다. 그 꿈을 이루기 위해 가장 중요하게 생각하시는 부분은, 회사의 모든 구성원이 각자의 자아 성장과 발전을 이룰 수 있도록 회사를 '의미 있는 삶의 터전'으로 만드는 것이다.

구성원들이 단순히 돈을 벌기 위해 직장에 오는 것이 아니라, 직장 생활 속에서 재미와 성장, 삶의 가치를 발견할 수 있는 환경을 제공하는 것. 그것이 곧 구성원의 성장을 이끌고, 나아가 회사와 구성원 모두가 함께 성장하는 길이라고 믿고 계신다. 내가 하는 일이 내 삶의 재미가 된다면, 그보다 더 큰 동기와 능률을 주는 조직이 또 어디 있을까.

이런 철학이 조직에 스며들기 위해서는 무엇보다 리더의 태도가 중요하다. 리더가 먼저 자신의 삶과 일에 의미를 찾고, 그것을 구성원들과 나누려는 진심 어린 노력이 있을 때, 조직 전체에 자발적인 변화의 에너지가 생긴다.

 HR(Human resources, 인적자원관리)을 담당하고 있는 내 상황에서 나의 주된 고민은 직원들이 의미 있는 삶을 살 수 있게끔 하는 방법이다. 많은 생각들 속에서 느낀 것은 타인이 절대 동기를 부여할 수 없다는 점이다. 절대적으로 스스로 해야 한다.

 나는 동기를 부여할 수 있다고 믿지 않는다. 리더가 온갖 방법을 활용하더라도 구성원들에게 동기를 부여하기는 어렵다. 말을 힘겹게 강가에 끌고 왔는데 말이 물을 마시지 않으면 무슨 소용인가.

 리더가 열심히 하는 모습을 보이는데 직원들은 그런 모습을 보고도 큰 감흥이 없어 보이는 때가 있다. 솔선수범한다고 하는데 왜 직원들은 고생하는 리더를 따라가지 않을까. 그런 사람을 보고 어떤 사람은 이렇게 말한다. '백날 열심히 해봐라. 보고 따라하나.' 리더 얼굴이 죽을 상을 하고 있는데 무슨 의욕이 생길까.

 리더는 솔선수범하기보다 스스로 동기가 생겨날 수 있게끔 만들어줘야 한다. 부여는 내가 상대에게 일의 의미를 불어넣어 주는 일이다. 사람에게는 각자의 의미가 있는데 남이 부여해 준다고 해서 의미가 되지는 않다. 사람은 자신이 의미를 느끼고, 자율성이 보장되며, 성장할 수 있다고 믿을 때 진심으로 몰입하게 된다. 리더는 동기부여가 아닌 동기유발을 해야 한다.

일에 대한 통제권을 일부 넘겨주는 것도 중요한 방법이다. 자율성이 부여되면 책임감과 창의성이 동시에 충족된다. 리더는 '이렇게 해'라고 말하기보다 '당신이라면 어떻게 할 것 같습니까?'라고 물어야 한다.

결국 동기란 외부에서 억지로 주입하는 것이 아니라, 내부에서 자발적으로 자라게 만들어야 한다. 리더는 그 환경을 설계하고, 방향을 제시하며, 그 안에서 각 개인이 스스로 동기를 발견하도록 도와주는 촉진자(Facilitator)가 되어야 한다.

『리더의 일』에서는 이렇게 말한다. '리더의 일에서 가장 중요한 것은 책임감이다. 그래서 리더는 책임감을 다지고 또 다져야 한다. 내가 마지막 의사결정자이거나 혼자 오롯이 결정한다고 생각해야 한다. 아니, 그렇게 믿어야 한다.' [12] 리더는 이 책임감을 혼자 다 끌어안는 것이 아니라, 구성원 개개인이 스스로 맡은 분야에서 리더와 동일한 책임감을 느낄 수 있도록 만들어야 한다.

사람을 잘 키운다는 것은 스스로 하게 만드는 일이다. 누가 시켜서 억지로 하는 것이 아니라, 자발적으로, 주도적으로 하게 만들어야 한다. 사람을 성장하게 하는 핵심은 바로 이 자발성과 주도성에 있다. 꽃은 때가 되면 저절로 피고, 닭은 누구의 지시도 없이 새벽이 오면 운다. 그들의 한결같음은 억지로 되는 것이 아니라, 내면에서 비롯된 자발성에서 온다.

3·1운동이 온 나라를 뒤흔들 수 있었던 것도 바로 그 때문이다. 누구의 명령에 의해서가 아니라, 각자 주체가 되어 일어섰기 때문에 가능했다. 민중은 누군가를 따라다닌 것이 아니라 스스로 깨어났고, 독립을 외쳤다.

그렇다면 우리는 어떻게 하면 조직 안에서 한결같은 동기와 지속적인 움직임을 만들어 낼 수 있을까? 내가 하는 일의 중요성과 인정, 성장의 기회를 제공하고, 개인의 기여가 어떻게 조직 전체의 성과에 영향을 주는지를 구체적으로 설명해 줘야 한다. 구성원들에게 다음 단계를 제시할 수 있을 때 자발성을 키우고, 주도적으로 움직이도록 만든다.

리더의 가장 중요한 생각

> 리더십은 단기적인 성과가 아니라
> 지속 가능한 발전을 목표로 해야 한다.
>
> - 제프 베조스 -

나는 어릴 때부터 동양철학을 좋아했다. 이 책에 『논어』나 한문이 많이 나오는 이유이다. 내가 동양철학을 좋아했던 이유는 내가 생각할 거리들을 많이 주었기 때문이다. 여러 가지 생각을 통해서 나의 사고가 확장되고, 생각하지 않았다면 겪었을 시행착오를 줄여주었기 때문에 어렸을 때부터 동양철학이 재미있었다.

『논어를 읽으면 사람이 보인다』라는 책에서는 리더가 알아야 할 9가지 원칙을 말한다. `군자는 아홉 가지 염두에 두어야 할 것이 있다. 볼 때는 밝음을 먼저 생각하고, 들을 때는 귀 밝음을 먼저 생각하고, 얼굴빛은 온화함을 먼저 생각하며, 몸가짐을 할 때는 공손함을 먼저 생각하며, 말할 때는 진실함을 먼저 생각하며, 섬길 때는 공경함을 먼저 생각하며, 의심스러울 때는 물음을 먼저 생각하며, 분할 때는 어려움을 먼저 생각하며, 얻음을 보면 의리를 먼저 생각해야 한다.' [13]

쉽게 이해해 보자. 첫 번째, 리더는 상대를 볼 때 장점을 생각해야 한다. 또한 현명하게 봐야 한다. 상대가 누구인지 모르면 내 다음 행동을 정할 수 없다.

두 번째, 귀가 밝으면 밝게 살필 수 있다. 사람의 귀가 두 개인 이유는 많이 들으라는 이유다. 먼저 듣고 살펴야 한다. 내가 가진 편견으로 보지 말고 들은 그대로를 살펴야 한다.

세 번째, 내 얼굴빛은 온화해야 한다. 리더는 좋든 싫든 리더의 역할을 해야 한다. 싫은 사람이 있다고 싫은 표정을 드러내면 안 된다. 늘 포커페이스를 갖고 움직이되, 온화하고 너그러운 얼굴 표정을 지어야 한다.

네 번째, 움직일 때는 공손해야 한다. 윗사람에게든 아랫사람에게든 늘 공손해야 한다. 예의가 없으면 질서가 파괴된다. 공자가 예가 아니면 보지도, 듣지도, 말하지도 말라고 한 이유도 그 때문이다. 조직의 질서가 무너지지 않기 위해 예의를 갖춰야 한다.

다섯 번째, 말할 때는 충성스러워야 한다. 충성이란 무엇인가. 앞서 말했듯 중심(中心) 잡힌 마음이다. 마음에 중심을 갖고 흔들리지 않으며 말해야 한다. 거짓말하면 신뢰가 무너진다. 어느 누가 정보를 숨기고 거짓말하는 리더를 따를까.

여섯 번째, 일을 할 때는 공경해야 한다. 내가 맡은 일에 최선을 다해야 한다. 일 자체를 가볍게 여기지 말아야 한다. 『리더의 일』에서는 이렇게 나온다. '회사에 이 따위 일이란 없습니다. 소속 부서에 가면 내가 이 따위 일 하려고 회사에 들어왔나 하는 자괴감이 들지도 모릅니다. 그러나 아무리 하찮아 보이는 일이라도 의미가 없는 일은 없습니다. 단순한 복사에도 엄청난 의미가 있습니다. 일의 의미는 일을 시키는 사람이 주는 것이 아니라 일하는 사람이 찾는 것입니다.'[14] 이 말처럼 내가 맡은 일을 소중하게 여겨야 한다.

일곱 번째, 의문이 있으면 물어야 한다. 모르면서 아는 척하지 말고 물어보자. 지금이 모르는 것을 물어볼 가장 빠를 때다.

여덟 번째, 화가 나면 곤란해질 수 있다는 생각을 해야 한다. 누구나 가끔 객기가 튀어나올 때가 있다. 쓸데없이 혈기가 넘쳐 만용을 부릴 때가 있다. 감정이 올라오면 더욱 만용에 빠지기 쉽다. 내가 상대방을 때리면 경찰서에 갈 수 있음을 생각해야 한다. 어지러워지지 않기 위해 화를 다스린다.

마지막, 무언가를 얻었으면 옳은지 그른지를 따져야 한다. 결과물이 나왔을 때 올바른 방법으로 얻었는지를 생각해야 한다. 직원들은 리더의 공정함, 정직함을 그대로 배운다. 내 정직이 한순간의 욕심으로 무너질 때 직원들 또한 이득에 기준을 둔다. 모두가 오직 이익에 기준을 두면 함께 가지 못한다. 그러니 리더부터 먼저 이득이 생겼을 때 올바름을 생각해야 한다.

리더의 가장 중요한 역량

탁월함은 습관에서 나온다.

- 아리스토텔레스 -

습관을 들일 때 가장 어려운 일은 반복이다. 한 가지 행동을 21일 동안 반복하면 습관의 틀이 잡히고, 66일 동안 반복하면 온전한 내 습관이 된다. 고비는 3일째이다. 작심삼일이라는 말이 있는 것처럼 3일을 유지하기가 가장 어렵다. 그래서 습관을 쉽게 들이려면 작게 시작해야 한다. 책을 한 문단만 읽고 덮는다거나, 팔 굽혀 펴기를 하나만 하고 일어난다거나 하는 수준으로 시작해야 습관을 쉽게 들일 수 있다.

순자는 새기기를 중간에 그만두지 않으면 쇠와 돌에도 무늬를 새길 수 있다고 했다. 꾸준함이 결과를 만들어 낸다. 포기하지 않아야 결과를 이룰 수 있다. 落水穿石(낙수천석)이라는 말이 있다. 떨어지는 물방울이 바위를 뚫는다. 리더는 행동을 습관화해야 한다. 어떤 행동을 습관화해야 하는가.

첫째, 성찰이다. 매일 자신을 돌아보며 어떤 결정이 옳았는지, 내가 한 말이나 행동이 직원들에게 어떤 영향을 미쳤는지를 점검해야 한다. 성찰 없는 리더는 같은 실수를 반복하고, 더 나은 방향을 찾지 못한 채 정체된다.

둘째, 경청이다. 말하는 것보다 듣는 것을 더 중요하게 여기며, 구성원들의 목소리를 귀 기울여 들어야 한다. 경청은 단순한 태도가 아니라, 신뢰를 쌓는 가장 강력한 도구다.

셋째, 학습이다. 책을 읽고, 다양한 경험을 통해 배우고, 피드백을 겸허히 받아들이는 자세는 리더의 지평을 넓혀준다. 세상은 끊임없이 변하고, 리더가 그 변화에 유연하게 적응하려면 배움의 자세를 멈춰선 안 된다.

독서를 손에서 놓지 않아야 하는 이유가 무엇인가. 빌 게이츠는 이렇게 말했다. '오늘의 나를 만든 것은 우리 마을 도서관이었다. 나에게 소중한 것은 하버드대 졸업장보다 독서하는 습관이었다.' 경험으로 배우지 못한 것들을 책 속에서 배운다. 독서는 단순한 정보 수집이 아니라 사고력을 기르는 연습이다. 생각하는 힘은 독서를 통해 길러진다.

우선 책을 통해 설득력을 기를 수 있다. 언어를 구사하는 힘이 강해지면 타인을 원하는 방향으로 이끄는 힘 또한 강해진다. 1장에서 말한 것처럼 책을 읽지 않으면, 사람을 읽을 수 없다. 읽기의 힘을 기를 수 있는 가장 좋은 연습이 독서다.

넷째, 격려이다. 구성원들의 작은 변화나 성장을 발견하고 따뜻한 말 한마디로 응원할 수 있어야 한다. 격려는 동기를 불어넣고, 팀의 사기를 끌어올린다.

이러한 행동들을 일관되게 실천하는 리더는 스스로를 성장시키는 것은 물론, 조직 전체에 긍정적 변화를 이끈다. 결국 습관이 사람을 만들고, 리더의 습관이 조직의 문화를 만든다.

아리스토텔레스의 말처럼 탁월함은 습관에서 나온다. 나의 탁월함은 상대방에게 영감을 줄 수 있다. 상대방에게 영감을 주면 동기유발이 된다. 오늘 내가 쌓는 습관이 다른 사람의 동기유발이 될 수 있다는 점을 자각하고 성실하게 이행해 보자.

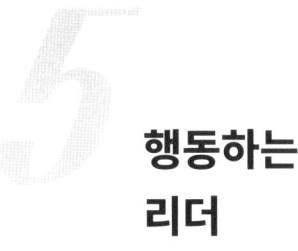
행동하는 리더

리더는 타고나는 것이 아니라 만들어지는 것이다.

- 빈스 롬바르디 -

리더가 무엇을 해야 하는가에 대해 정리해 보자. 타고난 리더는 없다. 모두가 리더의 자리에 오르면 그에 맞게 행동할 뿐이다. 리더의 자리에 오르기 전에 얼마나 준비하고, 생각하고, 고민하는가에 따라 즉각적으로 행동할지, 천천히 행동할지 결정될 뿐이다.

1. 상황에 맞게 변할 수 있는 리더가 되어야 한다.
2. 상대에 맞게 변할 수 있는 유연성과 상대에게 맞출 수 있는 융통성이 필요하다.
3. 완벽이란 없다. 내가 할 수 있는 선에서 최선을 다하는 것일 뿐이다.

4. 상대의 생각을 말할 수 있는 환경과, 그런 질문을 던져야 한다.
5. 위대함을 망치는 대충을 버리고, 해야 할 일에 대한 구분을 하자.
6. 직원들과 언제나 자유롭게 소통할 수 있는 관리자가 되어라.
7. 비난이 아닌 비판을 해라. 의견을 나눌 때는 피 터지게 싸워도 된다.
8. 자기 성장은 팀의 성장, 회사의 성장으로 이어진다.
9. 내가 팀원을 육성하는 것 또한 내 성장으로 이어진다.
10. 솔선수범한다고 해서 사람들의 동기가 유발되지 않는다. 스스로가 즐거워야 한다.

FOR
리더로서 무엇을 위해, 무엇을 향해

팀장님은 말씀하셨다.
'너는 선배들과 한 배를 탔다.
이제 함께 거친 세상을 헤쳐 나가보자!'

나는 대답했다.

'죄송합니다. 제가 뱃멀미가 있어서요.

선-배멀미.'

우리는 왜 이 배에 올랐는가?
단지 출근을 위해서? 승진을 위해서?
아니다.
더 나은 세상, 더 괜찮은 내일,
그리고 함께 웃을 수 있는 사람들을 위해서다.

리더는 앞장서는 사람이 아니라
'방향'을 먼저 고민하는 사람이다.
나는 무엇을 위해 일하는가?
그 질문에 진심으로 답할 수 있을 때,
비로소 내가 이끄는 여정이 의미를 갖는다.

1

왜
일하는가?

使百姓安居樂業(사백성안거락업)

백성들로 하여금 편히 살면서 직업에 재미를 가지게 하라.

- 『세종실록』 -

1~4장에서 우리는 리더로서 가져야 할 태도와 마음가짐, 즉 내면의 기초를 다지는 데 집중했다. 하지만 태도만으로는 변화와 성장을 이끌어 낼 수 없다. 이제는 그 철학과 가치를 '현실에서 어떻게 실천할 것인가'라는 질문으로 넘어가야 할 때다.

    5~6장은 바로 그 질문에 답하기 위한 장이다. 이상을 현실로 구현하기 위해 리더는 어떤 도구를 가져야 하고, 어떤 방식으로 팀과 조직을 움직이고 대해야 할까? 리더십의 방향성을 실현할 수 있는 구체적인 방법론이 무엇인지 고민해 보자.

세종의 아래에 있던 집현전 학자들은 일을 많이 하기로 유명했다. 야근도 많고 집에 가지도 못해서, 빨리 늙어 은퇴가 꿈인 세상을 살았다. 그럼에도 그들이 오랫동안 일하고, 열심히 일할 수 있었던 동기는 무엇이었을까?

'당신은 왜 일합니까? 이 일이 재미있습니까?'라는 질문은 단순한 호기심이 아니라, 일의 본질에 대한 물음이다. 일이 단순한 생계의 수단이 아니라, 내 삶이 의미 있는 방향으로 나아가게 만드는 힘이 되기 위해서는 그 안에서 보람과 자존감을 느낄 수 있어야 한다. 이를 자기효능감이라고 한다.

자기효능감은 '나는 이 일을 잘할 수 있다', '내가 하는 일이 세상에 의미가 있다'는 믿음에서 비롯된다. 집현전 학자들은 자신들이 연구하고 만들어낸 결과가 백성의 삶을 바꾸고, 왕의 뜻을 실현하며, 후대를 위한 기반이 된다는 점에서 큰 자긍심을 느꼈을 것이다. 그 신념이 그들을 움직이게 한 근본적인 원동력이었다.

子路問政 子曰 先之勞之 請益 曰 無倦

(자로문정 자왈 선지로지 청익 왈 무권)

자로가 정치에 대하여 여쭙자, 공자께서 말씀하셨다.

"먼저 앞장서서 솔선수범하고 몸소 열심히 일하거라."

좀 더 설명해 주기를 청하자 말씀하셨다.

"게을리함이 없어야 한다."

- 『논어』 -

쉽게 말해 리더는 게으를 수 없다. 리더는 가야 할 곳이 명확하고, 무엇을 위해 가야 할지 명확하기 때문에 게을러질 수 없다. 만약에 게으른 리더가 있다면 리더가 아니라 관리자일 것이다.

매일 힘들게 일하며 한탄하는 리더를 보며 팀원들이 갖는 생각이 무엇일까. 리더의 자리에 오르면 힘들기만 하고 도움이 되는 것은 없다고 느낀다. 부모의 모습이 회사에 다녀오면 힘들어하고 회사 욕만 한다면 아이들은 무엇을 배울까. 회사에 대한 인식이 확립되기 전부터 회사를 고생하는 곳이라 여기지 않을까.

불행한 가정은 늘 불행하고, 행복한 가정은 늘 행복하다. 내 모습을 보고 직원들이 따라온다. 내가 불행하면 직원들도 불행하다. 사람들은 자신들이 본 것을 그대로 따라 하기 때문이다. 리더는 이러한 대물림을 멈추기 위해 늘 웃을 수 있어야 하고 행복할 수 있어야 한다. 내가 걸어가는 발자국을 늘 따라오는 사람이 있기 때문이다. 리더는 구성원을 위해서라도 행복을 잃지 말아야 한다.

그렇다면 행복을 잃지 않기 위해 필수적인 것이 무엇인가? 다시 강조하지만 자기효능감이다. 스스로의 일에 의미와 이유를 알고, 그 안에서 즐거움과 성취와 보람을 찾을 때 행복해진다. 단순히 팀원들에게 보여주기 위해 행복한 것은 연기에 불과하다. 진정으로 행복한 모습을 보여주어야 귀감이 된다. 나의 일에서 즐거움이 없다면 리더가 되기 어렵다.

너와 내가 일하는 이유

> 내적 동기는 자율성, 성장, 목적의식에서 비롯된다.
>
> - 에드워드 데시 & 리처드 라이언 -

책을 읽다 보면 '왜?'에 대하여 생각하라는 말이 종종 나온다. 내가 왜 일하는지 알아야 어떻게 해야 할지를 알기 때문이다. 이를 다른 말로 동기가 있으면 다음 단계는 저절로 찾아간다는 말이기도 하다.

모든 사람들은 일을 할 때 동기가 존재한다. 물론 아무 생각 없이 행동할 때도 있지만 이는 무의식적인 습관에 의해 움직이는 것이고, 의도적으로 무언가를 할 때는 반드시 동기가 있다. 동기란 어떤 일이나 행동을 일으키게 하는 계기다. 어떤 변화가 일어나도록 만드는 결정적인 원인이다. 인간 행동의 방아쇠를 당기는 힘이 바로 동기다.

누군가는 단순히 즐거워서 일하고, 또 다른 누군가는 인정을 받기 위해 열심히 일한다. 그 동기를 크게 나누면 내적 동기와 외적 동기라는 두 축으로 설명할 수 있다. 많은 리더들은 외부의 기준을 통해 자신의 성공을 측정한다. 승진이나 물질적인 보상, 인정과 지위를 통해 동기를 부여한다. 반면 내적 동기를 가지면 인생의 의미를 지각하고, 자신의 성장이나 타인의 발전을 돕는 등의 일에서 성취를 얻는다. 여기에서 중요한 점은 외부의 인정과 내적 성취가 주는 동기 사이에서 균형을 잡는 일이다.

내적 동기는 말 그대로, 외부의 보상이나 평가 없이 행동 그 자체에서 기쁨, 의미, 만족을 느끼는 상태를 말한다. 아이가 아무런 강요 없이 레고를 가지고 노는 것, 어떤 사람이 음악을 연주하는 것 자체에 몰입하는 순간, 그것은 내적 동기에서 비롯된 행동이다. 이처럼 내적 동기는 자율성과 창의성을 유발하고, 활동에 깊은 몰입을 가능하게 한다. 심리학자 에드워드 데시는 인간은 '자율성', '유능감', '관계성'이라는 기본 심리 욕구가 충족될 때 자연스럽게 내적 동기를 느낀다고 보았다. 따라서 내적 동기는 단순한 흥미를 넘어서, 인간의 성장과 자아실현에 가까운 동기라 할 수 있다.

반면, 외적 동기는 보상이나 처벌과 같은 외부 요인에 의해 유발되는 동기이다. 칭찬을 듣기 위해 행동하거나, 벌을 피하기 위해 규칙을 지키는 것이 이에 해당한다. 외적 동기의 가장 큰 맹점은 스스로 통제할 수 없다는 것이다. 타인의 인정이나 좋은 인사평가를 받아내기 위해서 자신의 가치관이 흔들리는 시험을 받게 된다.

쉴 새 없이 흔들리고 자기 스스로를 깎으며 자기효능감이 떨어지는 역효과가 발생할 수 있다. 단기적으로는 강력한 행동유도가 될 수 있을지언정 지속성을 가질 수 있느냐에 대해서는 회의적이다. 외부 환경 변화에 따라 내가 신경 써야 할 것들이 기하급수적으로 늘어나고 그것을 달성하지 못하는 좌절감은 보통 자신의 역량 부족보다 남 탓으로 이어지기 쉽다. 통제할 수 없는 것들에 도전하는 것이 이렇게 위험하다.

개개인이 가진 동기의 유형은 다르다. 대부분의 사람들은 외적 동기를 갖고 있을 것이고 일부 인원들은 강한 내적 동기로 스스로 알아서 하는 사람들이 있을 것이다. 스스로의 만족감만으로도 주도적으로 일하는 사람이 있을 것이고, 보상만 바라보며 일하는 사람이 있을 것이다.

우리가 내적 동기를 갖지 못하는 것은 오랫동안 정해진 사회적 관념에 자신을 억지로 맞춰가면서 맹목적인 성공을 추종하기 때문일 확률이 높다. 리더로서 해야 할 일은 자신만의 내적 동기를 찾을 수 있도록 우리가 하는 일의 가치와 의미를 일깨워 주고, 재미를 느낄 수 있도록 이끄는 것이다.

내적 동기를 이끄는 과정에서 반드시 생각해야 할 것은 사람마다 스스로 만족하는 기준과 포인트가 다르다는 것이다. 각기 다른 동기들이 조화롭게 어우러질 수 있는 마에스트로가 될 수 있도록 매일 악보 보는 연습을 해야 한다.

사회생활에서 악보란 한 개 한 개의 음표가 모여 있는 내가 속한 조직의 구성원들일 것이다. 그들이 낮은 도인지 높은 솔인지에 따라 건반을 다르게 쳐야 하듯 그들의 위치와 수준을 존중하고 그에 걸맞은 음이 날 수 있도록, 악보의 박자에 맞도록 섬세하게 터치해야 완벽한 합주가 가능해질 것이다.

각각의 음들이 조화로울 수 있게, 연주의 템포에 맞게 섬세하게 지휘해야 이 연주가 끝날 때 기립박수를 받을 수 있을 것이다. 결국 리더는 구성원 각자에게 맞는 비전을 제시해야 한다. 사탕을 좋아하는 이에게 사탕을 주고, 사이다를 좋아하는 이에게 사이다를 줘야 한다. 그것이 내가 일하는 이유이고, 그것이 너와 함께하는 방법이다.

왕관의 무게를 견뎌라

나를 죽이지 못하는 고통은 나를 더 강하게 해줄 뿐이다.

- 니체 -

숙련된 명인이 칼을 만드는 장면을 보면 뜨거운 용광로에 칼을 집어넣은 다음, 뜨겁게 달궈진 칼을 망치로 수도 없이 때린다. 이 과정에서 무수히 많은 망치질을 견뎌냈을 때 그 칼은 훨씬 더 단단해지고 명검으로 탄생한다.

명검이 되기 위한 중요한 포인트는 대장장이의 실력과 용광로의 온도, 망치의 압력을 견디는 스스로의 내구성에 있다. 우리가 명검이 되기 위해선 나를 두드리고 있는 대장장이나 용광로는 통제할 수 없다.

내가 통제할 수 있는 것은 오직 나의 내구성과 인내뿐이다. 리더로서 살아가다 보면 나를 제련하기 위한 많은 역경들이 있는데, 아픈 타격이 아니라 나를 단단하게 하는 망치질이라고 믿고, 그 망치질을 길고 긴 인내로 견뎌내는 것이 중요하다. 하지만 망치질이라는 것이 얼마나 아픈가. 『길을 묻는 리더를 위한 리더십 지도』에서 아픈 망치질을 견뎌낼 8가지의 조언을 찾았다.

첫째, 회복탄력성이다. 우리의 삶은 변수투성이다. 여러 충격으로 넘어질 일이 수도 없이 많다. 이럴 때 나를 일으킬 수 있는 것은 묵직하게 자리잡고 있는 나 스스로에 대한 존중, 즉 자존감이다. 오뚝이처럼 일어날 수 있도록 스스로에 대한 불신을 걷어내고 할 수 있다는 믿음을 가져보자.

둘째, 책임의식이 필요하다. 일에 대한 책임은 완결성과 직결된다. 내 이름 걸고 나온 결과물이 스스로에게 부끄럽지 않게 하는 것. 이것이 책임감이다. 조직의 성장과 개인의 성장을 위해 일을 끝까지 제대로 해낼 수 있는 의지를 다져야 한다.

셋째, 성찰하라. 내가 부족하다는 것을 인정하지 않으면 발전이 어렵다. 내가 한 일을 복기하면서 개선점을 찾아낼 수 있도록 매일 나의 하루를 성찰하는 습관을 길러보자.

넷째, 사회적 지원을 요청하라. 내가 부족한 부분이 역량이라면 역량에 관련된 교육을 들을 수 있다, 리더십이 부족하다면 리더십 교육이나 선배들로부터 조언을 들을 수도 있다. 팀 단합을 위해 회식비 지원을 건의할 수도 있고, 회사의 제도가 엉성해 조직 운영에 어려움이 있다면 규정을 개선하는 제안할 수 있다. 리더는 그렇게 하지 않아도 어려운 자리다. 혼자서 다 해내려고 하기보다 가능한 사회적 지원을 모두 활용해 보자.

다섯째, 인맥을 형성하고 활용하라. 구성원들은 더 이상 리더와 같이 밥 먹는 것을 좋아하지 않는다. 리더와 함께 고민을 공유할 수 있는 인맥을 찾아 서로 함께 성장할 수 있는 관계를 만들어 리더의 외로움을 달래보자.

여섯째, 피난처를 찾아라. 의사도 자신을 치료해 주는 주치의가 따로 있다. 스스로 지치고 힘들 때 극복할 수 있는 자신만의 피난처를 만들자. 재충전을 위한 환기의 과정에서 새로운 아이디어가 떠오르거나 어려운 문제가 해결되는 경우도 있다.

일곱째, 객관적 시야를 형성하라. 상황을 냉철하게 팩트만 놓고 볼 줄 알아야 한다. 물에 잉크 한 방울이 떨어지면 순식간에 탁해지듯 잘 돌아가는 일에 감정을 한 방울 떨어뜨리면 순식간에 탁해진다. 어려운 상황일수록 침착하고 객관적인 시선으로 볼 수 있도록 감정을 배제하고 생각하는 습관을 기르자.

여덟째, 리스크를 받아들여라. 이미 안 되는 걸 한탄해 봤자 상황이 나아지는 것은 없다. 엎질러진 물을 주어 담든, 새 물을 구하든 'Next'를 고민해야 한다. 왜, 그런 말도 있지 않은가? 고난은 나를 더 단단하게 할 뿐이라고.

2 '다음은 무엇인가요?'

리더는 길을 알고, 길을 가고, 길을 보여주는 사람이다.

- 존 맥스웰 -

우리가 처음 가는 지역에서 여행을 한다고 생각해 보자. 그 여행지에서 골목골목에 있는 맛집을 찾아가기 위해서는 물어도 보고, 지도도 보고, 검색도 해보고 여러 노력 끝에 겨우 도달할 것이다. 그때 그곳에 도착할 수 있을 것이라고 어떻게 확신할 수 있을까?

처음 가보는 곳에 갈 때 어려운 점은 내가 가고 있는 길이 맞는지에 대한 의문에서 비롯된다. 가보지 않은 길은 불안하고 불확실하다. 경험한 적이 없기에 확신보다는 걱정과 불안에 처한다. 길을 찾아서 헤매다가 목적지에 도착하면 뿌듯하지만 시간은 오래 걸리는 경우가 많다. 만약 우리에게 내비게이션이 있다면 어떨까? 훨씬 덜 헤매고 직관적으로 목적지에 도착할 수 있었을 것이다.

우리의 미래는 처음 가는 여행지와 같다. 불확실성 속에서 길을 찾는 것과 같다. 한 번도 가본 적 없는 미지의 세계를 개척하고 있는 것과 같다. 개척하고 있는 우리의 입장에서 내비게이션이 있다면 훨씬 효율적으로 도달할 수 있지 않을까.

리더는 그런 내비게이션 같은 존재이다. 먼저 가봤기 때문에, 지름길도 알고, 편안한 길도 알고, 어떤 장애물이 있는지도 알고 있다. 리더는 불확실한 미래에 확신을 주고, 원하는 곳에 도착할 수 있도록 내비게이션 같은 존재가 되어야 한다. 내비게이션이 되는 방법에는 3가지가 있다. 개척자, 지도자, 인도자가 그것이다.

개척자

> 위대한 일을 감히 시도하다 실패한 사람이,
> 아무 일도 하지 않아 실패도 성공도 못 한 사람보다 훨씬 낫다.
>
> - 테오도어 루스벨트 -

개척자란 새로운 영역을 처음으로 열어 나가는 사람이다. 남들이 두려워하거나 상상하지 못한 세계에 먼저 발을 디딘 사람이다. 대항해시대의 개척자들은 두려움을 뒤로하고 바다를 향해 나아갔다. 바스코 다 가마는 인도를, 콜럼버스는 신대륙을 찾아냈다. 지금은 위성으로 지구를 볼 수 있지만 당시에는 미지의 세상이었다. 지금의 우리가 우주에 발을 딛는 것과 같은 수준의 도전이 필요한 일이었다. 그런 개척자들이 있었기에 밝혀지지 않았던 지도의 한 부분이 새롭게 그려졌다.

어두운 지도를 밝혀나가는 개척자처럼 리더는 불확실한 미래를 제대로 헤쳐 나가야 한다. 나만 보고 따라오고 있는 팀원들을 위해 어디에 위험이 있고, 물은 어디서 먹어야 하고, 쉴 곳은 어디이고, 잠은 어디에서 자야 하는지 알려줄 수 있도록 제대로 지도를 밝혀야 한다. 우리가 꼭 모든 경험을 해봐야 다 아는 것은 아니다. 앞으로 나아가서 뒤를 돌아봤을 때, 내가 왔던 길보다 더 편한 길이 있음을 깨닫게 될 때가 있다. 우리는 개척하며 알게 된 많은 정보들을 모아서 효율적으로 따라올 수 있도록 전달해주는 개척자이다.

인류 진화의 가장 큰 무기는 기록이었다. 앞서 경험한 사람들의 노하우를 바탕으로, 점점 고도화된 인류가 문명의 발전을 이루어 낸 것이다. 과장되게 이야기하자면, 우리는 인류 문명 발전을 위한 개척자 역할을 하고 있는 것이다.

오디세우스가 트로이전쟁을 끝내고 집으로 돌아갈 때 바다에서 세이렌을 마주쳤다. 세이렌은 아름다운 노래로 뱃사람을 유혹해 배를 난파시키고 죽게 만드는 존재이다. 오디세우스는 이 세이렌을 경험한 적이 있기 때문에, 선원들의 귀를 밀랍으로 막고, 자신은 돛대에 묶어 세이렌의 노래를 듣지만 움직일 수 없도록 막았다. 세이렌의 서식지를 안전하게 지나온 오디세우스와 일행들은 살아서 고향으로 돌아간다.

　개척자로서 무엇을 해야 하는가. 열심히 나아가고, 뒤를 돌아보며 더 좋았던 방법이 있는지 알아보는 것. 그래서 뒤따라오는 사람들이 효율적으로 따라올 수 있게 정보의 질을 높이는 것. 그렇게 어두운 지도가 밝혀져 간다.

지도자

> 당신의 행동이 다른 사람들에게 더 꿈꾸고, 배우고, 행동하고, 성장하게 만든다면 당신은 지도자이다.
>
> - 존 퀸시 애덤스 -

　과거 다른 팀에 있다가 하나로 합쳐진 팀이 있었다. 한 팀의 팀장은 팀원들에 대해 관심이 없었고, 다른 팀의 팀장은 일을 잘하기로 소문난 팀장이었다. 관심 없는 팀장 아래에서 배운 팀원들은 보고서도 대충 만들고, 보고체계도 제대로 지키지 않았다. 물론 팀원들의 입장에서는 하던 대로 했지만, 새로운 팀장의 시선에서 봤을 때는 기준에 미치지 못했다. 반면에 일 잘하기로 소문난 팀장 아래에서 배운 팀원들은 수준이 높게 일을 했다. 직급보다 더 높은 수준으로 보고서를 쓰고 업무를 처리했다.

　개인의 스타일은 가장 먼저 만난 리더에 의해 정해진다. 이는 오리가 태어나 처음 보는 대상을 따라 하는 것과 같다. 아무것도 그려지지 않은 새하얀 도화지를 들고 화가의 옆에 선다. 처음으로 붓을 들고 그리기에 옆에 있는 사람을 따라 하기 바쁘다. 맞든 틀리든 우선 따라 하여 붓 잡는 법부터 배운다. 그렇게 새하얀 도화지에 그림이 그려지기 시작한다.

리더와 구성원과의 만남도 마찬가지다. 리더가 하는 대로 따라 하는 것이 구성원이다. 구성원은 리더의 행보가 곧 스스로의 가야 할 방향으로 여긴다. 옳다고 여기기에 즉각 따라 하고, 그 방향과 방법을 빠르게 습득한다.

개척자가 되고 난 다음 우리는 지도자가 되어야 한다. 상대에게 방향을 알려주고 이끄는 사람이 되어야 한다. 지도(指導)란 '어떤 목적이나 방향으로 남을 가르쳐 이끈다'는 말이다. 지도자인 리더는 구성원에게 목적을 알려주고, 방향을 제시할 수 있어야 한다.

개척자로서 어렵게 구해 온 정보들을 잘 공유함으로써 '이 산을 오르기 위해서는 등산화가 필요해.', '내리막길을 가기 위해서는 무릎에 무리가 가기 때문에 빨리 내려가서는 안 돼.' 등 내가 겪었던 어려움을 피하고, 더 효율적으로 성장할 수 있는 방법을 고민하고 전달해 줘야 한다.

지도자는 구체적인 방법을 제시해야 한다. 알면 나누어야 하고, 배웠으면 가르쳐야 한다. 그 과정을 통해 나와 함께하는 이들을 전문가로 만들어야 한다.

인도자

> 리더로서의 능력은 개인적으로 이뤄낸 성과나
> 재직하고 있는 동안에 그 팀이 이뤄낸 것으로 판단 받지 않는다.
> 당신의 사람들과 그 조직이 당신이 없어진 후에도
> 잘해내고 있는가에 의해 측정된다.
>
> - 존 맥스웰 -

청출어람이라는 말이 있다. 쪽에서 뽑아낸 물감이 쪽보다 더 푸르다는 뜻이다. 사람들이 청출어람이라는 말을 보고 후배의 역량이 더 뛰어나다고 많이 생각하는데, 사실 쪽이 잘 가르친 것이다. 쪽이 인도자로서의 역할을 잘 해낸 것이다. 물론 따라오는 후배의 역량도 중요하지만, 인도하는 사람이 얼마나 시행착오를 덜하도록 만들었는가는 쪽의 능력이다.

마야 안젤루는 "사람들은 당신이 말한 것은 잊겠지만, 당신이 어떤 영향을 주었는지는 잊지 않는다."고 말했다. 구성원들에게는 리더가 미친 영향력이 남아 있다. 리더가 한 말이 누군가에게는 평생 소중한 한마디가 될 수 있다. 따라서 내가 하는 행동과 말 하나하나는 인도자로서 존재해야 한다. 인도자라는 자각이 있어야 한다.

많은 사람들이 지도자와 인도자를 혼동한다. 방법만 알려주면서 인도자라고 착각하는 경우가 많다. 지도자는 구체적인 방법을 제시하는 사람이라면, 인도자는 가야 할 방향과 완주할 때까지 이끌어주는 사람이다. 지도자는 코치이고, 인도자는 감독이다. 코치는 올림픽에서 우승하기 위해 세부적인 방법에 대해 알려준다. 감독은 상대 선수에 대한 분석, 내 선수의 멘탈 코칭 등의 전체적인 역할을 맡는다. 더 나아가 내가 없어도 완주할 수 있게끔 만들어 내는 사람이다.

『부의 기본기』에서는 이런 말이 있다. '한 아이가 지닌 고귀하고 뚜렷하게 타고난 특성을 잃어버린 채, 자신의 재능과 상관없는 일을 하며 사는 일이 허다하다.'[15] 사람은 각자 다르게 태어난다. 생김새가 다르듯이 타고난 특성이나 능력이 다르다. 어떤 사람은 기계를 잘 만지고, 어떤 사람은 문학을 잘하며, 어떤 사람은 관계를 잘 맺는다. 인도자는 각자 다른 개성을 가진 사람들이 각자의 개성을 잘 활용해서 자기만의 답을 찾을 수 있도록 인도하는 사람이어야 한다.

팀 쿡은 애플에서 스티브 잡스가 떠난 후 자리를 이어받은 사람이다. 세상에 애플을 알린 사람이 스티브 잡스라면 애플을 지금의 위치에 오르게 한 사람이 팀 쿡이다. 팀 쿡이 맡은 애플은 매출이 두 배가 되었고, 회사의 시장가치는 2조 달러에 육박한다. 많은 불협화음이 있었지만, 팀 쿡은 결국 청출어람을 해낸 것이다.

인도자는 가치를 이야기할 수 있어야 한다. 내가 왜 저기로 가야 하는지, 저기에 가면 무엇이 좋아지는지, 그곳에서 얻을 수 있는 것은 무엇인지, 그래서 스스로 가고 싶게 만들 수 있는 사람이 되어야 한다. 이를 위해 질문을 잘해야 하고, 그 사람에 대해서 파악을 잘해야 한다. 그 사람에게 맞는 비전을 제시하고, 그 사람이 끝까지 완주할 수 있도록 이끄는 사람이어야 한다.

다음을 제시하는 리더

> 비전이란, 사람들에게 열정을 불러일으키는 미래의 그림이다.
> – 빌 하이벨스 –

'당신은 무엇을 위해 존재하는가?'라고 리더에게 묻는다면 '나보다 더 나은 사람을 육성해 내는 일'이라 답해야 한다. 목적지에 가려면 나침반이 있어야 한다. 북쪽과 남쪽이 어디인지 알아야 방향을 설정할 수 있다. 나침반의 N극과 S극을 알아야 나아가는 것처럼, 'North'라는 'Next'와 'South'라는 'Step'이 있어야만 방향을 설정하고 나아간다.

어릴 때 시청했던 『지붕 뚫고 하이킥』이라는 흥행했던 드라마가 있었다. 이 드라마가 흥행했던 큰 이유는 자극적인 포인트에서 갑자기 끝나버렸기 때문이다. 갑자기 광고가 나오면서 다음 예고편도 없이 끝나버린다. 사람들은 그다음이 궁금해서 기다렸다가 꼭 시청하곤 했다.

앞에서 인도자는 스스로 갈 수 있게끔 만들어야 한다고 이야기했다. 스스로 가기 위해선 그 다음이 궁금해 미치게 만들어야 한다. 『지붕 뚫고 하이킥』과 같이 다음이 궁금해 미치도록 만들어야 한다. 다음화가 시작되었을 때 궁금함이 해소되더라도 계속 몰입할 수 있도록 흥미진진한 시나리오를 펼쳐주어야 한다.

 우리가 제시해야 할 'Next'는 이런 것이다. '네가 여기까지 해내면 다음에는 저기까지 해낼 수 있어. 이것은 어떤 영향을 주고, 어떤 권한까지 가능해. 이것은 너에게 어떤 의미야. 해보고 싶지 않니?'와 같은 'Next'를 제시해서 스스로 가고 싶은 마음이 들도록 해야 한다.

 구성원이 가고 싶은 마음이 들었다면 어떤 단계를 거쳐서 가야 할지에 대한 방법을 알려줘야 한다. 내가 지금까지 알고 있는 많은 노하우를 전달해 줘야 한다. 가끔 보면 어떤 리더들은 후배가 나보다 먼저 치고 나가는 것을 경계해서 자신의 노하우를 알려주지 않고 보물단지 대하듯 꽁꽁 감춰놓고 알려주지 않는 경우가 있다. 이는 잘못된 판단이다.

 조직의 입장에서 자기보다 잘난 사람을 만들어 내는 사람이 가장 훌륭하다. 어떤 사람이 나보다 더 뛰어난 사람들을 배출했을 때, 우리는 그 사람들에 대하여 위대한 지도자, 위대한 인도자라고 부른다. 그러니 내가 겪었던 시행착오들을 겪지 않을 수 있게 아주 구체적이고 쉽게 알려줄 수 있어야 한다.

 이렇게 이끌다 보면 머릿속에 한 가지 고민이 생겨난다. 나는 내가 직접 다 겪어서 지금의 수준을 만들었는데, 내가 이렇게 다 알려주면, '상대방이 스스로 개척해 나갈 힘을 기르는 일을 막는 것이 아닐까?'에 대한 고민이 들 수 있다.

하지만 상대가 리더를 넘어 나아가면 그 사람은 새로운 개척자의 역할을 맡게 될 것이다. 그러니 기회를 뺏는다는 생각을 하지 말고, 앞으로 나아가게 하는 것이 후배를 위한 길이라고 생각해야 한다. 후배에게 지름길을 알려주는 일을 주저하지 말자.

서핑 갈 준비를 해 온 친구한테 북극으로 가라고 하면 안 된다. 반대로 북극에 갈 준비를 끝낸 친구에게 아프리카로 가라고 하면 안 된다. 우리가 방법을 제시할 때 섬세하게 신경 써야 할 부분은 그 사람이 내가 걸어온 길을 그대로 답습하는 것이 아니라 그 사람에게 맞는 길을 제시하는 것이다.

잘하는 부분은 더 잘할 수 있게, 부족한 부분은 연습해서 채울 수 있게 하여, 각자의 개성에 맞게 자신만의 길을 완주할 수 있도록 앞에서 이끌고, 뒤에서 밀어주는 전략을 세워야 한다.

개척자, 지도자, 인도자의 역할 중 하나라도 빠져서는 안 된다. 걸어가 본 적 없는 사람은 구체적인 방법을 지도할 수 없다. 구체적인 방법만 아는 사람은 목적지를 향해 왜 가야 하는지를 모른다. 내가 명확히 모르는 길을 상대방에게 아무리 말로 설명해도 상대는 목적지에 도착할 수 없다.

각자의 개성에 맞는 자신만의 길을 완주할 수 있도록, 리더로서 우리는 끊임없이 길을 개척하고, 교습법을 고민하고, 목적지에 도착하면 무엇이 좋아지는지 제시할 수 있도록 만반의 준비를 끊임없이 고민해야 한다.

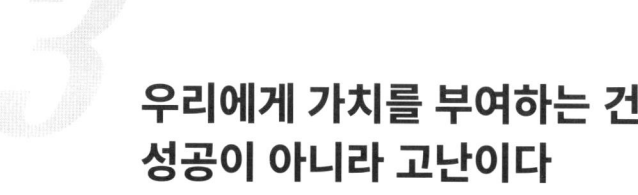

우리에게 가치를 부여하는 건 성공이 아니라 고난이다

> 성격은 평온과 안락 속에서 형성되지 않는다.
> 시련과 고통을 통해서만 영혼은 강해지고, 야망은 북돋아지며,
> 성공은 이뤄진다.
>
> - 헬렌 켈러 -

우리는 언제 성장했다고 느낄까? 바로 긍정적인 변화를 느낄 때이다. 전에 하지 못했던 일을 해낼 때 우리는 성장했다고 느낀다. 한 시간 걸리던 보고서를 10분 만에 끝내거나, 방법도 몰라서 시작도 못 했던 일들을 즉각 해결할 때 '내가 성장했다.'라는 생각이 든다.

즉, 성장을 체감하기 위해선 내가 잘 못했던 것이 있고, 그 일을 해내기 위해 수많은 도전, 연습, 고민, 시행착오, 좌절, 극복 같은 것들을 경험하면서 배우고, 그 배움을 통해 개선되는 것이다.

우리는 본능적으로 편안함을 추구하고, 어려움은 피하고 싶어 한

다. 역설적이게도, 성장은 못하던 것을 해내기 위한 힘듦 속에서 피어난다. 쉬운 길만을 선택하면 배움이 존재하지 않는다. 명검이 되는 과정과 같이 힘듦은 단순한 고통이 아니라 삶이 우리에게 건네는 질문이자 기회이다.

『브루스 올마이티』라는 영화에서 신이 주인공에게 묻는다. '제가 하나 물어보도록 하죠. 누가 인내를 달라고 기도하면 신은 그 사람에게 인내심을 줄까요? 아니면 인내를 발휘할 수 있는 기회를 주실까요? 용기를 달라고 하면 용기를 주실까요? 아니면 용기를 발휘할 기회를 주실까요?'

시련이라고 느껴질수록 우리는 기회라고 생각해야 한다. 힘들고 어려운 일이 찾아왔을 때, 그것을 무조건 피해야 할 괴로움이 아니라 오히려 나를 단련시키고, 더 넓은 시야와 깊은 마음을 갖게 해주는 디딤돌이라고 생각해야 한다.

근육은 자극을 받아 찢어지고 다시 회복하는 과정을 거치면서 더 단단해진다. 처음 운동하면 온몸에 근육통이 생겨 고통스럽지만 그 시기가 지나 습관으로 이어지면 처음 했던 운동의 강도는 아무 것도 아니게 된다.

성장을 위해서 고난이 필수적이라는 사실은 알았을 것이라 생각한다. 그렇다면 리더로서 구성원들에게 고난을 주어야 하는 것일까? 아니면 고난이 즐거운 일이라는 인식을 심어주어야 하는 것일까? 이 질문의 답을 잘 생각해 보자.

마음먹기에 달렸다

> 왜 살아야 하는지를 아는 사람은 그 어떤 상황도 견딜 수 있다.
>
> - 니체 -

　『죽음의 수용소』의 저자 빅터 프랭클은 2차 세계대전 당시 나치가 무자비하게 유대인을 학살했던 아우슈비츠 수용소에서 살아남은 사람이다. 그는 '어떤 상황에서도 자신의 태도를 선택할 수 있는 자유'가 있음을 강조했다. 수용소라는 극단적인 환경에서도 삶의 의미를 발견하고 그것을 실천했던 사람이다.

　많은 수용자들이 절망과 무의미 속에 무너질 때, 빅터 프랭클은 사랑하는 아내의 얼굴, 자신이 다시 쓰고 싶던 책, 고통을 견디는 인간의 존엄 같은 의미들을 붙잡고 있었다. 자신의 태도를 선택할 수 있다는 인간의 자유를 기억하며, 고통조차도 의미 있는 경험으로 전환하려는 자세를 가졌다. 수용소의 현실을 무조건적인 절망이 아니라 내면의 싸움의 장으로 보았다.

　지금의 내가 아무리 절망적인 상황 속에 있다 하더라도 아우슈비츠 수용소 생활보다는 나을 것이다. 아우슈비츠 수용소 안에서도 할 수 있던 일을, 더 나은 상황에서 못할 것이 뭐가 있겠는가. 빅터 프랭클의 말처럼 어떤 상황에서도 자신의 태도를 선택할 수 있는 자유가 있다. 즉, 마음먹기에 달렸다. 고통이라는 것에 압도되기보다는 고통을 새로운 의미로 재해석함으로써 삶의 가치를 만들어갈 때, 우리는 성장하게 되는 것이라 믿는다.

『사기』의 저자 사마천은 거세를 당하는 형벌인 궁형을 받았음에도 역사서의 완성이라는 더 큰 완성을 위해 육체적, 정신적 고통을 이겨냈다. 그런 고통에서 바라본 것은 자신이 살아갈 이유와 존재 의미였다.

심리학에는 외상 후 성장이라는 개념이 있다. 극심한 고난 이후에 오히려 삶의 가치나 인간관계, 자아에 대한 깊은 이해가 증가할 수 있다는 이론이다. 반대로 PTSD라는 외상 후 스트레스 증후군이 있다. 외상적 사건을 겪고 일어나는 정신건강 장애로, 트라우마를 반복하거나 수면 불안, 과민 반응 등을 일으킨다.

외상 후 성장을 할지, 스트레스로 트라우마에 잠식될지는 선택이다. 외상 후 성장이 되기 위해서는 경험 자체를 내 삶의 의미로 받아들여야 한다. 그러기 위해선 자존감이 필요하다. 힘든 일을 이겨낼 수 있다는 자기 믿음이 확고해야 한다.

나의 상황을 제3자의 입장에서 바라보며 감정을 내려놓고, 객관적으로 보는 연습도 중요하다. 트라우마라는 거창한 개념이 아니더라도 나를 불편하게 하거나, 꺼려지게 하는 것들을 객관적으로 바라봄으로써 내가 처한 상황이나 고난이 별게 아니라는 것을 스스로 명확하게 인지해야 한다.

부처님은 인생을 고해라고 말씀하셨다. 스토아 철학자 에픽테토스는 "운명을 바꿀 수 없다면, 그에 대한 우리의 태도를 바꾸라"고 말했다. 리더로서 우리 조직에 힘든 상황이 왔을 때, 고난이 아닌 새로운 가치를, 역경을 이겨낼 수 있는 용기를 심어줄 수 있도록 나부터 절망 속에서 가치를 창조해 내야 한다.

리더의 최선, 독립시키기

당신의 길을 걷지 않으면,

다른 누군가의 길에 평생 이용당할 것이다.

- 칼 융 -

세상에 존재하는 만물은 자신의 새끼를 보호한다(햄스터가 자신의 새끼를 먹는다고 알고 있지만 이는 극도의 스트레스 상황에서만 일어나는 일이다. 일반적인 상황에서 일어나는 상황은 아니니 잠시 잊도록 하자). 하지만 조류는 자신의 새끼를 사지로 내몬다. 독수리는 자신의 새끼가 날 수 있도록 낭떠러지로 밀어버린다. 독수리뿐만 아니라 많은 조류들이 새끼가 날갯짓을 할 수 있을 때까지 지극정성으로 보호하지만, 날 수 있는 근력이 갖춰진 순간부터 즉시 둥지를 떠나도록 만든다. 이러한 현상을 이소(離巢)라고 한다.

리더가 지향해야 할 방향은 구성원의 독립이다. 내가 없어도 내가 있을 때보다 더 좋은 성과를 낼 수 있도록 만들어야 한다. 어떻게 하면 그렇게 만들 수 있을까? '왜 그렇게 했는가?'라는 질문을 던지면 된다.

상명하복의 문제점은 위에서 명령하는 주체가 없을 때 아래가 실이 끊어진 인형처럼 아무것도 할 수 없다는 것이다. 개개인이 스스로 판단하고 생각하여 변화의 방향성을 제시할 수 있는 조직으로 만들어야 한다.

많은 리더들이 선호하는 사람은 어떤 사람일까? 바로 주도적인 사람이다. 더 정확히 말하면 무언가를 지시하지 않아도 알아서 문제를 발견하고, 그 문제를 해결하는 사람이다. 요즘 말로 알잘딱깔센(알아서 잘 딱 맞고 깔끔하며 센스 있게)이라고 한다.

주도적인 사람들은 '무엇을 하면 될까요?'라고 묻지 않고, '이 방향이 맞을까요?'라고 묻는다. 자기 나름대로 생각하고, 생각한 것이 조직의 방향과 일치하는지 확인하기 위해 묻는 것이다. 우리 구성원들이 모두 그렇게 할 수 있도록 만들어야 한다. 그렇게 만들기 위해선 그 방법을 알려줘야 한다. 일을 기다리는 것이 아니라 스스로 문제의식을 가지고 문제를 발견하고, 그 문제를 해결하기 위해서 책임감을 가지고 그 일을 끝까지 해낼 수 있도록 주인의식을 심어주어야 한다. 문제가 생겼을 때 스스로 해결하는 감당력을 가질 수 있게 하는 방법을 고민하고 지도해야 한다.

진정한 리더는 빈자리가 티 나지 않는 사람이다. 모든 것을 자기가 결정하려는 리더들이 있다. 내가 없으면 우리 팀이 안 된다고 여기는 사람도 있다. 이는 잘못된 생각이다. 존재감이 필요함에서 나오는 줄 알기 때문이다. 리더는 구성원들이 리더에게 의존하는 것이 아니라 자립할 수 있게 해야 한다. 위에 이야기한 문제의식, 책임감, 감당력을 만드는 방법이 궁금했을 것이다. 우리는 그저 구성원들이 자신이 맡은 분야에 대해서 스스로 의사결정하고 책임질 수 있게 믿어주고, 잘 알려주고, 기다려줌으로써 그 역량들을 기를 수 있다. 명심하자. 리더가 통제하려고 하면 할수록 수동적인 직원이 될 뿐이다.

『길을 묻는 리더를 위한 리더십 지도』에는 '과거의 가정에서 벗어나지 않는 한 경로를 통한 학습도 불가능하다. 다시 말해 과거의 성공을 뒷받침했던 인자들과 태도, 기술 등이 미래에도 그대로 적용된다는 보장은 없으며, 기존의 지식도 더 이상은 소용이 없을 수 있다는 점을 인정해야 한다.'고 말했다.

내가 모든 것을 통제하려고 하는 것은 내 방식이 옳다고 말하는 것과 같다. 구성원들이 독립성을 기를 수 있도록 권한을 위임하는 과정에서 조직을 성장시킬 수 있는 새로운 아이디어들이 나올 수 있다. 권한위임을 통해서 조직과 구성원이 성장할 수 있다는 믿음을 가지고 응원과 지지를 보내주어야 한다. 구성원에게는 지지와 응원을 받으며 스스로 해보는 일들이 고난이 아닌 경험이 되어 성장하는 밑거름이 될 것이다.

4 혼자 가면 빨리 가고, 함께 하면 멀리 간다

師克在和不在衆(사극재화부재중)

군대의 승리는 일사불란하게 움직이는 것에 있는 것이지,

병사의 숫자에 있지 않다.

- 『춘추』 -

영국 신문사에서 했던 유명한 퀴즈가 있다. 영국의 끝에서 런던까지 가장 빨리 가는 방법을 맞추는 사람에게 천만 파운드의 상금을 걸었다. 많은 사람들이 다양한 방법을 제시했지만 정답으로 선정된 것은 간단한 답이었다. 바로 '친구와 함께 가기'다.

마라톤에서 선수가 아닌 페이스 메이커가 있는 이유는 템포 조절의 목적도 있지만, 42.195km라는 거리를 완주하는 데 심리적 안정감을 주기 때문이다. 우리의 가야 할 길은 마라톤보다 더 먼 거리다. 어쩌면 평생 뛰어가야 하는 거리인지도 모르겠다. 그 긴 여정이 지루

하거나 두렵지 않도록 우리는 함께 가야 한다. 우리의 목표는 '롱런'이고, 방법은 '함께'다.

한 명의 천재가 10만 명을 먹여 살릴 아이디어를 낼 수 있지만, 그 한 명이 10만 명의 일을 모두 처리할 수는 없다. 각자의 위치에서 자신의 역할을 다할 때, 1 더하기 1이 2보다 커지는 것이 아닐까.

'함께'의 핵심은 발맞추기. 2인 3각 경기에서 서로가 같은 발을 뻗으면 그 자리에서 넘어진다. 나아가기 위해서는 나의 왼발과 상대의 오른발이 함께 나아가야 한다. 이처럼 발을 맞추기 위해 리더가 어떤 마음을 가져야 하는지 알아보자.

닫힌 마음은 이끌 수 없다

> 살아남는 것은 가장 강한 종도, 가장 똑똑한 종도 아닌, 변화에 가장 잘 적응하는 종이다.
>
> - 찰스 다윈 -

많은 사람들이 흥선대원군에 대해 오해하는 것은 그가 펼친 쇄국 정책이 '새로운 문물이라면 무조건 막아야 한다'고 기억하는 것이다. 사실 흥선대원군은 우리 고유의 본질을 잃지 않기 위해 한 번에 모든 것을 수용하는 것보다 서서히 수용하자고 주장했다.

매우 일리 있는 말이다. 하지만 모두가 알고 있듯이 역사적으로 쇄국정책은 실패했다. 나는 그 정책의 실패 이유를 그가 세웠던 정책의 명분이나 의지가 부족해서가 아니라, 변화하는 속도에 맞지 않는 정책을 펼쳤기 때문이라고 생각한다. 시대의 흐름을 잘 읽는 것이 중요하다는 것을 깨닫게 해주는 일화다.

그렇다면 지금은 어떤 시대일까? 우리가 몸담고 있는 사회의 흐름이 어떻게 변화하고 있는지를 알고 있어야 우리는 그에 맞는 삶의 방식을 선택할 수 있다. 한국은 6.25전쟁 이후 폐허가 된 나라가 선진국으로 성장한 저력이 있는 나라다. '손흥민 봉준호 BTS Let's go!'라는 유행어가 세계적으로 유행할 만큼 다양한 분야에서 세계적인 유명인사가 점차 많아지고 있다. 대한민국이 폐허에서 선진국으로 성장할 수 있었던 저력은 어디에서 나왔는가? 한국의 성장과정을 통해 우리의 리더십이 어떻게 변화해야 하는지 함께 알아보자.

6.25 직후 미국의 원조를 통해 겨우 연명하던 한국이 1962년 '경제 개발 5개년 수립'하에, 우리가 흔히 알고 있는 새마을 운동 등을 통해서 국가주도의 경제개발 계획을 시행했다. 이때 한국의 성장방식은 선진국의 성공사례를 카피하는 방식, 즉 Fast Follower 전략을 사용했다.

이 'Fast Follower' 전략에서 중요한 리더십과 구성원의 태도는 상명하복이었다. 소위 말하는 카리스마 리더십을 통해서 구체적이고 명확한 방식을 리더가 제시하고, 리더가 제시한 임무를 성실히 수행하는 사람이 인정받는 사람이었다. 이런 성장방식에서 개인의 개성이나 의견은 불필요한 것이었다. 정해진 사회적 규범 속에서 지금의 방식을 따라오지 못한 사람을 잘못되었다고 낙인 찍으며 개인의 개성이 피어나지 못하게 했다. 이럴 수밖에 없었던 이유는 이미 선진국에서 여러 시행착오를 통해 검증된 최적의 시나리오대로 적용해 빠른 성장을 이루기 위해서였다.

　급성장을 이루었던 한국은 IMF까지 극복하며 점차 삶의 질이 개선됐다. 주 6일제 근무에서 주 5일제 근무로 변화하고, 누더기 옷을 입었던 사람들이 일부러 청바지를 찢어 입기 시작했다. 개인의 개성과 인권의 중요성 대두되었고, 소비방식의 변화 등 성장 전과는 극명히 대비되는 많은 변화가 생겨났다.

　이러한 변화 속에서 정보통신 산업의 급성장을 통해 고부가가치 산업 중심으로 세계 시장을 선도하기 시작했다. 2,000년대 이후 IT 산업의 성장은 급격한 시대변화를 만들었고, 이러한 변화 속에서 한국은 세대 차이라는 열병을 앓기 시작했다.

　이로부터 20여 년이 지난 지금 우리는 '大개성의 시대'에 살고 있다. 고부가가치 산업을 넘어 스포츠와 문화, 여러 분야에서 두각을 드러내는 한국은 세계의 트렌드를 제시하고 K-열풍을 선도하는 한국에 중요한 성장방식은 늘 해오던 방식이 아니라 새로운 가치를 창출하는 데 있다.

　한국이 선진국으로 거듭나면서 'Fast Follower'에서 'Market

Leader'로 변화하기 시작했다. 앞선 시기에는 다른 사람들이 해왔던 것을 답습하기만 하면 됐지만, 이제는 점차 따라갈 수 있는 부분은 줄어들고 직접 시행착오를 겪으며 새로운 길을 개척해야 하는 시대가 온 것이다.

과거의 카리스마 리더십은 한 명의 리더가 다수의 구성원에게 카리스마 하나로 강력한 영향을 주는 것이 효과적이었다면, 지금의 사회가 요구하는 리더십은 한 명의 리더가 다수에 맞춰 각 개인의 개성과 강점을 살릴 수 있는 맞춤형 리더십을 요구하고 있다. 다양한 의견이 존중받고, 자유롭게 펼칠 수 있으며, 새로운 길을 개척하는 것이 이 시대를 살아가는 방식이 되었다.

상명하복의 문화가 꼰대 문화로 취급받고, 시대에 뒤떨어진 사람이라는 낙인을 만들고 있다. 급성장을 겪으며 'Fast Follower' 방식을 평생 동안 배워온 사람들에게는 개인의 의견이 존중받는다는 선택지는 존재하지 않았다. 요즘 세대는 그들을 이해할 수 없고, 과거의 방식에 익숙한 사람들은 요즘 세대를 이해할 수 없는 아이러니한 상황에 도달했다. 이 안에서 잘못한 사람은 아무도 없다. 하지만 앞서 말했듯 지금은 새로운 가치를 창출해야만 살아남을 수 있는 사회다. 이 새로운 가치를 창출하는 데 카리스마 리더십은 적합하지 않다.

가끔 선배들이 '요즘 애들은 까라면 까가 안돼.'라고 말한다. 지금은 까라면 이것을 왜 까야 하고, 까면 어떤 이득이 있는지를 설명해 줘야만, 내가 아는 방식보다 더 나은 방식으로 깔 수 있는 시대가 되었다.

지금 우리에게 요구되는 가장 중요한 역량은 개방성이다. 나와 함께하는 구성원들이 내는 많은 아이디어를 토대로 그것을 정교하게 가다듬어 새로운 무기로 만들어내는 것, 이것이 지금 시대를 살아가는 방식이다. 지금 우리에게 고집이나 독단은 독이다. 다양한 의견을 수용할 수 있도록 여러 환경을 준비해야 한다. 우리가 준비해야 할 환경은 다음과 같다.

첫째, 수평조직에서도 이야기했듯이 구성원이 의견을 이야기해도 혼나거나 무시당하지 않는다는 믿음이 있는 문화다. 많은 아이디어를 받기 위해선 언제든지 의견을 낼 수 있는 환경이 마련되어야만 한다.

둘째, 리더의 열린 마음이다. 내가 아는 것과 다른 것을 틀리다고 이야기하지 않는 인내가 필요하다.

셋째, 좋은 아이디어를 낸 사람을 계속 장려할 수 있는 보상이 필요하다. 이 보상이라는 것이 금전적인 보상이 될 수도 있겠지만, 리더의 칭찬과 격려, 그리고 적절한 피드백은 굉장히 좋은 비금전적 보상에 해당한다.

'요즘 애들은 왜 이렇게 내 말을 안 따라주는 거야.'라는 생각을 아직 가지고 있다면 내가 시대의 변화에 뒤떨어진 것이 아닌가 자문해 봐야 한다. 내가 그들의 말을 안 따라주는 사람일 확률이 굉장히 높다. 지금 리더로 살아남기 위해선 개방성은 선택이 아닌 필수다.

리더의 인내심

> 인내할 수 있는 자는 원하는 것을 가질 수 있다.
>
> - 벤저민 프랭클린 -

참을 인 세 번이면 살인도 면한다고 했다. 우리는 살면서, 특히 사회생활을 하면서 인내심이 중요하다는 사실을 모두 알고 있다. 그런데 정작 인내심을 어떻게 써야 할지는 잘 모른다. 큰 잘못을 했는데, 아무 말 하지 않고 묵묵히 바라보는 것은 인내심이 아니다. 진짜로 인내심을 발휘해야 하는 순간은 무엇일까. 모건 하우절이 쓴 『불변의 법칙』에서는 이렇게 말한다.

'우리 인생에서 중요한 것들은 두 가지가 있어야 가치 있는 뭔가가 된다. 인내심과 희소성이다. 인내심을 지녀야 그것이 성장하는 것을 지켜볼 수 있고, 희소성이 있어야 그것의 소중함을 느끼며 감사할 수 있다. 하지만 인생에서 중요한 것을 대할 때 사람들이 가장 흔하게 택하는 접근법 두 가지는 뭘까? 더 빨리 하려는 것. 더 규모를 키우려는 것이다. 언제나 그게 문제였다.'[16]

누군가 배가 고프다고 하면 토끼를 잡는 법을 알려주어야 하는데, 토끼를 직접 사냥해서 가져다주는 잘못을 범하곤 한다. 우리가 가져야 할 인내심은 정말로 시급한 일이 아니라면 스스로 해낼 수 있도록 방법을 알려주고 기다려주는 것이다. 그 기다림 사이에는 반드시 잘해낼 것이라는 믿음이 있어야 한다. 그 믿음이 생기기 위해서는 반드시 방법을 잘 알려줘야 한다.

좀 더 구체적인 방법을 알려주자면, '이렇게 해'가 아닌 '이렇게 해봐'를 이야기해야 한다. '이것도 몰라'가 아니라 '이런 방법은 어떨까'를 물어야 한다. '왜 그런 식으로 생각해.'가 아니라 '나는 이런 식으로 생각하는데, 너는 어떻게 생각해?'라고 물어야 한다. 잊지 말자. 토끼를 잡아다 주면 안 된다. 토끼를 잡아다 주면 나는 평생 토끼를 잡아다 주는 사람으로 남아야 한다.

솔선수범

> 델타 항공은 태도를 보고 인재를 선발하고
> 실력은 교육을 통해 키웁니다. 언제고 태도가 먼저입니다.
> 우리는 기존 구성원들과 즐겁게 협력할 수 있는 사람을 영입하지요.
>
> - 에드 베스천 -

미국 해군 소속의 특수부대 네이비실은 지옥주라는 6주간 계급에 상관없이 6명을 한 팀으로 만들어 전쟁에서 겪을 정도의 상상할 수 없는 고통을 겪도록 만든다. 이 훈련법을 최초로 고안한 사람은 카우프만이라는 사람이다. 카우프만은 이 지옥주 훈련에 운영자가 아닌 참가자로 함께 참여한다. 카우프만에 대해 부대원이 한 말이 있다.

'우리는 훈련 내내 카우프만을 눈여겨보았다. 결과적으로 그에 대한 존경심이 깊어진 이유는 다른 장교들과 달랐기 때문이다. 여타 장교들은 뭔가를 스스로 해 보이는 대신 부하들에게 지시한다. 하지만 그는 우리에게 뭔가를 제안하라고 요구했다. 그는 괜찮은 제안을 접수하면 즉시 실전에 활용했고, 아무리 더럽고 냄새 나는 일이라도 항상 그 자리에서 팀원들과 함께했다. 어떻게 그를 존경하지 않을 수 있겠는가?' [17]

우리는 카우프만처럼 해야 한다는 것을 잘 알고 있다. 하지만 실천이 참 어렵다. 그렇다면 왜 어려운가? 알면서 안 하는 것이 제일 나쁜 것인데, 왜 우리는 못할까? 나는 이 답을 『진정성 리더십』이라는 책에서 찾았다.

'공동성공이란 조직 구성원들이 리더의 성공 도구가 되지 않는 것을 말한다. 함께 일하는 사람들이 중요한 결정에 참여한 적 없고, 시행착오를 겪으며 배우고 성장할 기회를 갖지 못하면, 리더도 리더답게 성장할 기회를 놓치는 것이다. 진정한 리더십은 과정 지향적이다. 리더의 성공을 위한 도구로 전락했다고 느낀 직원들은 보수가 높아도 사직서를 던진다.' [18]

우리가 실천이 어려운 이유는 결과 지향적이기 때문이다. 과정에서의 배움보다는 눈앞의 성과에 매몰되어 의도하지 않았지만 구성원들을 성공 도구로 쓴 것이다.

구성원 앞에서 멋진 연설보다 중요한 것은 평소의 태도다. 직원의 실수를 질책하는 대신 함께 원인을 찾고, 야근하는 직원의 곁에 앉아 함께하는 자세가 조직의 문화를 바꾼다. 눈치 대신 신뢰, 경쟁 대신 협력이 우선되는 분위기는 리더의 평소 태도에서 비롯된다.

겪어왔던 리더들을 떠올려보자. 상사의 마음은 생각보다 잘 읽힌다. 그렇지 않은가? 저 사람이 기분이 나쁜지, 좋은지 우리는 많은 경험을 통해 잘 알고 있다. 구성원이라고 다를까? 이 사람이 우리를 진심으로 대하는지, 아니면 부품처럼 대하는지는 피부로 느껴진다.

진정성이 느껴지면 비협조적이기가 쉽지 않다. 비협조적인 사람이 있더라도 다른 구성원들로부터 지탄받는다. 진정성 있는 리더와 함께하는 사람들은 작은 성과에도 기뻐하고, 위기의 순간에는 자발적으로 희생한다.

사회인으로서 성과를 내는 것은 중요하다. 하지만 성과만을 바라보는 것은 잘못되었다. 결과 지향적 태도를 버려야 진정성을 가질 수 있다.

믿음의 필수 요소

> 누군가를 믿을 수 있는지 알아보는 가장 좋은 방법은
> 그를 믿어보는 것이다.
>
> - 어니스트 헤밍웨이 -

내가 사회생활을 처음 시작할 때 제일 처음 받은 조언이 아무도 믿지 말라는 말이었다. 나에게 그 말을 해준 사람은 내가 그 사람을 믿을 수밖에 없게끔 행동했다. 선배임에도 불구하고 궂은 일은 나눠 했고, 공은 후배에게 돌렸으며, 말과 행동이 일치하는 사람이었다.

반대로 나만 믿으라고 했던 사람도 있었다. 그 사람은 항상 자신의 일을 내게 떠맡겼고 나의 모든 공은 자신이 가로챘으며, '다 너를 위해서 하는 말이야'라고 했지만, 정작 내용을 들어보면 자기를 위한 변명이었다. 참 아이러니하지 않은가.

사람에 대한 믿음은 어디에서 나올까. 한두 가지 요소만 있다고 생각하지는 않는다. 복합적인 요소가 더해져서 사람에 대한 믿음이 나온다. 열 길 물속은 알아도 한 길 사람 속은 모른다고 하지 않은가. 누군가를 믿기 위해서는 상대를 믿기 위한 근거가 상당히 중요하다. 그 근거의 필수 요소 3가지가 있다.

첫 번째, 항상성이다. 일관된 태도가 보여 졌을 때 우리는 그 사람을 예측 가능하게 하고, 그 예측 가능함은 그 사람이 다음에 어떤 행동을 할 것인지 알기 때문에 불안하지 않다. 아무도 믿지 말라고 했던 선배는 언제나 일관된 행동으로 나와 그 사람 사이의 예측 가능한 행동들을 보여주었다. 그런데 재미있게도 나만 믿으라고 했던 선배도 항상 예측 가능했다. 그래서 우리는 항상성만 신경 쓰면 안 된다.

두 번째, 실력이다. 나만 믿으라고 했던 선배처럼 예측되는 결과가 절망적이면 어떨까? 과연 그 사람을 믿을 수 있을까? '그 사람이 일을 맡았다면 안심할 수 있어요.', '아무개라면 그 정도는 껌이지.'라는 믿음을 줄 수 있는 것은 실력에서 나온다.

그래서 우리는 실력 향상에 힘써야 한다. 일을 잘하기 위해서뿐만 아니라 함께하기 위해서, 꼭 리더로서만이 아니라 모두가 서로 믿으려면 성장을 멈춰서는 안 된다.

세 번째, 존중이다. 우리 인간은 자신이 무시를 받을 때 감정적이게 된다. 상대방을 존중해야겠다는 마음을 먹고 행동하는 것은 생각보다 고려해야 할 요소가 많다. 그런데 아이러니하게도 상대방이 존중을 느끼게 하는 방법은 의외로 쉽다. 상대방의 말을 경청하면 된다. 그 사람의 말이 끝나기 전에 말을 자르지 않는 것. 그 사람의 이야기를 정면으로 반박하지 않는 것. 그 사람이 말하는 동안 그 사람에게 온전히 집중하는 것만으로도 상대방은 존중을 느낄 수 있다.

백날 예의를 갖춰도 경청하지 않는다면 상대의 믿음을 얻을 수 없다. 다른 것은 몰라도 경청은 열 번 잘하다 한 번 잘못해도 파급효과가 크다.

최근에 멘티와 대화를 하다가 멘티의 말을 끊는 실수를 한 적이 있다. 그때 멘티의 표정 때문에 잠이 안 온다. 그 순간에 멘티와 나의 믿음은 확실히 금이 갔다. 좋은 말을 백 번 하는 것보다 존중을 한 번 보여주는 것이 믿음이 생기게 하는 것이라고 생각한다.

5 기업 가치의 9할은 리더가 결정한다

회사는 그것을 이끄는 사람만큼만의 가치가 있다.

- 메리 케이 애시 -

기업의 성패는 단지 시장의 흐름이나 제품만으로 결정되지 않는다. 같은 조건에서도 어떤 기업은 비약적인 성장을 이루고, 어떤 기업은 정체하거나 쇠락한다. 그 차이를 만드는 핵심은 '리더십'이다. 기업의 가치는 리더가 무엇을 보고, 어떤 결정을 내리며, 어떤 문화를 만들어가느냐에 따라 좌우된다.

우리 제발 '일개 팀장'이라는 말은 하지 말자. 리더는 수많은 사람들의 경력과 인생의 방향에 실질적인 영향을 주는 존재다. 그에 걸맞은 책임감을 반드시 가져야 한다. 리더란 기업이 공식적으로 인정한 사람이며, 그 자리에 오를 수 있었던 것은 조직의 신뢰와 기대가 있다는 말과 같다.

《하버드 비즈니스 리뷰》에서는 "CEO의 역량 차이가 기업 가치의 45~70%에 영향을 미친다"고 분석했다. 이는 곧, 기업의 가치는 시스템이나 제도보다는 결국 '사람', 특히 '리더'에 의해 결정된다는 의미다. 매출 실적, 기업 문화, 전략의 일관성과 지속 가능성에 이르기까지, 리더가 미치는 영향은 절대적이다. 결국, '리더가 곧 기업이다.'

그렇다면 리더는 어디를 향해 가고 있는가? 조직과 함께 성장한 직원들은 자신의 삶에서 의미를 발견하고, 더 큰 책임과 기여를 자발적으로 감당하게 된다. 이를 가능케 하기 위해 리더가 갖추어야 할 것은 3가지다.

첫째, 안목이다. 방향을 제시하고 위험을 예측할 수 있어야 한다. 둘째, 문화 창조 능력이다. 신뢰와 협력의 문화를 형성해야 한다. 셋째, 결단력이다. 최종적인 책임을 지고 결정할 수 있어야 한다.

이 3가지는 리더가 단지 관리자가 아닌 변화를 이끄는 사람으로 성장하기 위한 핵심 조건이며, 그렇게 성장한 리더가 기업의 가치를 결정한다.

리더의 안목

疑人不用 用人不疑 (의인불용 용인불의)

의심스러운 사람은 쓰지 말고,

한 번 채용했다면 의심하지 말아야 한다.

- 『송사(宋史)』 -

좋은 리더는 다가올 일을 먼저 알아채는 사람이다. 안목이 있는 리더는 남들이 보지 못하는 가능성을 보고, 다가오는 위기를 미리 감지하며, 지금의 작은 선택이 미래에 어떤 결과로 이어질지 꿰뚫어 본다. 기업의 방향은 리더가 바라보는 방향에 따라 결정되며, 그 안목이 곧 조직의 미래다.

리더에게는 변화를 읽고 기회를 포착하는 안목이 필요하다. 리더란 기업을 움직이는 사람이다. 회장, 사장만이 리더가 아니다. 팀장이라는 직책에 있는 모두가 리더다. 배철현의 『위대한 리더』에 이런 말이 나온다.

'리더는 안목을 통해 볼 수 없는 것을 보고, 들을 수 없는 것을 듣고, 느낄 수 없는 세계를 상상하는 예술가다. 안목이란 무엇인가. 안목은 일상의 사소함과 단순함 속에서 가장 아름답고 거룩한 것을 찾는 능력이다.'

일상의 사소함에서 거룩한 것을 찾는 안목이 있다면, 주변의 변화하는 환경을 인식할 수 있다는 말이고, 나아가 그 변화 속에서 거룩한 것을 찾아낼 수 있는 안목이 있다는 말이다. 사소한 변화가 모여 큰 흐름의 변화가 만들어진다.

리더는 아주 사소한 것의 변화를 놓치지 않는다. 직원들의 얼굴 표정 변화부터, 시장의 흐름까지 이어지는 변화다. 폭풍의 시작은 나비의 날갯짓임을 알고, 변화의 시초가 무엇인지 생각하고 찾아내는 사람이 안목을 가진 리더다.

리더는 사람을 뽑을 때와 사람을 쓸 때를 구분하는 안목이 필요하다. 서두에 있는 명언처럼 의심 가는 사람은 뽑지 말고, 사람을 쓰기로 했다면 의심하지 마라.

　　다년간의 채용 담당자로서 일을 해본 경험상 '이 부분만 고치면 될텐데'라는 생각이 드는 사람들은 채용 후에도 끝까지 고쳐지지 않았다. 의심이 드는 부분이 있다면 뽑지 말아야 한다. 아무리 급한 상황이더라도 뽑는 순간은 신중해야 한다.

　　반면 사람을 뽑았다면 의심하지 않아야 한다. 의심을 하지 않는 방법은 장점만 보는 것이다. 『오서』에는 貴其所長 忘其所短(귀기소장 망기소단)라고 나온다. 상대의 장점을 존중하고 단점을 잊는다는 말이다.

　　이에 대하여 『세종처럼』에서도 비슷한 말을 한다. '세상에 완전한 사람은 없습니다. 따라서 적합한 자리에 기용해 인재로 키워야 합니다. 전능한 사람도 없습니다. 따라서 적당한 일을 맡겨 능력을 기르는 것이 중요합니다. 그 사람의 결점만 지적하고 허물만 적발한다면, 아무리 유능한 사람이라도 벗어날 수가 없게 됩니다. 따라서 단점을 버리고 장점을 취하는 것이 인재를 구하는 가장 기본적인 원칙인데, 이렇게 하면 탐욕스러운 사람이든 청렴한 사람이든 모두 부릴 수가 있습니다.' [19] 인재가 가진 장점을 잘 쓸 수 있게 장점만 보는 사고방식을 갖는 것이 의심을 하지 않는 방법이다.

　　안목이란 사물을 보고 분별하는 견식이다. 견식이란 견문과 학식이다. 얼마나 보고 들은 것이 많아 견문을 넓혔는지, 얼마나 많이 배우고 생각해서 지식을 쌓았는지를 통해 분별력이 생긴다. 해야 할 일인지, 아닌 일인지 분별하고, 가야 할지, 가지 말아야 할지를 분별할 수 있다. 사람에 대해 많이 들여다보고 생각하는 습관을 들여 제대로 된 안목을 갖출 수 있도록 하자.

의사결정을 내려라

> 가장 위험한 결정은 아무 결정도 하지 않는 것이다.
>
> - 존 F. 케네디 -

조직은 매 순간 선택의 기로에 서있다. 시장의 변화에 어떻게 대응할지, 언제 신제품을 개발할지, 인원을 유지할지 아니면 구조조정을 단행할지 등 수많은 결정들이 기업의 운명을 좌우한다. 이 모든 갈림길에서 가장 앞에 서서 방향을 정해야 하는 사람이 바로 리더다.

리더의 결정은 단지 하나의 행동을 지시하는 것을 넘어, 조직의 자원과 에너지를 어떤 방향으로 집중시킬지를 결정하는 전략적 행위다. 그만큼 리더는 결정을 미루거나 회피해서는 안 되며, 결정의 순간마다 책임을 감수해야 한다.

노벨상을 수상한 심리학자인 대니얼 카너먼은 '조직은 의사결정 공장이다.'라고 말했다. 리더의 결정에 의해 모든 것이 바뀐다. 한순간의 결정으로 조직이 와해될 수 있고, 사소한 결정으로 성공으로 가는 길이 열릴 수도 있다.

'어떻게 하면 좋은 결정을 내리는가?' 살아온 경험, 타인의 지식, 새로운 원리 등 다양한 요인들을 통해 좋은 결정을 내리는데 도움을 받는다. 하지만 모든 경우에 적용되는 방법은 존재하지 않는다. 매사의 환경이나 상황 자체가 다르기 때문이다. 유동적인 상황을 해결하기 위해서는 순간순간에 맞는 선택이 필요하다.

『강점으로 이끌어라』에서는 4가지 방법을 제시한다.

첫째, 자신의 한계를 알아야 한다. 리더의 의사결정에는 스스로의 강점과 약점을 충분히 이해해야 한다고 말한다. 리더가 하는 선택이 옳은지를 판단하려면 내 분수에 맞는지를 먼저 물어야 한다. 내가 할 수 있는 일인가? 우리 조직이 할 수 있는 일인가? 우리가 가진 사람으로? 우리가 보유한 자금으로? 우리가 가진 강점으로 해낼 수 있고, 우리가 가진 단점이 제한을 두지는 않은가? 이를 살펴야 한다.

둘째, 비판적 사고를 해야 한다. 확증편향(자신의 가치관과 부합하는 정보에만 주목하고 그 외의 정보는 무시하는 사고방식과 태도)에 빠지지 않으려면 지속적으로 비판적 사고를 해야 한다. 내가 하는 생각, 내가 내리는 결정이 편향에 빠진 결정이 아닌지를 물어야 한다.

셋째, 분석을 기반으로 한 자료를 사용해야 한다. '되고 안 되고'의 문제가 아니라 수치화하여 볼 수 있게 만들어야 한다. 리더의 편견을 수치로 바로잡을 수 있어야 한다.

넷째, Win-Win이 되어야 한다. 나도 성장하고 상대도 성장할 수 있는 선택인가? 그렇지 않으면 나만 이기적으로 성장하는가?

잘못된 결정을 할까봐 아무 결정을 못하는 것보다 잘못된 결정을 내렸을 때 바로잡을 수 있다는 용기를 가지고 순간순간 최선의 선택을 하는 것이 중요하다. 내가 한 선택이 잘못되었을 때 올바른 길로 돌아갈 수 있는 방법을 찾으면 된다. 매몰비용의 오류로 더 깊숙한 곳으로 들어가면 누구도 꺼내줄 수 없다.

리더십의 꽃은 결정력에 있다. 조직이 위기에 빠졌을 때, 기회 앞에서 머뭇거릴 때, 누군가는 결정을 내려야 앞으로 나아갈 수 있다. 정보가 불완전하고 결과가 불확실할 때, 리더의 가치가 드러난다. 좋은 리더는 모든 정보를 완벽히 알 때까지 기다리지 않는다. 수집할 수 있는 만큼의 정보를 기반으로, 리스크를 분석하고, 직관과 경험을 동원해 최선의 결정을 내린다.

결정력은 곧 책임감과 연결된다. 결정을 내렸다는 것은 그 결과에 책임지겠다는 뜻이며, 조직 구성원들에게 확신을 주는 행위이기도 하다. 불확실한 상황에서도 리더가 흔들리지 않는 모습을 보여주면, 구성원들은 안심하고 따를 수 있다. 반대로 결정을 내리지 못하거나 책임을 회피하는 리더는 조직에 혼란과 불신을 초래한다.

리더는 결정을 피할 수 없는 사람이다. 그리고 그 결정이 곧 기업의 방향을 만든다. 빠르게 변화하는 시장에서 리더가 결정을 주저하면, 기업은 순식간에 기회를 잃고 도태된다. 책임 있게, 정보에 기반하여, 때로는 용기 있는 결단을 내릴 수 있는 리더야말로 조직의 미래를 설계할 수 있다. 결국, 결정하는 리더가 기업의 9할을 움직인다.

메이커

> 당신이 허용하는 것이 곧 당신 조직의 문화가 된다.
>
> - 미상 -

  나이키, 아디다스, 입생로랑, 샤넬 등과 같은 고급 브랜드를 다른 말로 메이커라고 부른다. 이 메이커들은 다른 제품들보다 디테일이 살아 있다고 평가를 받는다. 그 디테일의 차이가 브랜드의 힘이 되고, 브랜드의 힘에 따라 가격이 천차만별로 차이가 난다. 가죽의 마감, 제조 방식 등 사소한 차이로 브랜드의 가치를 인정받는다는 것이다.

  우리가 알고 있는 인정받는 사람들은 메이커와 유사하다. 그들이 일하는 방식이 우리와 엄청난 차이가 있지는 않지만, 많은 디테일 속에 차이가 있다. 그런 작은 것들이 쌓이고 쌓여 따라잡을 수 없는 성과를 만들어낸다.

  리더는 메이커다. 무엇을 만드는 사람인가? 환경과 문화다. 환경과 문화에 대한 디테일들이 우리 조직을 메이커로 만들 수도 있고, 시장에서 2~3천 원에 팔리는 보세로 만들 수도 있다. 메이커와 보세의 차이를 만들어내는 디테일들은 어떤 것들이 있을까?

먼저 환경에 대한 이야기를 하고 싶다. 여름에 무더운 날씨 속에서 에어컨을 켜지 않으면 생각보다 업무 능률이 많이 떨어진다. 한겨울에 난방을 켜지 않으면 손가락이 얼어 타자를 치기 어렵다. 아주 단순한 예시를 들어봐도 환경이 중요하다. 하지만 회사의 정책상 에어컨을 못 켤 수도 있고, 난방을 못 켤 수도 있겠다. 하지만 리더가 만들 수 있는 환경은 반드시 존재한다. 리더가 통제할 수 있는 부분이 3가지 있다.

첫째, 일에만 집중할 수 있는 환경이다. 일주일에 한 번씩 전 구성원이 함께 청소를 하면서 사무실의 환경을 깨끗하게 만드는 것. 아주 짧은 시간이지만 업무에만 집중할 수 있는 환경을 만드는 데 효과적이다.

과거에 관행대로 진행되어 비효율적으로 진행된 일들을 효율적으로 바꾸는 것. 분명히 누군가는 해야 하지만 굉장히 번거로운 일들의 R&R(Role & Responsibility, 역할과 책임)을 명확하게 하는 것. '누군가 하겠지'라는 말이 아닌, '누가 해야 한다'는 명확함을 제시하는 것. 다른 조직과의 협의에서 우리 조직이 부당한 일을 떠맡지 않도록 하는 것. 이런 것들이 불필요한 감정 소모 없이 일에만 집중할 수 있게 환경을 만드는 것이다.

둘째, 동료 환경이다. 인사팀에서 근무하며 퇴직 면담을 해본 결과 퇴사 이유는 각양각색이지만, 8~9할은 사람 때문이다. 다른 곳에서 돈을 더 많이 준다고 표면적으로 이야기하지만, 돈을 많이 준다고 하는 회사를 알아본 계기는 동료나 리더 때문이었다.

생각보다 사람은 변화를 좋아하지 않는다. 그럼에도 불구하고 급격한 환경 변화를 만들려고 하는 이유는 지금 상황이 그 변화를 만들 수밖에 없는 이유를 만들기 때문이다. 리더는 비협조적이거나 분위기를 흐리는 구성원에 대한 강력한 경고와 개선을 위한 피드백들을 지속적으로 주어야 하고, 함께 일하는 것이 즐거울 수 있는 환경을 만들어야 한다.

셋째, 신입사원이나 경력사원이 입사를 했을 때 업무에 적응하는 시간을 최소화할 수 있도록 이 사람을 육성할 로드맵을 미리 설계하고 어느 시기에 어떤 것들을 배우면서 누가 가르칠지 미리미리 계획해놓고 그에 맞게 운영할 수 있는 준비를 해두는 것이 불필요한 자원 낭비를 줄이는 방법이다.

신입사원 왔으니까 아무개가 봐 주라고 이야기하면 도대체 어디서부터 무엇을 가르쳐야 하는지 혼동할 수밖에 없다. 다시 한 번 말하지만 당신은 리더이지만 구성원은 리더였던 적이 없다. 리더가 챙겨야 하는 부분이다. 처음부터 끝까지 가르치라는 말이 아니다. 누군가에게 가르치라고 위임했다면 잘 가르치고 있는지, 잘 배우고 있는지 주기적으로 들여다보고, 다음에는 어떤 것들을 하면 좋을지 구체적으로 제시할 수 있어야 한다.

환경과 더불어 이야기하고 싶은 것은 문화다. 요새는 봄만 되면 벚꽃놀이를 가자고 말하며 벚꽃놀이 BEST TOP 10이 인터넷에 돌아다닌다. 실제로 벚꽃놀이 현장을 가보면 발 디딜 틈 없이 많은 사람들이 와있다. 재미있는 것은 벚꽃놀이를 온 사람들에게 일제강점기에 대해 어떻게 생각하냐고 물으면 한국인답게 치를 떤다.

대부분 벚꽃이 핀 자리는 무궁화가 뽑힌 자리다. 일본의 민족말살 정책으로 무궁화가 심어진 곳에 벚꽃을 심었다. 그 여파가 지금 나타나는 것이다. 아주 사소한 변화라 할지라도 문화의 힘은 나비의 날갯짓처럼 거대한 폭풍을 가져올 수 있다. 사람들이 봄마다 벚꽃놀이를 가자고 하는 것이 그 증거 아닐까.

조직문화란 조직에서 공통적으로 공유되는 규범과 가치, 행동양식 등을 의미한다. 맹모삼천지교(孟母三遷之敎) 일화는 모두가 잘 알고 있는 이야기다. 맹자의 어머니가 3번이나 이사를 한 이유는 환경의 중요성을 알고 있었기 때문이다. 우리가 바라봐야 할 문화의 디테일은 무엇일까.

첫째, 태극문화다. 태극은 두 개의 다른 속성이 단순히 붙어 있는 것이 아니다. 중앙에 있는 태극기 모양을 보면 위에 있는 것이 아래로 내려가고, 아래 있는 것이 위로 올라가고 있다. 그림으로 그려져서 가만히 있는 것처럼 보일 뿐이지 사실 움직이는 형상이다.

이를 조직에 대입해 보면 리더는 방향성과 전략에 대하여 'Top down'의 형태로 방향을 잡는 역할을 반드시 해야 한다. 적어도 전략이나 방향에 대한 의사결정을 실무자에게 미뤄서는 안 된다. 그 책임도 리더가 져야 한다.

그렇게 정해진 방향대로 실무자에게 전달된 전략은 'Bottom up' 형태로 진행될 수 있게 해야 한다. 자기 업무에 대한 충분한 권한을 실무자가 가지고 전략에 방향과 일치하는 형태라면 어떻게 보면 리더보다 더 전문성을 갖춘 실무자가 직접 그 일을 다루고 조절할 수 있도록 권한을 위임해야 한다.

실행을 하면서 새로운 아이디어나 여러 의견들을 자유롭게 말할 수 있도록 만들어 줘야 하고, 많은 의견을 냈을 때 비웃음 당하거나 반박을 당하지 않을 것이라는 심리적 안전감을 줄 수 있어야 한다. 그렇게 되지 않는다면 우리 조직에 심리적 안전감이라는 단어는 사전에서 지워지게 될 것이다.

내가 말하는 것은 아랫사람의 말대로만 하자는 것이 아니다. 태극처럼 방향과 실행이라는 두 개의 다른 가치가 조화를 이룰 수 있게 만들자는 것이다.

둘째, 즐거운 분위기를 만드는 것이다. 위에서 사람 간의 관계가 중요하다는 말을 했다. 사람 간의 관계를 좋게 만드는 방법이 무엇이 있을까. 바로 재미있게 만드는 것이다.

아침에 출근하면서 웃으면서 인사하는 것. 아주 작고 사소하지만 큰 효과가 있는 행동이다. 한 달에 한 번 자유롭게 커피를 마시며 이야기하는 시간을 주어도 좋고, 아니면 매일 술만 먹는 회식이 아니라 누구나 쉽게 즐길 수 있는 스포츠를 해보는 것도 좋은 문화를 만드는 것이다.

가족을 다른 말로 식구(食口)라고 표현한다. 식구를 풀이해 보면 먹을 식(食)에 입 구(口)다. 밭에서 일하시는 분들이 양푼이 하나에 비빔밥을 만들어 함께 밥을 먹으면 식구라고 할 수 있다. 같이 밥을 먹은 사이 아닌가. 매일같이 긴 시간을 함께하는 식구끼리 얼굴 붉힐 일 없게 분위기를 잘 조성하는 것이 즐거운 분위기를 만드는 것이다.

조직이 붕괴되는 이유는 대부분 성과 부족이 아니라 문화 붕괴다. 리더가 실패를 두려워하면 조직은 혁신을 할 수 없다. 구성원이 자유롭게 의견을 내는 것, 실수 속에서도 배움을 얻는 것, 동료들과 함께 즐거운 분위기를 만드는 것 모두 리더의 몫이다.

이런 것들을 만드는 것에 대해 구체적인 방법을 제시하지는 못한다. 저마다 처한 상황이나 환경이 다르기 때문이다. 하지만 이 책을 읽어볼 정도로 노력하는 사람이라면 반드시 그 답을 찾을 수 있으리라 믿는다.

여러 시도들을 하면서 실패가 있을 수 있다. 그러나 실패는 끝이 아니라 다음 시도를 위한 디딤돌이 될 것이다. "나는 실패한 것이 아니다. 잘못 작동하지 않는 1만 가지 방법을 발견한 것이다." 에디슨도 이런 말을 하지 않았는가. 단순히 많은 경험을 하는 것이 중요한 것이 아니라, 그 경험 속에서 'Lesson learn'이 있을 때 성장을 이뤄낼 수 있을 것이다. 우리는 할 수 있다.

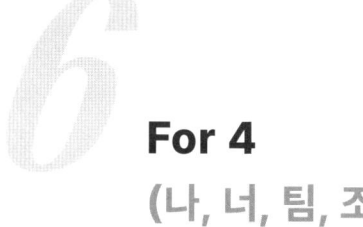

For 4
(나, 너, 팀, 조직)

누구든 그 자체로서 온전한 섬은 아니다.

모든 인간은 대륙의 한 조각이며, 전체의 일부이다.

- 존 던 -

함께 가지 않는 사람은 멀리 가지 못한다. 한 배에 타고 있음을 인식하지 못해도 멀리 가지 못한다. 다음 단계를 제시하지 못하면 함께 가지도, 멀리 가지도 못한다. 함께 가는 이의 능력이 부족하면 혼자만 힘들다. 이 모든 것이 한 사람이 어떻게 하는가에 따라 달려 있다. 그것이 리더의 자리다. 이 모든 과정은 리더의 선택과 결정에 달려 있기 때문에 모든 기업, 조직, 팀의 가치를 결정한다.

나의 가치는 내가 결정하고, 팀의 가치는 팀장이 결정한다. 회장이 기업의 가치를 결정하고, 대통령이 국가의 가치를 결정한다. 그럼에도 불구하고 리더는 더 나은 가치를 만들어내는 사람들이다. 우리 모두를 위한 가치를 만들어내는 사람이 리더다.

1. 왜 가야 하고, 어디로 향해야 하는지 아는 사람, 그런 사람이 되어야 하고, 그렇게 이끌어야 한다.
2. 내가 왜 일하는지에 대한 질문을 던져보자.
3. 리더는 생존과 번영을 가능하게 하는 문화를 만들어야 한다.
4. 리더는 개척자가 되어 먼저 걸어가보고, 지도자가 되어 사람을 가르치고, 인도자가 되어 구성원을 이끄는 사람이어야 한다.
5. 리더는 구성원을 성공시키고, 성장시키고, 성취시켜야 한다. 그를 위해 고난을 부여한다.
6. 구성원 개개인이 독립된 리더로 성장할 수 있도록 성장시켜야 한다.
7. 혼자 가면 빨리 가고, 함께 가면 멀리 간다.
8. 리더는 인내심을 갖고 구성원의 성장을 기다리고, 진정성으로 구성원을 대하며, 늘 경청하여 구성원의 목소리를 잊지 않는다.
9. 기업의 모든 가치는 리더에게 달려 있다. 리더의 자리는 절대 가볍지 않은 자리다.
10. 안목 있는 리더, 문화를 만드는 리더, 결정을 하는 리더가 되어야 한다.

YOU
당신과 함께하는 사람들

팀장님은 말씀하셨다.
'우리 모두 초심으로 돌아가자.'

나는 대답했다.
'응애.'

웃자고 한 말이지만 그 속엔 진심이 있었다.
우리가 함께했던 처음의 마음,
두려움 속에서도 설렘이 있던 그 순간을
나는 잊고 있었다.
이제는 다시 배우기로 했다.
함께 걷기로 했다.
'당신'과 함께.

1 먼저
한 배에 태워라

> 우리는 형제로 함께 살아가는 법을 배워야 한다.
> 그렇지 않으면 어리석게 함께 멸망할 것이다.
>
> - 마틴 루터 킹 주니어 -

당신의 구성원들은 어떤 사람인가? 리더에 대한 정의, 리더가 해야 할 일, 자기 자신에 대해 알았다면 이제 주변을 한번 살펴보자. 지피지기라는 말은 상대와 나를 정확하게 알아야 한다는 말이다. 상대는 누구인가. 나와 함께하는 이들은 누구인가? 이를 살펴야 한다.

리더가 우선해야 할 일은 구성원들에게 한 배에 타고 있다는 인식을 심어주는 것이다. 우리가 함께 같은 곳을 향하고 있고, 같은 목적을 갖고 있다는 마음을 갖도록 해야 한다. 우리 팀은 함께 항해하고 있고, 망망대해 속에서 하나로 뭉쳐야 한다. 무엇을 위함인가? 오직 생존을 위해서다. 너와 나의 생존을 위해, 우리 조직의 생존을 위해 한 배에 타야 한다.

앞서 리더십이 'Ship'이라고 설명했다. 우리가 미디어에서 자주 접한 뱃사람들은 굉장히 자유분방해 보인다. 하지만 폭풍우 속에서는 선장의 말 한마디에 돛을 당기라면 돛을 당기고, 뱃머리를 돌리라고 하면 뱃머리를 돌린다. 함께 타고 있는 사람들은 오직 안전한 항해를 위하여 하나로 뭉친다. 리더는 동상이몽이 되지 않게 한 뜻으로 움직이도록 하는 것이 중요하다.

한 배에 타기 위해선 같은 지점을 바라봐야 한다. 행선지가 같아야 한다. 행선지가 다르면 목적지에 도달할 수 없다. 북쪽으로 가려는 사람과 남쪽으로 가려는 사람이 한 배에 탈 수는 없다. 그래서 리더는 먼저 항해의 목적을 명확히 해야 한다. 목적지가 분명하면, 구성원들은 그 목적지에 닿기 위해 자신의 역할을 이해하고 책임 있게 행동할 수 있다.

공동체의 삶

팀워크는 단순한 협업이 아니라,

신뢰라는 바탕 위에서만 피어나는 문화다.

- 패트릭 렌시오니 -

리더십은 항해와 같다. 훌륭한 리더는 방향을 설정하고 모든 일에 대한 책임을 진다. 목적지를 향한 과정에 때로는 계획을 바꾸는 유연함도 필요하다. 그 변화는 신뢰를 기반으로 이루어져야 한다.

앞에서 리더는 가장 먼저 사람들을 한 배에 태워야 한다고 말했다. 여기서 '한 배에 태운다'는 말은 물리적으로만 함께 한다는 의미가 아니다. 같은 방향을 바라보고, 같은 목적을 공유하며, 운명을 함께한다는 인식을 갖게 해야 한다. 리더는 구성원들에게 '우리는 함께 이 배를 타고 있다'는 신호를 지속적으로 보내야 한다.

구성원들이 진심으로 함께 배를 타야 하는 이유를 느끼게 하려면 먼저 어디로 가고 있는지, 왜 가야 하는지, 그 여정에서 각자 어떤 역할을 해야 하는지를 분명하게 알려줘야 한다. 목적지 없이 움직이는 배는 구성원들의 불안을 야기하고, 불안한 조직은 서로에 대한 불신을 쌓는다. 그래서 리더는 구성원 개개인이 비전 속에서 자신의 자리를 발견할 수 있도록 도와야 한다.

구성원들이 리더를 믿지 않으면 절대 함께 배에 타지 않는다. 그들이 묻지 않아도 리더는 먼저 보여주어야 한다. '나는 당신을 믿는다', '나는 이 배를 끝까지 책임지겠다'는 태도를 말이 아니라 행동으로 보여줄 때 구성원들의 마음이 열린다. 위기의 순간에만 '같이 가자'고 말하는 리더보다, 평소에 먼저 믿음을 보여주는 리더가 사람들을 더 멀리 데려갈 수 있다.

배에 올라탄다는 것은 함께 노를 젓고, 풍랑을 견디고, 방향을 조정한다는 뜻이다. 리더는 단지 '우리 함께'라는 마음을 넘어서, 역할의 명확성, 책임의 분담, 의사소통의 통로까지 함께 구축해야 한다. 각자가 자신의 위치를 이해하고, 그 역할에 의미를 느낄 때 배는 힘을 얻는다. 그 힘이 곧 조직의 추진력이 된다.

한 배에 타고 있다는 인식은 특히 위기의 순간에 조직을 하나로 만든다. 진짜 리더는 가장 먼저 배에 타라고 말하는 사람이 아니라, 마지막까지 배에 남아 있는 사람이다. 구성원은 그 모습을 보고 리더를 믿는다. 결국, 한 배에 사람들을 태우는 리더는 사람이 아니라 관계를 움직인다. 그 관계 속에서 신뢰가 자라고, 그 신뢰 위에서 조직은 전진한다.

다양성의 중요성

한곳에 모아놓은 계란은 깨지기 쉽다.

- 유대인 속담 -

조직에는 다양성이 필요하다. 유대인들 사이에 주식 투자에 관한 유명한 말이 있다. '계란을 한 바구니에 담지 마라.' 한곳에 모두 투자하지 말고 분산투자를 하라는 조언이다. 조직도 마찬가지다. 한 사람에게만, 한 방법으로만, 한 의견에만 올인하면 안 된다. 그렇게 되면

한 가지 요인으로 조직 전체의 운명이 결정될 수 있다.

『용인술, 사람을 쓰는 법』에서는 이렇게 말했다. '순종보다 잡종, 즉 다양성 있는 조직이 성과를 낸다. 인재경영의 핵심은 편견을 끊는 것이다. 최고들만 모인 조직이 막상 성과에서는 최고가 되지 못한다. 건강한 조직은 다양한 목소리와 시각으로 구성되어야 하기 때문이다.'[20] 다양한 목소리가 허용되고, 이를 장려하는 조직으로 만들어야 한다. 다양성을 인정해야 한다. 모양이나 형태가 여러 가지로 많을 때 어떤 곳에서든, 어떤 일에서든 적응할 수 있다.

다양(多樣)의 양(樣)에는 본보기, 견본, 모양, 형상, 태도, 무늬 등의 뜻이 있다. 조직에서 여러 가지의 본보기나 견본이 있으면 따라 할 사람이 많다는 이야기이다. 여러 갈래의 길을 걸어간 사람들이 많다는 것이고 여러 가지의 방법을 배울 수 있다는 이야기이다. 때문에 인재가 들어와 많은 것을 배우며 성장할 수 있다. 여러 가지 태도를 지녔다는 것은 인간관계에서 큰 도움이 된다. 어떤 사람을 만나든 그 사람에게 맞출 수 있는 유연함이 있기 때문이다.

카멜레온의 생존전략은 보호색이다. 주변 환경과 자신의 피부색을 동일하게 만든다. 마찬가지로 조직에 여러 개의 무늬가 있다면 생존에 유리하다. 문(文)에는 무늬의 뜻이 있다. 즉, 여러 무늬가 있는 조직은 여러 문화(文化)가 있다는 뜻이다. 그리스문화와 오리엔트문화가 융합되어 헬레니즘이라는 꽃이 된 것처럼 다양성이 더 발전된 새로움을 창조할 수 있다.

그래서 리더는 조직의 다양성을 인정해야 한다. 다양한 사람을 받아들이고, 다양한 의견을 수용하며, 다양한 방법을 적용할 수 있어야 한다.

다양성이 부재하면 어떤 결과를 초래하는가. 오늘날 우리가 먹는 바나나의 대부분은 카벤디시 품종이다. 이 바나나는 달고, 운송이 쉬우며, 병충해에 강했던 과거 품종인 그로 미셸이 파나마 병으로 재배가 불가능해지면서, 그 대체재로 선택된 단일 품종이다. 문제는 이 카벤디시 품종이 유전적으로 그로 미셸과 비슷한 유전자를 갖고 있는 것에 있다. 똑같은 유전자는 유사한 병에 취약하다는 뜻이고, 실제로 지금 이 품종은 신종 곰팡이병으로 인해 전 세계적으로 멸종 위기에 처해 있다.

이 현상은 리더십과 조직 운영에 있어 '다양성의 부재가 어떻게 위기를 초래할 수 있는가'를 보여준다. 한 가지 유형의 인재만 존재하면 전문성은 있지만 다양한 일을 처리하는 데 어려움을 겪는다. 드라이버만 갖고 망치질을 할 수 없는 것처럼 말이다.

항해하는 배가 폭풍을 만났을 때, 방향은 하나이지만 그 방향을 향해 나아가는 방식은 다양해야 한다. 노를 젓는 사람, 돛을 조절하는 사람, 물을 퍼내는 사람, 서로 역할은 다르지만 그 다양성이 배를 나아가게 한다. 리더는 그것을 조율하는 지휘자이자, 다양성을 묶어내는 중심축이 되어야 한다.

리더의 단호함

> 선장은 모두를 만족시킬 필요가 없다.
> 그가 해야 할 일은 목적지를 향해 배를 이끄는 것이다.
>
> - 미상 -

팀장은 배를 총괄하는 선장이다. 선장은 배의 분위기를 올바르게 형성하는 역할을 해야 한다. 여기에서 개성이라는 미명 아래 팀의 분위기를 헤치는 사람을 막아야 한다. 선장에게 즉결처형권이 있는 이유가 무엇인가. 규율이라는 명목으로 함께하지 못할 사람을 걷어내기 위함이다.

선장은 구성원을 가르치는 사람이다. 삐뚤게 나아가는 사람에겐 바른길을 알려줘야 한다. 그것이 혹독한 과정일지라도 정도(正道)를 향한 가르침을 멈추지 않아야 한다.

묵인이 가장 무서운 병이다. 잘못된 행동을 하는 사람 한 명을 묵인한 순간 순식간에 주변이 물든다. 그 한 사람을 외면하면 조직 전체가 흔들린다. 조직은 분위기로 무너진다. 리더가 침묵하거나 회피하면 구성원들은 리더가 방관한다고 느낀다. 방관은 허용이고, 허용은 곧 동조. 선장이 방향을 잃으면, 선원들은 각자 생각하는 방향으로 노를 젓기 시작한다. 그렇게 팀은 하나의 배가 아닌, 서로 다른 목적지를 향해 탈출하기 시작하고, 끝내 살아남기 위해 구명보트를 내린다.

선장은 단호해야 한다. 단호함은 폭력이 아니다. 오히려 그것은 공동체를 지키기 위한 리더의 책임감 있는 개입이다. 규율을 지키지 않는 행동을 묵인할 때 발생하는 피해는 한 사람의 문제가 아니라 팀 전체의 사기와 신뢰, 에너지에 악영향을 준다. 그래서 리더는 사람을 택하는 것이 아니라, 원칙을 택해야 한다. 원칙을 지켜야 모두가 지켜진다. 원칙 없는 온정은 리더십이 아니다. 그것은 방임이며, 결국 모두를 위험에 빠뜨리는 부주의한 선택이다.

선장의 가르침은 늘 쉽지 않다. 때로는 불편한 말도 해야 하고, 반발을 감수해야 할 때도 있다. 하지만 그 과정을 두려워해선 안 된다. 진짜 리더는 갈등을 피하는 사람이 아니라, 갈등을 통해 팀을 성장시키는 사람이다. 불편함을 넘어서야 신뢰가 생기고, 신뢰 위에서 비로소 진정한 팀워크가 자란다.

리더가 해야 할 가장 중요한 교육은 '우리는 어떤 배인지', '이 배에는 어떤 규칙이 존재하는지'를 끊임없이 각인시키는 일이다. 리더가 방향을 흔들림 없이 유지할 때, 구성원은 그 방향을 따라 자신의 기준을 정비하게 된다. 바른 길을 향해 나아가야 하고, 그 길을 따라오도록 이끌어야 하며, 함께하지 않으려는 사람과는 멀어져야 한다.

2

우리는 사회에서 만난
거래 관계임을 잊지 말자

존중은 전략이 아니라 태도와 문화이다.

- 리처드 브랜슨-

회사에서 맺는 관계는 명확하게 정의하기 어렵다. 친한 선후배가 되고, 형과 동생 사이가 될 수 있다. 업무가 끝나고 함께 식사할 수도 있고, 주말에 만나 동아리 활동을 할 수도 있다. 물론 반대의 경우도 있다. 일하는 모습이 보기 싫은 경우도 있고, 함께하기조차 싫을 수도 있다.

 직장에서의 관계는 어떻게 정의해야 하는가. 직장은 일을 하러 온 곳이다. 일을 하기 위해 쌓아야 하는 신뢰관계는 있지만, 상대방이 내 아래라고 해서 상대를 함부로 할 권리는 없다. 누구에게나 존중해야 한다. 어느 누구에게도 함부로 굴지 말자. 존중은 예의가 아니라, 사람을 사람답게 보는 눈이다. 상호존중이 없는 조직은 결코 오래가지 못한다. 리더와 구성원은 거래 관계다. 구성원이 해야 할 일 중에 당연한 것은 없다. 구성원들의 업무에 감사할 수 있어야 한다.

반대로 이 거래 관계가 성립되지 않으면 거래를 끊어야 한다. 직장은 철저한 경제적 논리로 움직인다. 직장이란 일하는 곳이다. 일한다는 말은 무엇을 이루거나 적절한 대가를 받기 위하여 어떤 장소에서 일정한 시간 동안 몸을 움직이거나 머리를 쓰는 것이다.

즉, 대가라는 결과물을 받기 위해 내 노동력을 제공하는 곳이다. 대가 없는 노동력이 발휘되는 곳에서 친목이란 단어는 존재하지 않는다.

거래 관계에서 상대방을 존중하지 않는다면 거래를 시작조차 할 수 없다. 내가 만나는 모든 이들이 나의 고객이거나 협력사이다. 내 고객은 내게 금전적 이익을 주고, 협력사는 내게 제품을 만들어준다. 모두가 존중받아야 하는 사람들이고, 조심스럽게 행동해야 하는 대상이다. 혹시 아는가. 내가 함부로 대했던 사람이 내 위로 올라올지. 그러니 누구에게도 함부로 하지 말자.

너와 나의 사이

> 리더는 조직원을 최우선으로 알아야 하지만
> 그들과 너무 가까워서도 안 된다.
> 리더가 조직원에게 먼저 다가가야 할 유일한 순간은
> 그들이 어려움에 빠졌을 때다.
>
> - 손웅정 -

　리더와 구성원들의 관계를 한마디로 정리하면 불가근 불가원(不可近 不可遠)이다. 너무 가깝지도, 너무 멀지도 않은 상태이다. 너무 가까우면 친밀해질 수는 있으나 리더의 엄격함이 통하기 어렵다. 구성원들과 너무 멀어지면 팀을 하나로 만들기 어렵다. 지시만 하고 아무런 정(情)이 없이 행동하는 리더를 따르기는 쉽지 않다. 그래서 너무 가깝지도, 너무 멀지도 않은 그런 관계가 필요하다. 이를 담백한 관계라 말한다.

　담백함이란 욕심이 없고 마음이 깨끗한 상태를 말한다. 또한 싱거운 상태. 음식을 먹을 때 담백한 맛에 먹어야 한다. 맵고 짜고 자극적인 음식을 먹으면 속이 불편해지고, 담백한 음식을 먹으면 편안하다. 맵지도 짜지도 않은 것처럼 자극적이지 않은 관계가 이어져야 한다.

　담백하려면 욕심이 없어야 한다. 구성원에게 욕심을 가져서는 안 된다. '이 정도만 좀 더 해줬으면 좋겠는데.'라는 욕심을 버려야 한다. 이는 기대하는 것이다. 기대를 하면 욕심이 생기고, 욕심이 생기면

화가 나며, 화가 나면 관계가 과열된다. 과열된 관계는 어느 순간 파열음이 나기 시작한다.

리더는 마음이 맑아야 한다. 깨끗해 보이는 물도 휘저으면 바닥에 가라앉아 있던 흙이 일어나 흙탕물이 되듯, 마음속에 욕심이 일어나면 생각이 흐려지고 마음이 혼탁해진다. 그런 상태에서 사람과 대화를 하거나 중요한 결정을 내리면, 실수가 생기기 마련이다.

그래서 리더는 무엇보다 먼저 마음을 맑게 해야 한다. 그 첫걸음이 바로 기대를 버리는 일이다. 기대를 내려놓으면 마음이 훨씬 가벼워진다. 상대가 내 뜻처럼 따라오지 못하면, 그저 '그 사람은 아직 그만큼인 것'이라고 받아들이면 된다. 굳이 안 되는 사람에게 집착하거나 마음을 쓰는 것도 결국은 내 욕심이다.

리더는 모두를 다 끌고 갈 수 없다. 어떤 사람은 곁에 머물고, 어떤 사람은 자연스레 멀어지는 법이다. 중요한 건, 흔들리는 마음 대신 고요한 중심을 지켜야 한다.

리더는 공과 사를 구분해야 한다. 공공의 일과 사적인 일의 명확한 구분이 필요하다. 공공이란 구성원에게 두루 관계된 일이다. 모두와 관련된 일이 공공의 일이다. 사적인 일은 개인에 관련된 일이다.

『논어』에서 공자가 인재를 얻었냐는 물음에 제자인 자유가 답했다. '담대멸명이라는 사람은 길을 다닐 때 지름길로 가지 않습니다.' 인재(人才)는 지름길로 가지 않는다. 우리가 흔히 착각하는 일이 있다. 차가 조금 막힌다고 해서 지름길을 찾으려고 이리저리 돌아가는 경우가 있다. 목적지에 도착해보면 지름길로 가나, 가지 않는 것이나 비슷하다는 사실을 깨닫는다. 괜히 차에 흙만 더 묻기 마련이다. 인생도 마찬가지다. 인생에 지름길이라는 요령만 찾아서 살 수는 없다.

공사(公事), 공적인 일이 아니면 부탁하지 않는다. 아주 작은 일도 사적이라면 요청하지 말아야 한다. 그러한 일을 요청한 순간 상대방에게 꼬투리가 잡히거나 그 사람 앞에서 해야 할 말을 하지 못하게 된다. 리더가 직접 일을 챙기기 시작하면 아랫사람 또한 직접 하기 시작한다. 불편하고 사소한 일조차 리더 스스로 할 수 있는 것, 그것이 거래 관계에서 수평적인 관계를 의미한다. 그러니 단 한순간도 사적이면 안 된다.

리더의 가르침이 구성원에게 전달되면, 구성원은 가르침을 받고 성장으로 보답한다. 이것이 거래다. 리더가 해야 할 일을 구성원에게 미루어 받기만 해서는 안 된다. 물론 리더가 주기만 하는 것도 문제가 있다. 구성원은 구성원의 역할을 해야 한다.

구성원과 리더의 거래 관계가 향해야 할 목적지는 어디인가. 서로 함께 주고받으며, 팀의 목적을 달성하는 것이다. 왜 거래 관계여야 하는가. 서로에게 이익이 있어야만 함께 갈 수 있기 때문이다.

먼저 주는 사람

> 가장 많이 가진 사람은 가장 많이 주는 사람이다.
>
> - 워렌 버핏 -

예전에 펌프로 물을 먹는 시절이 있었다. 이때 펌프질을 할 때 물을 끌어올리기 위해 위에서 붓는 물이 있는데, 이 물을 마중물이라고 한다. 깊숙한 땅 속에 잠자고 있는 물을 길어 올리려면 내가 가진 물을 한 바가지 부어야 한다.

리더는 주는 사람이다. 마중물처럼 먼저 자신의 것을 내어주는 사람이다. 기다렸다가 얻으려는 사람이 아니라, 먼저 손해 보는 사람, 먼저 움직이는 사람이다. 진짜 리더는 결과를 요구하기 전에 스스로 먼저 책임을 짊어진다. 먼저 신뢰하고 희생하고 베푼다. 그렇게 한 바가지 물을 부어야 공동체는 아래에서부터 우러나오는 힘으로 움직인다.

처음에 펌프질을 해도 아무 반응이 없다. 몇 번의 펌프질로는 물이 올라오지 않는다. 마중물을 붓고 펌프질을 해도 물이 올라오기 전까지는 시간이 걸릴 수 있다. 그러나 포기하지 않고 계속 펌프질을 하면, 곧 시원하게 물줄기가 쏟아져 나온다.

사회생활을 하다 보면 자신이 가진 것들을 공유하지 않으려고 꽁꽁 싸매는 사람들을 본다. 자신의 노하우(Knowhow), 보고서 양식을 자기 것이라 생각하여 파일을 수정하지 못하게 PDF로 변환하는 정성까지 들여가며 공유하는 사람이 있다.

노하우를 전수한다는 것은 '어떻게'를 전수하는 것이다. 앞뒤 재고 주지 말자. 일단 주고 판단하자. 내가 생각하는 것 이상의 잠재력을 가져올 수 있다는 믿음을 가져보자. 아낌없이 주는 나무가 되어

보자.

리더십도 그렇다. 처음부터 보상받으려 하지 마라. 당장의 반응을 바라며 흔들리지 마라. 진심 어린 선행은 반드시 공동체의 에너지로 돌아온다. 마중물을 아끼는 리더는 결국 한 방울의 물도 얻지 못한다. 그러나 먼저 주는 리더는 사람들의 마음을 얻고 목표를 이루어낸다.

『기브 앤 테이크』라는 책에는 3가지 유형의 사람이 나온다. 기버(Giver), 테이커(Taker), 매처(Matcher)다. 기버는 주는 사람이다. 주는 것에 즐거움을 갖는 사람이다. 상대방에게 무엇을 줄 지 먼저 생각한다. 테이커는 주는 것보다 받는 것을 좋아하는 사람이다. 내가 준 것보다 받는 것이 더 많아진다. 매처는 얻은 만큼 주는 사람이다. 공평함이 원칙이기에 받는 만큼 되돌려준다.

여기에서 가장 실패할 확률이 높은 사람이 누구일까? 바로 기버다. 반대로 가장 성공할 확률이 높은 사람이 누구일까? 이 또한 기버다.

물론 이 두 기버에는 수식어가 붙는다. 첫 번째 기버는 아낌없이 주는 기버다. 두 번째 기버는 냉정한 기버다. 아낌없이 주는 기버는 사람을 가리지 않고 준다. 나를 공격하는 사람에게도 주고, 나에게 피해를 입히는 사람에게도 준다. 그 사람은 자신의 것을 주기만 하다가 자신조차 소모해버린다. 그래서 실패할 확률이 높아진다.

냉정한 기버는 가려서 준다. 주는 것을 받기만 하고, 나누지 않는 사람에게는 즉각 나눔을 중단한다. 무작정 퍼주는 사람이 아니라 줘야 할 사람에게 주는 사람이다. 그 사람은 성공할 확률이 높다.

작물을 오랫동안 키우기 위해서는 필요 없는 곳에 물을 주지 말아야 한다. 잡초를 자라지 않게 만드는 것이 냉정한 기버의 방식이다.

비워야 채울 수 있다. 단순하지만 어려운 개념을 실천하기 위해서 내가 알고 있는 노하우를 아낌없이 전수해 보자. 그러면 반드시 풍성한 결과물로 나에게 돌아온다.

3
피드백 :
성장을 위한 유일한 방법

피드백을 두려워하는 팀은 성장보다 생존을 택하게 된다.

- 에이미 에드먼슨 -

우리나라 사람들은 피드백을 하라고 하면 '이건 잘했는데, 이것만 개선하면 될 것 같아'라고 시작한다. 우리가 피드백을 준다는 것이 꼭 개선점을 말해야 하는 것은 아니다. 있는 그대로 말해주는 것이 피드백이라는 점을 이해해야 한다.

    피드백을 두려워하면 생존에만 집중한다. 이 말은 어떻게 하면 다치지 않을지 몸만 사리다가 끝난다는 말이다. 살아남기에만 집중한 사람은 살아가는 삶으로 이어지지 않는다. 피드백은 있는 그대로 말하되, 예의를 지키며 해야 한다.

    피그말리온 효과란 내가 상대방에게 갖는 긍정적인 생각이나 관심이 타인에게 영향을 미치는 효과를 말한다. 피그말리온이라는 조각가는 여인상을 조각한 다음 갈라테이아라는 이름을 붙였다. 조각상을 진심으로 사랑한 피그말리온을 보고 아프로디테가 조각상을 진짜 사람으로 만들었다. 사랑과 관심이 조각상조차 사람으로 만든다.

리더가 구성원에게 보내는 관심과 사랑은 생각보다 훨씬 큰 파급 효과를 낳는다. 진심 어린 피드백은 단순한 평가를 넘어, 리더가 구성원을 아끼고 믿는다는 신호가 된다. 리더가 가진 사랑과 관심은 말과 행동, 그리고 피드백을 통해 구성원에게 전해져야 한다. 그래야 구성원도 자신이 의미 있는 존재라고 느끼고, 스스로 더 나은 방향으로 성장하고자 한다.

왜 피드백인가?

비판은 성장을 위한 물처럼 주어져야지,

뿌리를 흔드는 공격이 되어서는 안 된다.

- 프랭크 클락 -

피드백의 사전적 정의를 알아보자. 사전에서는 '학습자의 학습 행동에 대하여 교사가 적절한 반응을 보이는 일'이라고 말한다. 리더의 입장에서는 구성원의 행동에 대해 적절한 반응을 보이는 것이 피드백이다.

여기에서 '적절한'이 중요하다. 적절(適切)의 적(適)은 맞다는 뜻이고, 절(切)은 끊다는 뜻이다. 딱 맞아 떨어져야 적절함이다. 피드백이 딱 맞아 떨어져 효과를 보지 못하면 안 하느니만 못한 효과를 낸다.

피드백의 'Feed'란 먹이를 준다는 말이다. 공급하고, 충족시키고, 충고나 정보들을 준다. 'Back'은 뒷면, 척추를 의미한다. 내가 공급하고 충족시키는 일을 뒤에서 해야 피드백이다. 피드백을 받는 대상자에게 대놓고 하는 것이 아니라, 필요한 정보를 조심스럽게 제공하거나 핵심적인 충고만을 해야 한다.

구성원들에게 너무 깊숙하게 피드백을 주는 것보다는 필요한 일에 대해서 그 상대에 대해 적절한 반응으로 응대해야 한다. 모두에게 동일한 피드백을 주는 것이 아니라, 대상에 맞는 피드백이 있어야 한다. 핵심은 그 사람이 자발적으로 움직일 수 있도록 조금씩 'Feed'해야 한다.

피드백은 진행된 행동이나 반응의 결과를 본인에게 알려주는 일이다. 피드백이 없으면 사람은 자신의 행동이 옳았는지, 효과적이었는지, 발전하고 있는지조차 알 수 없다. 그래서 피드백 없는 환경에서는 성장도, 변화도, 학습도 일어나기 어렵다.

사람은 누구나 '나는 잘하고 있는가?'라는 질문을 마음속에 품고 살아간다. 그에 대한 답은 혼자서는 찾을 수 없다. 주변의 반응, 동료나 리더의 말, 결과에 대한 정직한 성찰을 통해서만 가능하다.

피드백을 할 때 고려해야 할 사항이 있다.

첫째, 피드백을 왜 하는가? 형식적이거나 모호한 피드백은 가치가 없다. 피드백의 목적은 분명해야 한다. 설명할 수 있는 것을 조언해야 한다. 피드백의 방향이 올바른 방향으로 이끄는 것인지, 아니면 질책만 하려고 부른 것인지를 명확하게 해야 한다.

둘째, 피드백은 상황에 맞아야 한다. 아무리 내용이 좋은 피드백이라도 상황에 어긋난다면 오히려 역효과를 낼 수 있다. 타이밍과 분위기, 상대의 상태를 고려하지 않은 피드백은 조언이 아니라 간섭으로 받아들여질 수 있다.

셋째, 피드백을 하여 얻는 이익은 무엇인가? 누구를 위한 피드백인가. 팀을 위한 피드백이고, 상대를 위한 피드백이어야 한다. 이익이 없는 피드백은 안 하느니만 못하다.

넷째, 피드백의 빈도는 어떻게 조절해야 할까? 연구에 따르면 워싱턴대학교 교수인 존 가트맨은 행복한 커플은 긍정 대 부정 피드백의 비율이 5:1이라는 사실을 밝혀냈다. 이 비율을 지키지 않은 부부는 비율을 지킨 부부보다 이혼율이 훨씬 높았다. 이른바 '5:1 피드백 비율'은 관계 유지에 있어 매우 중요한 기준이다. 다섯 번의 칭찬 없이는 절대 질책하지 말자.

다섯째, 피드백은 1대1 관계에서 이루어져야 한다. 치하해야 할 피드백은 모두의 앞에서 해도 상관없지만, 개선이 필요한 피드백을 주려면 반드시 단 둘이 있어야 한다. 상대방의 사회적 체면을 흠집을 내면 리더로서의 체면이 상하는 일로 반드시 돌아온다.

솔직함의 힘

> 솔직한 피드백은 위협이 아니라 선물로 받아들여야 한다.
>
> - 킴 스콧 -

연세대학교에서 그룹별 피드백에 대한 효과를 조사한 연구가 있었다. 20명의 참가자를 대상으로 10문제의 수학시험을 치르게 했다. 첫 번째 시험 종료 후 결과에 따라 시험을 잘 본 그룹과 시험을 못 본 그룹으로 나누었다. 시험을 잘 본 그룹을 다시 반으로 나누어 한 그룹에는 시험을 잘 봤다고, 다른 그룹에는 시험을 못 봤다고 피드백을 주었다. 시험을 못 본 그룹 또한 반으로 나누어 잘 봤다는 피드백과 잘못 봤다는 피드백을 주었다.

시험 성적에 대한 결과는 공유하지 않고 피드백을 준 다음, 일정 기간이 흐른 후에 두 번째 시험을 쳤다. 그 결과 시험을 잘 본 사람 중 잘 봤다고 피드백 받은 그룹과, 시험을 못 본 사람 중 잘 못 봤다고 피드백 받은 그룹의 성적이 더 높아졌다. 시험을 잘 봤지만 못 봤다고 피드백 받은 그룹은 비현실적인 피드백이 동기를 떨어뜨렸고, 못 봤지만 잘 봤다고 피드백 받은 그룹은 거짓된 칭찬에 만족하여 노력하지 않았다.

핵심은 솔직함이다. 칭찬이나 꾸중이 난무하는 것이 아닌, 칭찬받아야 할 사람에게 칭찬하고, 꾸중 들어야 하는 사람에게 꾸중하는 솔직한 리더가 더 성과를 높게 달성할 수 있다.

　리더는 솔직해야 한다. 솔직함이란 무언가를 숨기지 않고 바르게 하는 일이다. 꾸미거나 변명하는 일 없이 있는 그대로 이야기해야 한다. 솔직함은 큰 강점이다. 구성원들을 거짓으로 속일 때 모를 것 같지만 대부분은 알고 있다.

　솔직함으로 구성원들을 이해시켜야 한다. 리더가 솔직해지면 구성원들도 솔직해진다. 구성원들의 솔직한 피드백을 통해 리더도 자신의 잘못을 고칠 수 있다. 원활한 소통이 되는 것은 리더의 솔직함에서 시작된다. 사기를 고양하는 차원에서 높은 목표와 좋은 보상을 약속할 수도 있으나 이것이 지켜지지 않으면 원망으로 돌아온다. 때문에 리더는 솔직하게 말하고 솔직하게 약속해야 한다.

　『실리콘 밸리의 팀장들』에서는 이렇게 말했다. '피드백을 자유롭게 주고받는 분위기를 조성함으로써, 올바른 인물을 알맞은 자리에 배치함으로써, 자신이 혼자서 이룰 수 없는 성과를 협력을 통해 성취함으로써 강력한 관계를 구축할 수 있다.'[21] 솔직함을 통해 인간적인 신뢰 관계를 구축해야 한다.

　'솔직하게 피드백을 주면 관계가 틀어질까 봐 걱정입니다.'라는 고민은 넣어두자. 솔직하지 못한 피드백을 계속 줄 경우 그 사람은 괴물이 되어 돌아온다. 그 괴물은 어떻게 손쓸 방법도 없을뿐더러, 주변을 헤집어 놓는 빌런이 된다. 지금 조금 불편해지는 것이 더 낫지 않을까? 소탐대실하지 말자.

피드백과 이어지는 평가

> 훌륭한 리더는 훌륭한 사람이라 성공하는 것이 아닙니다.
> 다른 사람들의 훌륭함을 끌어내기 때문에 성공하는 것입니다.
>
> - 존 고든 -

　피드백에서 가장 중요한 것이 평가이다. 평가의 공정성이 무너지면 리더의 신뢰 또한 함께 무너진다.

　평가란 가치에 대해 좋고 나쁨을, 잘하고 못함을, 옳고 그름을 평하는 일이다. 평(評)이라는 말 자체가 말(言)을 평평(平)하게 해야 한다는 말이다. 사사로움이 없어야 하고 수평적이며 평안하게 해야 한다. 평화롭지 않게 하는 평가는 올바른 평가가 아니다.

　평가에서 가장 중요한 마음은 사사로움이 없는 마음이다. 상대에 대한 호감이나 비호감 같은 사적인 마음을 한쪽에 내려놓아야 한다. 그 다음 상대의 가치가 부족한 부분에 대해서는 평평하게 끌어올리도록 말해야 한다. 부족함에 대해서는 성장하도록 이끌고, 잘하는 부분에 대해서는 더 잘할 수 있게 만들어야 한다.

　앞에서 말했듯이 잘하는 사람에게 잘했다고 평하고, 못하는 사람에게 못한다고 이야기해야 한다. 이는 상처를 주는 말이 아닌 성장을 위한 피드백이다. 리더의 평가가 단지 점수 매기기에 그쳐서는 안 된다. 진정한 평가는 사람을 이해하는 과정이며 구성원들의 성장을 돕기 위한 출발점이어야 한다.

리더는 구성원들의 어떤 점을 평가해야 할까. 리더는 3가지 분야에서 구성원을 평가해야 한다.

첫 번째, 업무 성과다. 구성원들이 맡은 역할을 제대로 이해하고 실행하고 있는가? 목표 달성 과정에서의 전략과 노력은 어땠는가? 결국 회사는 성과에 대해 가장 먼저 이야기할 수밖에 없다. 어떠한 잣대를 갖고 이야기를 하더라도 성과 없이 하는 이야기들은 공수표에 불과하다.

그런데 이 성과라는 개념이 단순히 어떤 이익을 가져왔다는 것을 성과로 보지 않는다. 성과를 내는 과정에서 얻은 성장이나 다음 번 시도에 활용할 수 있는 좋은 교훈이 있다면 그것도 좋은 성과다. 단순한 성과라는 단어에 집중하기보다는 일을 하면서 얻은 결과물이라고 성과를 이해하는 것이 더 좋겠다.

두 번째, 좋은 태도로 협업하는지의 여부이다. 동료와의 협력에서 어떤 태도를 보였는가? 문제 상황에서 책임을 회피했는가 아니면 해결에 나섰는가? 일은 혼자 하지 않는다. 실력이 있고 능력이 있다고 해서 주변을 무시하고 독불장군처럼 일해선 멀리 가지 못한다.

혼자 할 수 있는 일에는 한계가 있다. 함께 할 때 더 많은 일을 감당할 수 있다. 일을 얼마나 잘했든지 간에 남들에게 상처를 내며 일을 하는 사람이라면 낮게 평가해야 한다. 같이의 가치를 모르는 사람과는 함께하지 않는다는 마음을 가져야 한다.

세 번째, 성장의 가능성이다. 주변의 피드백을 받아들이는가? 모든 일에서 스스로 성장하고 배우는지 관찰해야 한다. 모든 일이 잘 해결되면 좋겠지만, 현실은 그렇지 않다. 실수하고 실패할 수 있다. 그때 실수를 분석하고 다시 성장하는지, 아니면 주변의 피드백을 무시하고 고집 부리는지를 살펴야 한다.

평가를 하는 목적은 보상을 주기 위해서가 아니라 더 나은 성과를 내기 위해서다. 그것이 평가의 제1원칙이다. 구성원을 평가함으로써 무엇을 얻어야 하는가. 구성원들의 능력을 성장시켜 더 나은 성과를 만들 수 있게 준비해야 한다. 그 과정에서 그런 의지가 없는 사람은 어떻게 할 것인지 진지하게 고민해야 한다. 개선의 여지가 있는지, 없다면 어떻게 처리할 것인지 등을 고려해야 한다. 좀 더 적성에 맞는 부서로 이동하는 것도 방법일 수 있고, 좀 더 잘 맞는 일을 소개하는 것도 좋은 방법일 수 있다.

표현의 힘

> 입은 재앙의 문이요, 혀는 몸을 망치는 칼이다.
>
> - 당나라 재상 풍도 -

일을 하며 생기는 9할의 갈등은 사람 때문에 나온다. 사람 간의 갈등에서 대부분의 문제는 상대방의 표현 때문에 비롯된다. 이 표현에는 태도나 말, 비언어적인 것도 있다. '알았어 가봐.' 하며 한숨 쉰다. 말조심은 하는데 표정 조심과 태도 조심이 안 되는 사람들이 많다.

내가 함께했던 나의 리더들이 내게 했던 말투나 태도, 표정을 떠올려보자. 물론 좋았던 기억도 있겠지만, 가슴 아픈 기억들이 많을 것이다. 그 기억을 다시 돌이켜보자. '나와 함께하는 사람이 그렇게 하면 기분이 좋을까?'

제발 신중하게 말하고 행동하자. 나의 감정이 상대방에게 전이되지 않도록 애써야 한다. 리더는 무게감이 있어야 한다. 경박하지 않아야 한다. 분위기를 잘 잡는 사람이 되어야 한다. 분위기를 잡는다고 분위기를 얼음장같이 만들라는 말이 아니다. 따뜻함이 핵심이다.

말의 무게

말 한마디로 천냥 빚을 갚는다.

- 한국 속담 -

'와 저 사람 말 참 잘한다.' 싶은 사람을 보면 그들이 결코 말을 많이 하거나 유창하게 하는 것은 아니다. 알아듣기 쉽게 말하고 논리가 명확하며 몰입되게 하는 힘이 있는 사람들이 보통 말을 잘한다는 평가를 받는다. 단순히 말을 잘하기 위해서만은 아니지만 리더로서 말은 어떻게 해야 할지 함께 고민해 보자.

첫째, 말은 간단하게 해야 한다. 빨리 말하지 말고 확실하게 말해야 한다. 간단하게 말하는 기술도 능력이다. 적은 말로 많은 생각을 전해야 한다. 리더 중에 같은 말을 반복해서 계속하는 사람이 있다. 이는 잔소리밖에 되지 않는다. 어제 말한 것을 오늘 또 말하고, 내일 또 말하면 듣는 사람은 지친다. 또 저 소리야 하면서 리더의 말을 경청하지 않는다.

둘째, 논리 정연해야 한다. '아 왜 그런 거 있잖아. 딱 맞는 그런

거. 느낌 알지?' 이 말에 논리가 어디 있고 근거는 어디 있는가. 논리 정연하다는 것은 근거를 분명하게 댈 수 있는 것이다. 근거가 없는 말들은 하지 않는 것이 좋다.

같이 일하는 사람 중에 '내가 대안은 이야기하지 못하겠는데, 일단 아닌 것 같아.'라는 말을 자주 하는 사람이 있다. 그 사람과 함께 일할 때마다 정말 힘들다. 아닌 것 같다고는 이야기하는데 무엇이 잘못되었는지를 이야기하지 않기에, 어느 장단에 맞춰야 할지를 모르겠다.

논리 정연하게 말하는 연습을 해야 한다. 내가 하고 싶은 주장에 근거를 분명히 하고, 다른 사람들이 납득할 수 있는 이야기를 해야 한다. 논리 정연하게 말하기 위해 가장 좋은 방법은 주어와 목적어를 명확히 하는 것이다. 그리고 내 말이 끝났을 때 상대방이 내 말을 잘 이해했는지 확인하는 습관을 들이면, 내가 논리적으로 잘 전달했는지의 여부를 확인할 수 있다.

셋째, 몰입이다. 몰입할 수 있는 말을 해야 한다. 우리는 언제 다른 사람의 말에 몰입되는가. 스토리텔링이 될 때이다. 상대방에게 이야기를 전달할 때 기승전결까지는 아니더라도 어떤 흐름으로 이야기해야겠다는 전략은 세워두고 이야기하는 습관을 들여보자. 상대방이 내 이야기를 귀담아들을 수 있게끔 만드는 방법이다.

『스탠퍼드식 리더십 수업』에서는 이렇게 말한다. '리더십을 발휘하기 위해 중요한 것은 첫째가 내용이며, 그 다음이 화법이다. 어려운 말을 쓰지 않고 이해하기 쉽게 말하지만, 이야기에서 그만의 독자적인 지식과 지성이 느껴지는 사람이 바로 구심력 있는 리더라고 생각한다.'[22]

사람을 평가할 때 그 사람의 말로 평가하는 경우가 많다. 어떤 내용을 말하는지, 말하는 태도는 어떤지, 이해하기 쉽게 말하는지, 어려운지를 보고 상대를 평가한다. 내가 가지고 있는 좋은 장점을 말하는 방식 때문에 저평가 받지 말자.

신중한 말

> 친절한 말 한마디는 짧고 하기 쉽지만,
> 그 울림은 진정으로 끝이 없습니다.
>
> - 마더 테레사 -

아마추어는 머리만 움직이고 프로들은 직접 움직인다. 사회를 바꾸는 사람은 실제로 행동하는 사람이다. 군자는 말은 신중히 하고, 행동은 민첩하게 한다. 군자란 곧 리더를 말한다.

바둑기사 조훈현의 스승이었던 일본 바둑기사 세고에 켄사쿠는 조훈현에게 바둑에 대한 가르침보다 인성에 대한 가르침을 먼저 주었다. 조훈현에게 재능이 있었지만 그보다 먼저 인성을 바로잡기 위해 애썼다. 조훈현이 내기바둑을 한 번 뒀다가 파문을 당할 뻔한 적도 있었다. 사람을 대하고, 바둑을 대하는 방법을 배웠다. 도리에 어긋나는 행동을 하는 제자는 가르칠 필요가 없다는 배움으로 최고의 바둑기사가 되었다. 무엇이 먼저인가. 인격이 먼저다.

    리더는 구성원들이 하기 싫은 일을 시도해 본 다음 말하는 사람이다. 먼저 해본 다음 말한다. 현대그룹 정주영 회장의 '해보기는 해봤어?'라는 말은 진짜 해보고 난 다음 말하라는 뜻이다.
    『용인술, 사람을 쓰는 법』에는 이렇게 말했다. '청나라 말기의 학자 증국번은 인재 판별서인 『빙감』에서 어떤 사람의 두뇌가 좋은지 나쁜지 알려면 그가 말하는 것을 보면 된다. 어떤 사람은 논리 정연하게 말하지만 어떤 사람은 한참 말해도 무엇을 말했는지 모른다. 어떤 사람의 일처리가 조리가 있는지 없는지도 그 사람이 말하는 태도를 보면 알 수 있다고 했다.'[23]
    언격(言格)이 인격(人格)이라는 말이 있다. 내가 하는 말의 격이 곧 나의 품격이다. 말은 그 사람의 내면의 세계, 정신 세계를 비추는 거울과 같다. 모든 말실수는 실수가 아니라 평소 소신의 표출이다. 실수로 포장하고 변명할 뿐이다.

리더의 감정조절

> 노하기를 더디 하는 자는 용사보다 낫고,
> 자기 마음을 다스리는 자는 성을 빼앗는 자보다 낫다.
>
> - 『성경』, 「잠언」 -

꼭 상사가 아니더라도 함께 일했던 사람들 중에 가장 힘들었던 사람들은 대부분 감정적인 사람들이었다. 심지어 리더가 되어 마주했을 때도 가장 힘든 사람이 감정적인 구성원이다. 물론 의무교육으로 받는 초등학교 때부터 감정적으로 행동하면 안 된다고 배우지만, 일부 사람들이 이것이 잘 안 된다.

구성원이 감정조절이 되지 않아도 힘든데, 리더가 감정조절이 되지 않으면 팀이 어떨까. 사회생활의 암묵적인 규칙 중에 하나가 보고할 사람의 기분을 확인한 다음 보고하러 가는 것이다. 보고 받는 사람의 기분에 따라 보고의 성공과 실패 여부가 결정되기 때문이다. 이상하지 않은가. 리더의 감정이 이렇게 중요하다.

내가 생각하기에 최고의 상사는 감정 노동의 달인이다. 『실리콘밸리의 팀장들』에서는 말한다. '사람들은 상사가 느끼는 감정 노동을 과소평가하며, 대개 서비스나 의료 산업에 종사하는 사람들, 예를 들면 정신과 의사나 간호사, 웨이터, 항공 승무원이 느끼는 일로 치부한다. 그러나 감정 노동은 그저 상사 역할의 일부가 아니다. 그것은

훌륭한 상사가 되기 위한 핵심이다.'[24]

감정조절은 관계에서 가장 핵심적인 요소이다. 감정조절이 되지 않는 사람은 지속적인 관계형성이 불가능하다. 재미있는 이야기를 하다가 갑자기 화를 내며 윽박지르는 사람과 함께하고 싶은 사람은 아무도 없다.

감정조절을 하지 못한다는 것은 스스로를 통제하지 못한다는 말이다. 이는 자기중심성을 버리지 못하고 함께 더불어 살아가야 하는 사회를 온전히 살아가지 못한다는 말과 동일하다. 스스로를 통제하지 못하는 사람이 리더의 자리에 오를 수 없으며, 리더의 자리에 올라가도 오랫동안 유지하기 힘들다.

『기분이 태도가 되지 않게』라는 책이 있다. 오죽 했으면 책으로 썼겠는가. 잘못한 구성원을 질책할 수는 있으나 이 또한 감정에 의한 질책이 아니라 개선을 위한 피드백이어야 한다. 감정적으로 구성원을 대하는 순간 원망이 생긴다.

감정조절은 어떻게 해야 하는가. 가장 좋은 방법은 주의를 환기시키는 것이다. 순간적으로 감정이 올라왔을 때 창밖을 보거나 밖으로 나가는 것처럼 환경을 바꿔주면 도움이 된다. 나 같은 경우에는 상대방에게 양해를 구하고 물을 마신다. 찬물을 뜨러 가는 과정을 통해 생각을 정리하고, 찬물을 마시며 올라온 감정을 누그러뜨린다. 그렇게 차분해진 상태로 이야기를 다시 이어간다. 자기만의 감정조절 루틴을 만드는 것을 추천한다.

감정조절은 단순한 자기 통제의 문제가 아니라, 조직 전체의 분위기와 성과에 직결되는 리더십의 핵심 역량이다. 자기 인식과 대응력, 공감 능력, 건강한 스트레스 관리 등의 방법을 통해 리더가 감정을 효과적으로 관리하고, 지속 가능한 리더십을 발휘하도록 노력해야 한다. 감정을 억누르거나 회피하는 것이 아니라, 감정을 이해하고 활용할 줄 아는 리더만이 진정한 영향력을 발휘할 수 있다.

리더의 유머 감각

당신이 나를 더 좋은 사람이 되고 싶게 했어요.

- 영화 「이보다 더 좋을 순 없다」 중에서 -

요즘 스탠딩 코미디가 한국에서도 나오기 시작했다. 여러 매체에서 재미있는 사람들을 많이 접한다. 리더가 유머 감각이 있어야 한다는 말을 많이 들어서 거기에서 나온 말이나 유행어를 공부하는 리더들을 많이 봤다. 리더의 유머 감각은 유행어에서 오는 것이 아니라 사람들을 편안하게 하는 데에서 온다.

꼭 재미있지 않아도 괜찮다. 함께 웃을 수 있는 말이면 충분하다. 몸에 맞지 않는 옷이 불편하듯 남이 하던 말을 따라하면 흔히 말하는 '아재개그'밖에 안 된다. 한여름에 에어컨 없어도 서늘한 사무실을 만들어버린다. 겨울에는 얼어 죽을 것 같다.

유머는 타이밍이다. 어색한 분위기를 풀어내고 활기를 넣을 수 있는 말이면 웃기지 않는 말이어도 충분하다. 리더의 유머란 '잘 웃기는 것'이 아니라 '잘 웃게 하는 것'이다. 구성원들이 긴장을 풀고, 자신의 생각을 더 편하게 나눌 수 있게 만드는 분위기를 조성하는 것이 핵심이다. 이는 단순히 농담을 던지는 기술이 아니라, 분위기와 사람을 읽는 감각에서 비롯된다.

진짜 유머는 공감에서 나온다. 서로의 감정을 이해하고, 그 순간 필요한 말과 표정을 지을 수 있는 리더가 있는 조직은 좋은 분위기 속에 즐겁게 일할 수 있다. 유머는 여유에서 나온다. 여유가 있는 리더는 문제에 직면해도 중심을 잃지 않고 담담하게 받아들인다. 리더의 여유는 함께 일하는 동료들에게 퍼져 모두의 여유가 된다.

『리더의 태도』에서는 이렇게 말한다. '유머는 단순히 남을 웃기는 것이 아닙니다. 유머는 분위기를 돋우고 전환해 주는 고차원적인 말하기이자 행동입니다. 유머를 구사하고자 하는 사람들에게는 상대를 편안하게 만들어주려는 호의가 있습니다. 썰렁한 분위기의 회의실에서 리더의 유머 한마디로 분위기가 갑자기 화기애애해진 경험이 직장생활을 해본 사람들이라면 누구나 한 번쯤은 있을 것입니다. 유머 감각을 잘 발휘하면 유쾌하고 친절하며 센스 있는 사람으로 사회적 승인을 받습니다.'

이런 고차원적인 행동을 어떻게 하라고 조언하기는 어렵지만 많은 시도를 해보고 분위기가 썰렁해지면 빨리 사과하면 된다. 빨리 사과하는 것만으로도 유머러스한 분위기가 연출된다. 말을 하고 3초 동안 아무도 웃지 않으면 빨리 사과하는 습관을 들이자. 그러면 미움보다는 동정을 많이 받게 될 것이다. 아무렴 미움보다는 낫지 않은가.

끝으로 유머라는 것이 호의에서 나온다는 사실을 잊으면 안 된다. 구성원을 향한 진심이 없으면 호의를 갖기 어렵다. 나와 많은 시간을 함께하는 구성원들과의 관계에서 애정과 진심이 묻어나온다면 가짜 웃음이 아니라 진심 어린 미소로 답해줄 것이다.

5 나와 너가 아닌 우리

우분투(나는 우리가 있기에 존재한다)

- 아프리카의 전통 사상 -

다양한 민족이 살아가고 있는 남아프리카공화국에서는 우분투 정신이 있다. 우분투 정신이란 나 혼자 잘 사는 삶이 아니라 함께 살아가는 인간다움을 강조하는 사상이다. 우분투란 남아프리카 반투어 계열의 언어로 '나는 우리가 있기에 존재한다'는 뜻이다. 나라는 사람은 타인과의 관계 속에서 완성된다. 우리는 함께 살아가는 존재다.

함께하는 조직은, 함께 성장하는 조직은 개개인의 성장 속도나 결과물에 있어 편차가 있을 수는 있지만, 더불어 성장하는 길에서 샛길로 빠지지 않는다. 나에 대한 인식과 너에 대한 인식이 있고, 우리에 대한 인식이 생겼을 때 함께 더불어 나아가는 리더가 된다.

집단역학이라는 개념이 있다. 심리학자 커트 르윈이 이야기한 내용이다. 집단은 단순히 사람들의 모임이 아니라, 개인의 태도나 신념 그리고 행동을 변화시키는 강력한 사회적 장(場)이다. 내가 있고 너가 있어야 우리가 된다. 그렇게 만들어진 우리가 개인을 변화시키고, 조직에 영향을 미친다.

리더가 해야 할 일은 단순하다. 공동체에 대한 인식을 확산시키고, 상대를 존중하며, 공유하고, 신중하게 행동해야 한다. '같이'가 이루어지면 저절로 '가치'를 만들어간다는 사실을 잊지 말아야 한다.

1. 먼저 한 배에 태워라.
2. 우리는 공동체의 삶을 살고 있기에 하나의 방향성으로 나아가야 한다.
3. 리더는 공동체를 위하여 필요할 때는 단호해야 한다.
4. 우리는 사회에서 만난 거래 관계이기 때문에 늘 상대를 존중해야 한다.
5. 리더가 먼저 줄 수 있어야 한다. 공유하고, 노하우를 전수하고 마중물을 붓는 사람이 되어라.
6. 피드백은 모두의 성장을 위함이다. 있는 그대로 말해주는 것이 피드백이다.
7. 피드백, 평가는 솔직하고 공정해야 한다. 리더의 사적인 감정을 배제해야 한다.
8. 말, 태도, 표정과 같은 표현을 늘 조심해야 한다.
9. 말보다는 행동으로 보여준다.

10. 감정조절을 하지 못하는 리더는 여유가 없어 보인다. 늘 여유 있는 모습을 유지하라.

(마치며)

리더는 질문을 던지는 사람이다. 하지만 아무 질문이나 던질 수는 없다.

"What Can I Do For You?"

이 단순한 질문 하나에도 준비가 필요하다. 내가 할 수 있는 것과 없는 것, 도와줄 수 있는 영역, 그리고 그 사람이 진짜로 필요한 것이 무엇인지 그것을 먼저 이해하려는 태도. 리더는 그 준비가 되어 있을 때, 비로소 묻는 사람이 된다.

그것을 배우기 위해 이 책을 썼다. 스스로에게 묻고, 다시 돌아보며, 그 과정을 기록했다.

이제는 당신의 차례다. 완벽하지 않아도 괜찮다. 질문하는 리더가 되겠다는 마음이면 된다. 당신도 나처럼, 질문을 시작하게 되었다면 그것으로 충분하다.

질문하는 리더가 되고 싶었다. "What Can I Do For You?" 답이 보이지 않던 어느 날, 그 질문은 조용히 내게 다가왔다. 그 한마디는 위로였고, 관심이었고, 그리고 책임이었다. 누군가를 도울 수 있다는 것. 내가 가진 것을 나눌 수 있다는 것. 그 마음이 리더십의 시작이었다. 그 순간부터 질문하는 리더가 되고 싶어졌다.

이 책은 그 다짐을 지키기 위한 기록이다. 스스로를 점검하고, 팀원과 함께 성장하기 위한 질문을 놓지 않기 위해 써 내려갔다. 리더가 된다는 것은 모두에게 답을 주는 사람이 되겠다는 뜻이 아니라, 좋은 질문을 던질 수 있는 사람이 되는 것이라는 믿음. 그래서 늘 묻는다.

"What Can I Do For You?"

미주

1 슈 하토리, 『세계 최고 인재들의 47가지 성공법칙을 훔쳐라』, 앵글북스, 2017
2 제프리 페퍼, 『파워』, 시크릿하우스, 2020
3 김성남, 『수평 조직의 구조』, 스리체어스, 2020
4 제프리 페퍼, 『파워』, 시크릿하우스, 2020
5 김성회, 『용인술, 사람을 쓰는 법』, 쌤앤파커스, 2014, 203p
6 세이노, 『세이노의 가르침』, 데이원, 2023, 142p
7 정진홍, 『인문의 숲에서 경영을 만나다』, 21세기북스, 2007, 12p
8 박찬구, 『리더의 일』, 인플루엔셜, 2023, 129p
9 피터 드러커, 프랜시스 헤셀바인, 『피터 드러커의 최고의 질문』, 다산북스, 2017, 150p
10 박현모, 『세종의 적솔력』, 흐름출판, 2016, 53p
11 마이클 기버, 『사업의 철학』, 라이팅하우스, 2015, 132p
12 박찬구, 『리더의 일』, 인플루엔셜, 2023, 46p
13 이한우, 『논어를 읽으면 사람이 보인다』, 해냄출판사, 2018, 175p
14 박찬구, 『리더의 일』, 인플루엔셜, 2023, 10p
15 피니어스 테일러 바넘, 『부의 기본기』, 스노우폭스북스, 2023, 40p
16 모건 하우절, 『불변의 법칙』, 서삼독, 2024, 191p
17 대니얼 코일, 『최고의 팀은 무엇이 다른가』, 웅진지식하우스, 2022, 137p
18 빌 조지, 『진정성 리더십』, 21세기북스, 2018
19 박현모, 『세종처럼』, 미다스북스, 2012, 123p
20 김성회, 『용인술, 사람을 쓰는 법』, 쌤앤파커스, 2014, 30p
21 킴 스콧, 『실리콘밸리의 팀장들』, 청림출판, 2019, 39p
22 스티븐 머피 시게마쓰, 『스탠퍼드식 리더십 수업』, 로크미디어, 2023, 46p
23 킴 스콧, 『실리콘 밸리의 팀장들』, 청림출판, 2019, 54p
24 킴 스콧, 『실리콘 밸리의 팀장들』, 청림출판, 2019, 33p

참고문헌

Arthur B. Markman , 김경일 옮김, 『혁신의 도구』, 학지사, 2013
G. 리처드 셀, 김윤재 옮김, 『와튼스쿨은 딱 두 가지만 묻는다』, 마인드빌딩, 2022
HBR리더십연구회, 『HBR 리더십 인사이트』, 천그루숲, 2024
가게야마 테쓰야, 이정현 옮김, 『써드씽킹』, 21세기북스, 2021
가오위엔, 김경숙 옮김, 『자제력』, 인플루엔셜, 2014
가와카미 마사나오, 김윤경 옮김, 『모델』, 다산3.0, 2016
가우르 고팔 다스, 이나무 옮김, 『아무도 빌려주지 않는 인생책』, 수오서재, 2023
간다 마사노리, 최윤경 옮김, 『일의 힌트』, 한국경제신문, 2022
강태영, 민기영, 『이지원』, 행복한책읽기, 2017
갤럽 프레스, 『위대한 나의 발견, 강점혁명』, 청림출판, 2002
게리 켈러, 구세희 옮김, 『원씽』, 비즈니스북스, 2013
게리 해멀, 방연호 옮김, 『지금 중요한 것은 무엇인가』, 알키, 2012
고동진, 『일이란 무엇인가』, 민음사, 2023
고바야시 노리타카, 박찬 옮김, 『리더가 된다는 것』, 처음북스, 2020
고토사카 마사히로, 김정환 옮김, 『경영 전략의 역사』, 센시오, 2020
공손책, 안소민 옮김, 『전국책 명문장 100구』, 눌민, 2016
구디엔, 김희정 옮김, 『한계를 넘는 기술』, 흐름출판, 2018
구본권, 『로봇 시대, 인간의 일』, 어크로스, 2015
구본형, 『사람에게서 구하라』, 을유문화사, 2007
권오현, 『초격차 리더의 질문』, 쌤앤파커스, 2020
그랜트 카돈, 최은아 옮김, 『10배의 법칙』, 티핑포인트, 2016
그렉 이건, 김상훈 옮김, 『내가 행복한 이유』, 허블, 2022
기무라 나오노리, 이정환 옮김, 『최고의 리더는 어떻게 변화를 이끄는가』, 다산북스, 2018
기시미 이치로, 부윤아 옮김, 『철학을 잊은 리더에게』, 다산북스, 2022
김경일, 『김경일의 지혜로운 인간생활』, 저녁달, 2022
김경일, 『타인의 마음』, 샘터, 2022
김미지, 조미나, 최철규, 『새로운 시대 조직의 조건』, 위즈덤하우스, 2022
김민철, 『마음을 얻는 미친 리더십』, 철학과현실사, 2017
김선, 『일 잘하는 사람은 글을 잘 씁니다』, 북스톤, 2021
김성남, 『수평 조직의 구조』, 스리체어스, 2020
김성욱, 『면접관 교육, 인재를 선점하는 기술, 역량, 평가』, 퍼플, 2021
김성회, 『용인술, 사람을 쓰는 법』, 쌤앤파커스, 2014
김영수, 『리더의 망치』, 창해, 2021
김영수, 『성공하는 리더의 역사공부』, 창해, 2024
김영애, 『자기성장을 위한 성격심리학』, 시그마프레스, 2016
김위찬, 『비욘드디스럽션』, 한국경제신문, 2023

김은애, 『일 잘하는 사람은 논어에서 배운다』, 알에이치코리아, 2024
김정운, 『에디톨로지』, 21세기북스, 2014
김학렬, 『부자의 독서』, 리더스북, 2019
김형석, 『김형석의 인생문답』, 미류책방, 2022
김형철, 『철학의 힘』, 위즈덤하우스, 2015
김혜남, 『만일 내가 인생을 다시 산다면』, 메이븐, 2022
김홍진, 『일은 열심히 하는 게 아니라 잘해야 합니다』, 부커, 2021
나가이 다카히사, 김정환 옮김, 『MBA 리더십 필독서』, 센시오, 2022
나심 니콜라스 탈레브, 안세민 옮김, 『안티프래질』, 와이즈베리, 2013
나카무라 소이치, 윤은혜 옮김, 『리더를 위한 인문 교양 수업』, 청송재, 2021
나폴레온 힐, 김정혜 옮김, 『부자의 사고법』, 흐름출판, 2021
노관범, 『500년 공동체를 움직인 유교의 힘』, 글항아리, 2013
니르 이얄, 줄리 리, 김고명 옮김, 『초집중』, 안드로메디안, 2020
니콜로 마키아벨리, 최현주 옮김, 『군주론』, 페이지2북스, 2023
다사카 히로시, 은영미 옮김, 『미래를 예견하는 5가지 법칙』, 홍익, 2009
다이애나 홍, 『바인경영』, 일상이상, 2022
다케우치 요시오, 가와사키 아쓰시, 박재영 옮김, 『삼국지 경영학』, 현익출판, 2024
대니얼 코일, 박지훈 옮김, 『최고의 팀은 무엇이 다른가』, 웅진지식하우스, 2022
대니얼 코일, 윤미나 옮김, 『탤런트 코드』, 웅진지식하우스, 2021
댄 설리번, 벤저민 하디, 김미정 옮김, 『누구와 함께 일할 것인가』, 비즈니스북스, 2023
데이먼자 하리아데스, 안솔비 옮김, 『멘탈을 회복하는 연습』, 서삼독, , 2023
데이비드 고긴스, 이영래 옮김, 『누구도 나를 파괴할 수 없다』, 웅진지식하우스, 2023
데이비드 맥레이니, 이수경 옮김, 『그들의 생각을 바꾸는 방법』, 웅진지식하우스, 2023
데이비드 무어, 정지인 옮김, 『경험은 어떻게 유전자에 새겨지는가』, 아몬드, 2023
데이비드 바드르, 김한영 옮김, 『생각은 어떻게 행동이 되는가』, 해나무, 2022
데이비드 버커스, 장진원 옮김, 『경영의 이동』, 한국경제신문, 2016
데이비드 브룩스, 이경식 옮김, 『사람을 안다는 것』, 웅진지식하우스, 2024
데이비드 앨런, 김경섭, 김선준 옮김, 『쏟아지는 일 완벽하게 해내는 방법』, 김영사, 2016
데이비드 이글먼, 김승욱 옮김, 『우리는 각자의 세계가 된다』, 알에이치코리아, 2022
데일 카네기, 임상훈 옮김, 『데일 카네기 성공대화론』, 현대지성, 2022
데일 카네기, 임상훈 옮김, 『데일 카네기 인간관계론』, 현대지성, 2019
도널드 밀러, 이민희 옮김, 『무기가 되는 시스템』, 윌북, 2023
도리스 메르틴, 배명자 옮김, 『아비투스』, 다산초당, 2023
도리스 컨스 굿윈, 강주헌 옮김, 『혼돈의 시대 리더의 탄생』, 커넥팅, 2020
라이언 홀리데이, 조율리 옮김, 『브레이브』, 다산초당, 2022
라젠드라 시소디어, 권영설 옮김, 『위대한 기업을 넘어 사랑받는 기업으로』, 럭스미디어, 2008
러셀 브런슨, 이경식 옮김, 『마케팅 설계자』, 윌북, 2022
로라 밴더캠, 이영래 옮김, 『시간 전쟁』, 더퀘스트, 2020

로런 노드그런, 데이비드 숀설, 이지연 옮김, 『인간본성 불패의 법칙』, 다산북스, 2022
로버트 사이먼스, 김은경 옮김, 『전략을 보는 생각』, 전략시티, 2015
로버트 프랭크, 안진환 옮김, 『이코노믹 씽킹』, 웅진지식하우스, 2007
로빈 드리케, 캐머런 스타우스, 고영훈 옮김, 『FBI 사람예측 심리학』, 코리아닷컴, 2020
로저 마틴, 이종민 옮김, 『로저 마틴의 14가지 경영키워드』, 플랜비디자인, 2023
로타르 J. 자이베르트, 김해생 옮김, 『현자들의 인생법』, 토네이도, 2012
론 프리드먼, 이수경 옮김, 『역설계』, 어크로스, 2022
롤프도 벨리, 유영미 옮김, 『불행피하기 기술』, 인플루엔셜, 2018
롭 무어, 이진원 옮김, 『결단』, 다산북스, 2019
리베카 헨더슨, 임상훈 옮김, 『자본주의 대전환』, 어크로스, 2021
리즈 와이즈먼, 김태훈 옮김, 『임팩트 플레이어』, 한국경제신문, 2023
마리아 로스, 이애리 옮김, 『공감은 어떻게 기업의 매출이 되는가』, 포레스트북스, 2020
마리아 코니코바, 김태훈 옮김, 『블러프』, 한국경제신문, 2021
마셜골드 스미스, 김준수 옮김, 『트리거』, 다산북스, 2016
마쓰시타 고노스케 지음, 이수형 옮김, 『사업은 사람이 전부다』, 중앙경제평론사, 2023
마이 클래빈, 김민주 옮김, 『깨진 유리창의 법칙』, 흐름출판, 2019
마이클 하얏트, 한미선 옮김, 『모두를 움직이는 힘』, 로크미디어, 2021
마츠우라 모토오, 이민영 옮김, 『선착순 채용으로 세계 최고 기업을 만들다』, 지식공간, 2010
마크 W. 셰퍼, 임승현 옮김, 『미라클 타이밍』, 예문, 2022
마크 레서, 김잔디 옮김, 『리더의 마음챙김』, 카시오페아, 2021
마틴 노왁, 로저 하이필드, 허준석 옮김, 『초협력자』, 사이언스북스, 2012
말콤 글래드웰, 김규태 옮김, 『다윗과 골리앗』, 21세기북스, 2014
매슈 S. 올슨, 김민주 옮김, 『스톨 포인트』, 에코 리브르, 2008
매트 리들리, 이한음 옮김, 『혁신에 대한 모든 것』, 청림출판, 2023
맥스 베이저만, 김태훈 옮김, 『무엇을 놓치고 있는가』, 청림출판, 2016
맥스웰 몰츠, 신동숙 옮김, 『맥스웰 몰츠 성공의 법칙』, 비즈니스북스, 2019
모건 하우절, 이수경 옮김, 『불변의 법칙』, 서삼독, 2024
모튼 한센, 이지연 옮김, 『아웃퍼포머』, 김영사, 2019
문요한, 『관계의 언어』, 더퀘스트, 2023
문유석, 『개인주의자 선언』, 문학동네, 2015
미하이 칙센트미하이, 바버라 슈나이더, 이희재 옮김, 『몰입과 진로』, 해냄출판사, 2018
박상미, 『마음아, 넌 누구니』, 한국경제신문, 2020
박상미, 『모든 인생에는 의미가 있다』, 북스톤, 2016
박웅현, 『여덟 단어』, 인티N, 2023
박찬국, 『사는 게 고통일 때, 쇼펜하우어』, 21세기북스, 2021
박현모, 『세종의 적솔력』, 흐름출판, 2016
박현모, 『세종처럼』, 미다스북스, 2014

밥 버그, 존 데이비드 만, 안진환 옮김, 『기버1』, 포레스트북스, 2020
밥 버그, 존 데이비드 만, 안진환 옮김, 『기버2 : 셀 모어』, 포레스트북스, 2020
배기호, 『순자 악함에 대처하는 우리의 자세』, EBS BOOKS, 2022
백상경제연구원, 『퇴근길 인문학 수업』, 한빛비즈, 2020
벤 티글러, 김유미 옮김, 『래더』, 중앙북스, 2020
밴저민 하디, 김미정 옮김, 『최고의 변화는 어디서 시작되는가』, 비즈니스북스, 2018
벤저민 하디, 최은아 옮김, 『퓨처 셀프』, 상상스퀘어, 2024
브라이언 크리스천, 이한음 옮김, 『알고리즘, 인생을 계산하다』, 청림출판, 2018
브라이언 트레이시, 최린 옮김, 『당신의 무기는 무엇인가』, 와이즈맵, 2018
브라이언 트레이시, 허선영 옮김, 『겟 스마트』, 빈티지하우스, 2017
브래드 스털버그, 김정아 옮김, 『피크 퍼포먼스』, 부키, 2021
빌 조지, 도지영 옮김, 『진정성 리더십』, 21세기북스, 2018
사에쿠 사타다시, 김정환 옮김, 『회사개조』, 센시오, 2019
사이먼 시넥, 이지연 옮김, 『리더는 마지막에 먹는다』, 36.5, 2014
사이먼 시넥, 윤혜리 옮김, 『리더 디퍼런트』, 세계사, 2023
사이먼 시넥, 윤혜리 옮김, 『스타트 위드 와이』, 세계사, 2021
사이토 다카시, 정현 옮김, 『일류의 조건』, 필름, 2024
사이토 다카시, 김윤경 옮김, 『30대를 위한 논어』, 타인의사유, 2024
사이토 히토리, 이지현 옮김, 『부자의 관점』, 나비의 활주로, 2025
사토 마사유키, 류두진 옮김, 『아마존처럼 회의하라』, 반니, 2021
사피 바칼, 이지연 옮김, 『룬샷』, 흐름출판, 2020
새뮤얼 스망리즈, 공범호 옮김, 『인생을 최고로 사는 지혜』, 비즈니스북스, 2003
성기철, 『거인들의 인생문장』, 미래북, 2022
세스 고딘, 박세연 옮김, 『의미의 시대』, 알에이치코리아, 2023
세스 고딘, 유하늘 옮김, 『트라이브즈』, 시목, 2020
세스 골드먼, 이유영 옮김, 『어니스트 티의 기적』, 부키, 2014
세이노, 『세이노의 가르침』, 데이원, 2023
손웅정, 『모든 것은 기본에서 시작한다』, 수오서재, 2021
손웅정, 『나는 읽고 쓰고 버린다』, 난다, 2024
송동근, 『리더에게 길을 묻다』, 정민 미디어, 2016
송동훈, 『제국의 리더십』, 김영사, 2024
송숙희, 『일머리 문해력』, 교보문고, 2023
송재용, 『퍼펙트 체인지』, 자의누리, 2017
수영, 전성민, 『삶은 속도가 아니라 방향이다』, 루이앤휴잇, 2020
수잔 애쉬포드, 김정혜 옮김, 『유연함의 힘』, 상상스퀘어, 2023
슈 하토리, 이현욱 옮김, 『세계 최고 인재들의 47가지 성공 법칙을 훔쳐라』, 앵글북스, 2017
스웨이, 김정자 옮김, 『인생은 지름길이 없다』, 정민미디어, 2022

스콧 애덤스, 김인수 옮김, 『더 시스템』, 베리북, 2020
스콧 영, 이한이 옮김, 『울트라 러닝』, 비즈니스북스, 2020
스탠 비첨, 차백만 옮김, 『엘리트 마인드』, 비즈페이퍼, 2017
스튜어트 D. 프리드먼, 이은주 옮김, 『와튼스쿨 리더십 특강』, 교보문고, 2020
스튜어트 D. 프리드먼, 홍대운 옮김, 『와튼스쿨 인생 특강』, 비즈니스북스, 2013
스튜어트 에머리, 아이반 마이즈너, 더그 하디, 신봉아 옮김, 『당신의 방에 아무나 들이지 마라』, 쌤앤파커스, 2023
스티븐 머피 시게마쓰, 김정환 옮김, 『스탠퍼드식 리더십 수업』, 로크미디어, 2022
스티븐 존슨, 강주헌 옮김, 『미래를 어떻게 결정할 것인가』, 프런티어, 2019
시드니 핑켈스타인, 이진원 옮김, 『슈퍼보스』, 문학동네, 2020
신동준, 『리더라면 한비자처럼, 참모라면 마키아벨리처럼』, 위즈덤하우스, 2014
신동준, 『머리는 손자처럼, 가슴은 공자처럼』, 생각정원, 2013
신인철, 『중용의 연장통』, 을유문화사, 2016
실비아 앤 휴렛, 서유라 옮김, 『후배 하나 잘 키웠을 뿐인데』, 부키, 2020
아다치 유야, 정은희 옮김, 『위대한 직장인은 어떻게 성장하는가』, 청림출판, 2016
아르투어 쇼펜하우어, 김운 옮김, 『당신의 인생이 왜 힘들지 않아야 한다고 생각하십니까』, 포레스트북스, 2023
아르투어 쇼펜하우어, 박제헌 옮김, 『남에게 보여주려고 인생을 낭비하지 마라』, 페이지2북스, 2023
아르투어 쇼펜하우어, 홍성광 옮김, 『쇼펜하우어의 행복론과 인생론』, 을유문화사, 2013
아사노 스스무, 김전환 옮김, 『일을 잘 맡긴다는 것』, 센시오, 2020
아옐릿 피시배크, 김은영 옮김, 『반드시 끝내는 힘』, 비즈니스북스, 2022
아타라시 마사미, 박재영 옮김, 『사장자리에 오른다는 것』, 센시오, 2020
알렉스 수정 김 방, 안기순 옮김, 『쇼터』, 더퀘스트, 2020
알렉스 에드먼스, 송정화 옮김, 『ESG파이코노믹스』, 매일경제신문사, 2021
앤디 몰린스키, 임가영 옮김, 『하버드 비즈니스스쿨 인간관계론 강의』, 홍익, 2018
앨런 피즈, 바바라 피즈, 이재경 옮김, 『결국 해내는 사람들의 원칙』, 반니, 2020
야마구치 슈, 김윤경 옮김, 『뉴타입의 시대』, 인플루엔셜, 2020
야마구치 슈, 김윤경 옮김, 『일을 잘한다는 것』, 리더스북, 2021
양자오, 김택규 옮김, 『순자를 읽다』, 유유, 2019
양창순, 『담백하게 산다는 것』, 다산북스, 2018
에드 마일렛, 박병화 옮김, 『한 번 더의 힘』, 토네이도, 2022
에드거 샤인, 노승영 옮김, 『리더의 질문법』, 심심, 2022
에릭 슈미트, 조너선 로젠버그, 김민주 옮김, 『빌 캠벨, 실리콘밸리의 위대한 코치』, 김영사, 2020
에밀리 발세티스, 박병화 옮김, 『관점 설계』, 김영사, 2021
에이미 에드먼슨, 최윤영 옮김, 『두려움 없는 조직』, 다산북스, 2019
에픽테토스, 키와 블란츠 옮김, 강현규 엮음, 『에픽테토스의 인생을 바라보는 지혜』, 메이트북스, 2019

엔젤라 더크워스, 김미정 옮김, 『그릿』, 비즈니스북스, 2019
엘렌스테인 주니어, 엄성수 옮김, 『승리하는 습관』, 갤리온, 2020
엘리 골드렛, 강승덕 옮김, 『더 골1』, 동양북스, 2015
엘리 골드렛, 강승덕 옮김, 『더 골2』, 동양북스, 2019
엘프리다 뮐러 카인츠, 강희진 옮김, 『직관력은 어떻게 발휘되는가』, 타커스, 2021
오그만디노, 홍성태 옮김, 『위대한 상인의 비밀』, 월요일의 꿈, 2020
오긍, 김영문 옮김, 『정관정요』, 글항아리, 2017
오기노준야, 장은주 옮김, 『세계 최고 인재들의 집중력 훈련법』, 가나출판사, 2016
오카다 다카시, 황선종 옮김, 『심리 조작의 비밀』, 어크로스, 2016
오화석, 『100년 기업의 힘 타타에게 배워라』, 매일경제신문사, 2013
와키교코, 오민혜 옮김, 『선 긋기의 기술』, 알에이치코리아, 2018
와타나베 미키, 양영철 옮김, 『싸우는 조직』, 비즈니스북스, 2010
왕중추, 주신위에, 이지은 옮김, 『퍼펙트 워크』, 다산북스, 2014
우치다 카즈나리, 이정환 옮김, 『가설이 무기가 된다』, 한빛비즈, 2020
웨인 다이어, 이한이 옮김, 『인생의 태도』, 더퀘스트, 2020
유영만, 『늦기 전에 더 늦기 전에』, 이새, 2024
유영만, 『삶을 질문하라』, KHRD, 2023
유종민, 『하사비스처럼 알파고하라』, 도서출판 타래, 2016
윤대현, 장은지, 『리더를 위한 멘탈 수업』, 인플루엔셜, 2021
윤춘호, 『어떤 어른』, 개마고원, 2021
이강백, 『일이 모두의 놀이가 되게 하라』, 착한책가게, 2018
이근후, 『나는 죽을 때까지 재미있게 살고 싶다』, 갤리온, 2023
이근후, 이서원, 『어디 인생이 원하는 대로 흘러가던가요』, 샘터, 2023
이나모리 가즈오, 김윤경 옮김, 『어떻게 살아야 하는가』, 다산북스, 2022
이나모리 가즈오, 김윤경 옮김, 『왜 리더인가』, 다산북스, 2021
이나모리 가즈오, 김정환 옮김, 『회사는 어떻게 강해지는가』, 서돌, 2012
이나모리 가즈오, 양준호 옮김, 『이나모리 가즈오의 마지막 수업』, 매일경제신문사, 2023
이나모리 가즈오, 양준호 옮김, 『일심일언』, 한국경제신문, 2013
이리앨, 『울트라셀프』, 다산북스, 2023
이명노 외 7인, 『일·관계·인생이 행복해지는 인간관계 수업』, 서사원, 2024
이명노, 『인간관계 수업』, 서사원, 2023
이문태, 『제5의 탄생』, 도서출판 위, 2023
이병구, 『석세스 애티튜드』, 한국경제신문, 2018
이사도어 샤프, 양승연 옮김, 『사람을 꿈꾸게 만드는 경영자』, 지식노마드, 2011
이상훈, 『창업가의 습관』, 좋은습관연구소, 2022
이시한, 『똑똑한 사람은 어떻게 생각하고 질문하는가』, 북플레저, 2024
이와쿠라 신야, 김은경 옮김, 『1분 혼다』, 북스톤, 2016
이인석, 『밸런스』, 포르체, 2023

이지안, 『오늘부터 조직문화 담당자』, 플랜비디자인, 2022
이혜운, 『당신만 모르는 일의 법칙 51』, 메이븐, 2022
임재성, 『한비자 리더십』, 평단, 2020
자미라 엘 우아실, 프리데만 카릭, 김현정 옮김, 『세상은 이야기로 만들어졌다』, 원더박스, 2023
장동철, 『제법 괜찮은 리더가 되고픈 당신에게』, 플랜비디자인, 2022
장자치, 박소정 옮김, 『관계가 상처가 되기 전에』, 유노책주, 2023
정윤재 외, 『세종 리더십의 형성과 전개』, 지식산업사, 2009
정일구, 『도요타 낭비학』, 시대의 창, 2016
정진홍, 『인문의 숲에서 경영을 만나다』, 21세기북스, 2007
정창권, 『정조의 말』, 이다북스, 2020
제시 워렌 티블로우, 이동진 옮김, 『연결의 힘 4C』, 이너북, 2017
제프리 페퍼, 안세민 옮김, 『파워』, 시크릿하우스, 2020
제프리 페퍼, 장진영 옮김, 『권력을 경영하는 7가지 원칙』, 비즈니스북스, 2023
조나 버거, 김원호 옮김, 『캐털리스트』, 문학동네, 2020
조너선 하이트, 왕수민 옮김, 『바른 행복』, 부키, 2022
조안 마그레타, 김언수 옮김, 『당신의 경쟁전략은 무엇인가?』, 진성북스, 2016
조우성, 『리더는 하루에 백 번 싸운다』, 인플루엔셜, 2019
조윤제, 『사람 공부』, 청림출판, 2023
조이 챈스, 김익성 옮김, 『결국 원하는 것을 얻는 사람들의 비밀』, 비즈니스북스, 2023
조지 쿠로스, 제프리 안 옮김, 『혁신가의 교육법』, 김영사, 2019
조코 윌링크, 레이프 바빈, 최규민 옮김, 『네이비씰 승리의 기술』, 메이븐, 2019
조코 윌링크, 최지희 옮김, 『네이비씰 승리의 리더십』, 경향BP, 2020
존 H. 밀러, 정형채 옮김, 『전체를 보는 방법』, 에이도스, 2017
존 도어, 박세연 옮김, 『OKR』, 세종서적, 2019
존 맥스웰, 강혜정 옮김, 『중간 리더의 절대 법칙』, 넥서스BIZ, 2020
존 맥스웰, 박영준 옮김, 『존 맥스웰 리더십 불변의 법칙』, 비즈니스북스, 2023
존 맥스웰, 이종호 옮김, 『리더는 무엇에 집중하는가』, 비즈니스북스, 2024
존 맥스웰, 정성묵 옮김, 『존 맥스웰의 위대한 영향력』, 비즈니스북스, 2010
존 브룩스, 이충호 옮김, 『경영의 모험』, 쌤앤파커스, 2015
존 아메이치, 이주영 옮김, 『거인의 약속』, 상상스퀘어, 2024
주언규, 『슈퍼노멀』, 웅진지식하우스, 2023
줄리아 켈러, 박지선 옮김, 『퀴팅』, 다산북스, 2024
증도, 지세화 옮김, 『인생조종법』, 시아출판사, 2006
지니 그레이엄 스콧, 테렌스 L. 가르지울로, 안진환 옮김, 『나쁜 사람들』, 미래와 경영, 2012
지니 스미스, 양병찬 옮김, 『브레인 케미스트리』, 위즈덤하우스, 2023
질리언 테트, 신예경 옮김, 『사일로 이펙트』, 어크로스, 2016
짐 론, 김주영 옮김, 『시간관리 7가지 법칙』, 백만문화사, 2020

짐 매켈비, 정지현 옮김, 『언카피어블』, 리더스북, 2020
짐 아프레모, 홍유숙 옮김, 『챔피언의 마인드』, 갤리온, 2021
짐 콜린스, 이무열 옮김, 『좋은 기업을 넘어 위대한 기업으로』, 김영사, 2002
짐 콜린스, 이무열 옮김, 『플라이휠을 돌려라』, 김영사, 2021
짐 클리프턴, 짐 하터, 고현숙 옮김, 『강점으로 이끌어라』, 2020, 김영사
찰스 두히그, 강주헌 옮김, 『1등의 습관』, 알프레드, 2016
책 읽는 원숭이, 정현옥 옮김, 『혼자 공부하는 시간의 힘』, 웅진 지식하우스, 2021
천서우룽, 홍민경 옮김, 『사장을 위한 심리학』, 센시오, 2023
청쥔이, 박미경 옮김, 『유비처럼 경영하고 제갈량처럼 마케팅하라』, 랜덤하우스코리아, 2004
체이스 자비스, 김잔디 옮김, 『인생의 해답』, 비즈니스북스, 2020
최동석, 『말이 힘이 될 때』, 클랩북스, 2023
최동석, 『성취예측모형』, 클라우드나인, 2021
최윤식, 『메타 도구의 시대』, 넥서스BIZ, 2021
최윤식, 『미래학자의 통찰법』, 김영사, 2014
최진석, 『노자와 장자에 기대어』, 북루덴스, 2022
친타오, 박소정 옮김, 『결국 이기는 사마의』, 더봄, 2018
칼 뉴포트, 김태훈 옮김, 『딥 워크』, 민음사, 2017
칼리 애들러, 플리토전문번역가그룹 옮김, 『최고 혁신기업은 어떻게 만들어지는가』, 한국CEO연구소, 2021
캐롤라인 리프, 심현석 옮김, 『생각하고 배우고 성공하라』, 순전한나드, 2020
캐빈 캐시먼 지음, 박종훈 옮김, 『내면으로부터 시작하는 리더십』, 시그마북스, 2014
크리스주크, 제임스 앨런, 안진환 옮김, 『창업자 정신』, 한국경제신문, 2016
크리스 채, 『실리콘밸리에선 어떻게 일하나요』, 더 퀘스트, 2022
크리스티안 마두스베르그, 박수철 옮김, 『우리는 무엇을 하는 회사인가?』, 타임비즈, 2014
클라우스 슈밥, 티에리 말르레, 이진원 옮김, 『클라우스 슈밥의 위대한 리셋』, 메가스터디북스, 2021
클레이튼 M. 크리스텐슨, 이진원 옮김, 『당신의 인생을 어떻게 평가할 것인가』, 알에이치코리아, 2012
클리퍼드 허드슨, 박선령 옮김, 『리더가 다 잘할 필요는 없다』, 갤리온, 2021
키스 E. 스타노비치, 김홍옥 옮김, 『우리편 편향』, 바다출판사, 2022
킴 스콧, 박세연 옮김, 『실리콘밸리의 팀장들』, 청림출판, 2019
토니 로빈스, 강성실 옮김, 『거인이 보낸 편지』, 알에이치코리아, 2023
토니 로빈스, 도희진 옮김, 『토니 로빈스 거인의 생각법』, 알에이치코리아, 2023
토드 로즈, 오기 오가스, 정미나 옮김, 『다크호스』, 21세기북스, 2019
팀그로버, 이수경 옮김, 『위닝』, 갤리온, 2022
판덩, 이서연 옮김, 『나는 논어를 만나 행복해졌다』, 미디어숲, 2023
판덩, 이서연 옮김, 『당신이 만나야 할 단 하나의 논어』, 미디어숲, 2024
패트릭 렌시오니, 김미정 옮김, 『일의 천재들』, 한국경제신문, 2023

패트릭 렌시오니, 서진영 옮김, 『팀워크의 부활』, 위즈덤하우스, 2021
패트릭 렌치오니, 홍기대 옮김, 『무엇이 조직을 움직이는가』, 전략시티, 2014
페니 피어스, 김우종 옮김, 『인식의 도약』, 정신세계사, 2015
페터 비에리, 문항심 옮김, 『삶의 격』, 은행나무, 2014
폴 키츠, 장혜경 옮김, 『설득의 법칙』, 포레스트북스, 2023
피터 T. 콜먼, 로버트 퍼거슨, 김미양 옮김, 『갈등을 관리하는 방법』, 마리북스, 2024
피터 드러커 외, 이한나 옮김, 『하버드 머스트 리드 에센셜』, 매일경제신문사, 2015
피터 드러커, 『피터 드러커 일의 철학』, 청림출판, 2018
피터 드러커, 조영덕 옮김, 『피터 드러커 자기경영노트』, 한국경제신문, 2024
피터 드러커, 프랜시스 헤셀바인, 유정식 옮김, 『피터 드러커의 최고의 질문』, 다산북스, 2017
피터 디아만디스, 스티븐 코틀러, 이지연 옮김, 『볼드』, 비즈니스북스, 2016
피터 센게, 강혜정 옮긴, 『학습하는 조직』, 에이지21, 2014
피터. G. 노스하우스, 김남현 옮김, 『리더십 이론과 실제』, 한빛아카데미, 2023
필리프 슈테르처, 유영미 옮김, 『제정신이라는 착각』, 김영사, 2023
하영목 외, 『한국형 리더십 코칭을 말한다』, 북코리아, 2023
한근태, 『채용이 전부다』, 올림, 2010
한스 로슬링, 이창신 옮김, 『팩트풀니스』, 김영사, 2019
헤럴드 제닌, 권오열 옮김, 『매니징』, 센시오, 2019
헤르미니 아이바라, 김정혜 옮김, 『리더의 자기혁신』, 21세기북스, 2010
호리마사 타케, 황세정 옮김, 『일이 편해지는 TO DO LIST 250』, 꿈지락, 2020
호리우치야 스타카지음, 최우영 옮김, 『인간관계 정리상자』, 생각의 날개, 2023
홍헌영, 김선민, 『카네기 세일즈 리더십』, 월요일의 꿈, 2021
홍현태, 『내가 아니면 누가 나를 챙겨줄까』, 딥앤와이드, 2023
황병기, 『논어 백가락』, 풀빛, 2013
황창규, 『빅 컨버세이션』, 시공사, 2021
황창규, 『황의 법칙』, 시공사, 2023
후카사와 신라토, 한세희 옮김, 『더 나은 결정을 위한 하루 10분 논리연습』, 현익출판, 2024
히구치 유이치, 홍성민 옮김, 『사람이 따르는 말 사람이 떠나는 말』, 레몬한스푼, 2023

리더의 단 한 마디

초판 1쇄 발행   2025. 9. 25.

지은이   이혁
펴낸이   권지현
펴낸곳   이음과펼침

책임편집   이음과펼침 편집부
총판   바른북스

등록   2025년 7월 21일 제2025-000129호
주소   서울시 서초구 양재동 392-3, 202B
이메일   connectnbloom@gmail.com | **원고투고**   connectnbloom@gmail.com
홈페이지   www.connectnbloom.com

ⓒ 이혁, 2025
ISBN 979-11-994267-0-2 03320

- 파본이나 잘못된 책은 구입하신 곳에서 교환해드립니다.
- 이 책은 저작권법에 따라 보호를 받는 저작물이므로 무단전재 및 복제를 금지하며, 이 책 내용의 전부 및 일부를 이용하려면 반드시 저작권자와 도서출판 바른북스의 서면동의를 받아야 합니다.